コア・フォー

ニューヨーク・ヤンキース黄金時代、伝説の四人

フィル・ペペ　ないとうふみこ 訳

作品社

Contents

序文

一九九五年七月二八日、わたしはトロント・ブルージェイズからニューヨーク・ヤンキースへトレードされた。けっして、野球界をあっといわせるようなものではなかった。当時のわたしは三二歳。選手としてはそろそろ下り坂にさしかかるといわれる年齢だ。

それまでに、ニューヨーク・メッツとカンザスシティ・ロイヤルズ、それにトロント・ブルージェイズでも、なかなかいい選手生活を送ってきた。通算一二〇勝七六敗と大きく勝ち越し、二〇勝をあげたシーズンも一度ある。故郷のチーム、カンザスシティ・ロイヤルズ在籍中に、サイ・ヤング賞も取った。

移籍先のヤンキースでは、有望な若手ぞろいのチームのなかで、いわゆるベテランの存在感を発揮することを求められていた。と同時にわたし自身も、いずれおとずれる引退を先送りにし、仕事仲間や戦いの場を失う喪失感をひとまず棚上げにできる。また見返りとして、もう一度か二度——あわよくば三度、大型の契約を結ぶこともできるだろうし、劇場や博物館やレストランのような、ニューヨークにしかない文化への欲求も満たすことができる。

周囲の人たちからは、山あり谷ありだった現役生活の最後を飾るには、なかなかいいところじゃないかといわれた。

今ふりかえってみれば、このトレードは、わたしのプロ生活のなかでも、最高のできごとになった。

結局わたしは、このあと六年現役をつづけて、六四の白星を積み重ね、オールスター出場三回、完全試合一回、ワールドシリーズ優勝四回を経験する。そのうえ、ケーブルテレビ局ＹＥＳネットワークでのヤンキース戦解説という、現在の仕事にもつなげることができた。

そして何より、マリアノ・リベラ、アンディ・ペティット、デレク・ジーター、ホルヘ・ポサダというヤンキースの〝コア・フォー〟とともにプレーをすることができた。

もっとも、わたしが移籍した時点では、まだ〝コア・ツー〟だった。それも八勝七敗の投手（ペティット）と、防御率五・五一の投手（リベラ）だから「核《コア》」と呼べるかどうかもうたがわしい。

しかしそのシーズンが終了する前に、コア・フォーのメンバーは全員顔をそろえた。ジーターは、わたしが移籍する前に短期間メジャーを経験してからマイナーに送りかえされていたが、九月に再昇格すると、以後一度もマイナーに戻らなかった。ポサダは、九月にメジャー初昇格を果たし、この年は一試合だけ途中出場した。そのあとコア・フォーは、まさにチームの核《コア》になってゆく。ヤンキースが、翌一九九六年からの八年間で六回リーグ優勝し、ワールドシリーズ優勝を四回果たしているのは、少しも偶然ではない。

そのワールドチャンピオンを勝ち取ったチームの一員としてプレーし、コア・フォーとチームメートでいられたことは、わたし自身にとっても、大変誇らしく、またありがたいことだ。なにしろコア・フォーというのは、そのうちのふたり（リベラ、ジーター）が将来殿堂入り確実で、あとのふたり（ペティット、ポサダ）にも十分に資格がある、という集団なのだから。

だが、リベラが史上最高ともいえるクローザーになることを当時から予想していたといったら、うそになる。ジーターが三千本以上の安打を放ち、ペティットがポストシーズンで史上最多の勝利をあげ、ポサダが捕手として、殿堂入り捕手のギャビー・ハートネット（カブス）やビル・ディッキー（ヤンキース）より多くのホームランを打つことも予想できなかった。そして二〇一一年シーズン後に引退したポサダをのぞく三人が、高いレベルを維持したまま、ともに二〇一三年シーズンに向かうということも、とうてい予想できなかったのである。

デイビッド・コーン

はじめに

薄雲ただよう十月の空の下、四人の騎士が帰ってきた。
音に聞くその名は、げに恐ろしき飢饉、悪疫、破壊と、死。だがそれは仮の名。
四人の騎士の真の名は、リベラ、ペティット、ポサダ、そしてジーター。

——グラントランド・ライスに謝意を込めて

アメリカ一有名なスポーツライターともいわれるグラントランド・ライスは、一九二四年一〇月一八日、五万五千の観衆に沸くニューヨークのポログラウンズで、名将クヌート・ロックニーひきいるノートルダム大学フットボールチームが、強豪、陸軍士官学校チームのディフェンスを撃破して、一三対七で勝利をおさめた試合の様子を持ち前の名調子で書きつづった。その記事のなかで四人の名選手、すなわちクォーターバックのハリー・スタールドレハー、ハーフバックのドン・ミラーとジム・クロウリー、フルバックのエルマー・レイデンを、聖書に登場する四人の恐るべき騎士にたとえたことが、人々の記憶に焼きついた。

それから七〇年後、ニューヨークに登場したのが、マリアノ・リベラ、アンディ・ペティット、ホルヘ・ポサダ、そしてデレク・ジーターだ。

四人は、名門ニューヨーク・ヤンキースのピンストライプをまとい、まもなく〝コア・フォー〟の呼び名で知られるようになる。

人々は、待ちわびていた。

若き救世主たちが登場するころ、名門の威信は地に落ちていた。

一九九〇年一月一日、二〇世紀最後の一〇年が幕をあけたとき、つねに誇り高く、はなはだ傲慢で、高飛車だったかつての強豪ニューヨーク・ヤンキースは、落ちぶれて、混乱と動揺と紛糾と機能不全のさなかにあった。

一九九〇年の時点でワールドシリーズには八シーズン出場がなく、ワールドシリーズ優勝からは一一シーズン遠ざかっていた。それ以前の七〇年間で最長の空白期間だ。空白は結局一七シーズンにまで伸びることになるが、これは一世紀近く前、球団がニューヨークに移転した最初の二〇シーズンに次ぐ長さだ。

監督もめまぐるしく交代した。一九八二年から八九年までのあいだに監督の座についたのは、順に、ボブ・レモン、ジーン・マイケル、クライド・キング、ビリー・マーティン（ヤンキースの監督に就任するのは、この時点で三度め）、ヨギ・ベラ、またマーティン、ルー・ピネラ、またまたマーティン、ふたたびピネラ、ダラス・グリーン、そしてバッキー・デントの、のべ一一人。このあとビリー・マーティンは、一九八九年のクリスマスの日に自宅近くのニューヨーク州ビンガムトンで、自動車事故により悲劇的な死を遂げる。六一歳。六度めのマーティン政権へ向けて交渉中という報道があるなかでのできごとだった。

監督と同様、フロントもひんぱんに交代した。一九八二年から九〇年まで、GMは、ビル・バーゲシュからマリー・クックへ、クックが首になるとクライド・キングへ、さらにはウッディ・

ウッドランド、ルー・ピネラ、ハーディング・ピーターソンへと、ほぼ一年から二年で交代している。

監督とフロントの人事異動があまりにはげしいせいで、ヤンキースは物笑いの種になり、それが現場にまで影響を及ぼしていた。かつてベーブ・ルース、ルー・ゲーリッグ、ジョー・ディマジオ、レフティ・ゴメス、ミッキー・マントル、ホワイティ・フォード、ヨギ・ベラ、レジー・ジャクソン、サーマン・マンソン、キャットフィッシュ・ハンター、グレイグ・ネトルズ、ロン・ギドリー、ドン・マッティングリーといった、そうそうたる面々を擁していた誇り高き球団が、今や、ボビー・ミーチャム、ジョー・クロウリー、スティーブ・トラウト、ウェイン・トールソン、ダン・パスクァ、エリック・プランク、ドン・スロート、セシリオ・グアンテ、クレイ・パーカー、アルヴァロ・エスピノーザという、あまりなじみのない選手たちの寄せ集めになってしまったのだから。

恐ろしいことに、観客数も減りはじめた。一九八八年には球団史上最高の二六三万三七〇一人を記録したが、翌一九八九年には過去五年間で最低の二一七万四八五五人にまで落ちこんだ。しかも、街の向こう側にいる最大のライバル——一九六二年の球団拡張で創設され、かつてはお荷物球団だった新興勢力のニューヨーク・メッツが、ニューヨーク市の覇権を握り、一九八四年から一九八九年までの六年間で、ヤンキースより一〇〇万人以上多い有料入場者を集めていた。

そんななか、ヤンキースの再建は、一九九〇年二月一七日にはじまる。野球界では少しも注目されなかったひとつのドラフト外契約が、その第一歩だ。契約の相手は、二〇歳のひょろりとしたパナマ出身の右腕、マリアノ・リベラ。

その四か月後、六月のドラフト二二巡めで、ヤンキースはテキサス州ディアパーク高校出身の一八歳の左腕、アンドリュー・ユージーン・ペティットを指名した。さらに二巡後の二四巡めでは、プエルトリコ、サントゥルセ出身の両打ちの内野手、ホルヘ・ラファエル・ポサダ・ジュニアを指名する。

ちょうどそのころ、ヤンキースのスカウト、ディック・グロウチは、ミシガン州にあるカラマズー・セントラル高校の二年次を終えた細身の遊撃手、デレク・サンダーソン・ジーターに注目していた。ヤンキースは一九九二年のドラフト一巡め（全体六位）でジーターを指名し、ほどなくジーターは、リベラ、ペティット、ポサダとともにヤンキースの〝コア・フォー〟と呼ばれるようになる。

コア・フォーは、通算一三シーズン、ヤンキースのチームメートとしてプレーし、その間、プレーオフ出場一二回、アメリカン・リーグ東地区優勝八回、リーグ優勝七回、ワールドシリーズ優勝五回を成し遂げる。

二〇一〇年、リベラ、ポサダ、ジーターは、北米の四大スポーツ（野球、アメリカンフットボール、バスケットボール、アイスホッケー）で初めて、同じチームで一六年間いっしょにプレーしつづけた三人になった（ペティットは、FAでいったんヒューストン・アストロズに移籍し、三年間すごしてからまたヤンキースにもどってきたので、この記録には加われなかった）。

プロ選手として契約を結んでから二〇年以上たっても、四人全員（しかもそのうち二人は、文句なく一発で殿堂入りするだろうし、あとの二人も当落線上ながら候補にはのぼるだろう）が現役で、最初に入団したチームの重要なメンバーでありつづけるというのは、野球界でもきわめて異例のことだ。一人、あるいは二人ならそこまで珍しくはないかもしれない。

だが四人全員なんて、きいたこともない。

周知のようにプロのアスリートの寿命は短く、選手の才能、とりわけ投手の才能はつぶれやすい。そう考えると、この四人があるのは、すばらしいスカウティングと、まれに見る慧眼と、それに——はっきりいおう——幸運の、たまものなのだ。

第1章　マリアノ・リベラ登場

時は一九九〇年。当時パナマは、メジャーリーグのスカウトが日参するような場所ではなかった。野球王国ドミニカ共和国のサン・ペドロ・デ・マコリスや、プエルトリコのサントゥルセ、ベネズエラのカラカスとはわけがちがう。パナマには、サッカーのワールドカップの将来のスターや、エビやイワシを求めて訪れる人はあっても、野球選手をさがしにいく人などめったにいなかった。

だから一九九〇年二月一七日、ヤンキースがパナマの小さな漁村、プエルト・カイミート出身のマリアノ・リベラという名の若者とドラフト外契約を結んだときも、だれひとりそのニュースを気にとめなかったし、ニューヨークの新聞さえベタ記事にもしなかった。なにしろ、それ以前にメジャーリーグの試合に出場したことのあるパナマ人選手は二四人しかおらず、しかもそのほとんどが、知名度でいえば、パナマ特産のゲイシャ種のコーヒーと、どっこいどっこいだったのだから。

たとえば元ヤンキースのユーティリティー・プレイヤー、ヘクター・ロペスや、外野手ロベルト・ケリーがパナマ出身だ。パイレーツの捕手マニー・サンギーエンは、チームがナショナル・リーグを六回制し、二度のワールド・チャンピオンに輝いた一九七〇年代の中心選手だった。同じパイレーツの内野手だったレニー・ステネットは、一九七五年九月一六日のシカゴ・カブス戦で、メジャータイ記録となる一試合七安打を放った。パナマ出身で殿堂入りした選手は、ツインズとエンジェルスで活躍したロッド・カルーただひとり。カルーは、一九四五年、パナマ運河地帯のガトゥンという町を走っていた列車のなかで、母親が急に産気づいて生まれた。一四歳のとき、一家はニューヨーク、マンハッタンのワシントンハイツへ移住。ロッドはジョージ・ワシントン高校に通うようになった。マニー・ラミレスやヘンリー・キッシンジャーも卒業した学校だ。

マリアノ・リベラは一九六九年一一月二九日、パナマで生まれた。アポロ一一号が月に着陸した四か月後であり、ニューヨーク・メッツが圧倒的に前評判の高かったボルティモア・オリオールズを大番狂わせで破って初のワールドチャンピオンに輝いた四四日後であり、のちにマリナーズやレッズで活躍するケン・グリフィ・ジュニアが、遠く離れたアメリカのペンシルベニア州で生まれた八日後のことだ。子どものころ、マリアノ・リベラはひまつぶしに野球をすることはあっても、それを職業にしようとは考えたこともなかった。リベラは、サッカー小僧だったのだ。野球は、漁網とビニールテープで手作りした球、木の枝で作ったバット、それに牛乳パックのグラブでプレーする遊びであり、気晴らしだった。

初めて父親に本物のグラブを買ってもらったのは一二歳のとき。楽しい子ども時代をすごしていたから、マリアノには、家が貧しいという意識はなかった。リベラはかつてこう語った。

「物はたいして持っていなかった。何もなかったよ。それでも、あるだけの物で幸せだった。子ども時代は、ほんとうにすばらしかったから」

一六歳のときペドロ・パブロ・サンチェス高校を中退すると、マリアノはパナマの同じ年ごろの少年たちのように働きはじめた。父親が船長をつとめる漁船での、週六日のきびしい労働。一日だけの休日にはスポーツをした。

「船の上でいろいろな魚を見るのはおもしろかったけど、父のような人生を送るのは無理だと思った。漁師には向いていなかったんだよ」

プロのサッカー選手になってそこを抜け出すという手はあったかもしれない。野球選手になることは考えていなかった。それでも〈パナマ西〉という地元のアマチュアチームに所属して、野球を楽しんではいた。

そのころ、運命に導かれるようにして、ニューヨーク・ヤンキースの中南米スカウト部長、ハーブ・レイボーンが、リベラの故郷、プエルト・カイミートを訪れ、初めてリベラを見た。当時の彼は、体重七〇キロの遊撃手だった。「肩は強いし守備もうまかったが、メジャーでショートをつとめるのは無理だろうと考えて、獲得を見送った」と、レイボーンは語る。しかし幸運にも、レイボーンはふたたびプエルト・カイミートを訪れることになる。マリアノ・リベラという将来有望な若手投手がいるという報告があがってきたからだ。おかしいな、とレイボーンは思った。自分の知るかぎり、プエルト・カイミートのマリアノ・リベラといえば遊撃手だし、将来有望でもない。それでもとにかくレイボーンはまたこの地を訪れ、遊撃手から転向した若い投手、マリアノ・リベラのためにトライアウトをひらいた。

リベラの投球は、けっして圧倒的なものではなかった。最速一三五キロでは伝説的な剛球とはいえないし、将来のスター級でもない。しかしレイボーンは、このひょろりとした右腕投手になにか特別なものを感じた。野球をする喜びと、うまくなりたいという強烈な意欲。運動神経も抜群だし、力みのない流れるような投球フォームから勢いよく投じられる球は、ときにすばらしい変化を見せる。

レイボーンは球団に報告を送り、契約金三〇〇〇ドルをオファーしていいというお墨つきをもらった。プエルト・カイミートの少年にとって、その当時の三〇〇〇ドルといえば、おそろしいほどの大金だ。これで漁師にならずにすむと、リベラは喜んで契約に応じた。じつのところ、これがリベラの受けとった唯一のオファーだった。レイボーンは語る。

「前年に見にいって獲得を見送り、一年後にふたたび訪れて契約したというわけだよ。わたしがパナマを再訪する前に、ほかのスカウトはなぜ触手を伸ばさなかったんだろう」

まったくだ。

マリアノはいささかおびえていたし、とてつもなく世間知らずだった。なにせパナマから足を踏み出したこともなければ、飛行機に乗ったこともないし、英語も話せない。おまけに球団からは、たいして期待されていたわけでもない。それでもとりあえず、フロリダ州のタンパに送られた。ヤンキース傘下のマイナーリーグ組織の一番下に位置するガルフコースト・リーグ・ヤンキース――タンパで行なわれているルーキーリーグ[1]所属のチーム――に合流するためだ。そのときのチームメートには、のちにメジャーでリリーフ投手になるラス・スプリンガーや、外野手のリッキー・ラデイ、シェーン・スペンサー、そして同年にドラフトでヤンキースから一巡目指名を

▼1　マイナーリーグ組織の最も下のリーグ。6月中旬から9月初旬ごろまで行なわれる。

受けたカール・エバレットらがいた。監督は二十九歳のグレン・シャーロック。一九八三年のドラフトでヒューストン・アストロズから二一巡め指名を受け、捕手として入団、アストロズとヤンキース傘下のマイナー・チームで足かけ七年を過ごしたが、メジャー昇格は果たせなかったという男だ。

現在アリゾナ・ダイアモンドバックスでブルペンコーチをつとめるシャーロック▼2は、若き日のリベラをこう振り返る。「とてももの静かな男だった。英語もさほど話せなかったからね。だがとても気のいいやつで、野球にのぞむ姿勢は、プロフェッショナルだった。もちろん当時は、あいつがメジャーリーグ史上最高のクローザーになるなんて思いもしなかった。そこまで見通せる人間がいたら驚きだよ。でも当時から努力家で、バント守備や、投内連携のようなこまかいことも、くりかえし練習していた。身のこなしも非常によかったね。当時はホイト・ウィルヘルム(史上最高のナックルボール投手のひとりで、一九五〇年代から七〇年代にかけての通算二一年間、リリーフ投手の先がけとして活躍した。一九八五年、野球殿堂入り)が、うちのピッチングコーチで、投手陣が飽きないようによく試合をさせていた。打席に立たせて、外野の守備にもつかせるんだ。マリアノはバッティングがよかったし、外野の守備もとてもうまかった。運動神経は、チームでもぴかいちだったね」

プロ入り後最初のシーズン、リベラは二二試合に登板してルーキーリーグ最高の防御率を記録したが、規定投球回に五イニング足りず、タイトルを取るにはいたらなかった。それでもヤンキースは、腕時計と五〇〇ドルのボーナスでリベラの働きに報いた。

「シーズンの最終日がダブルヘッダーでね」と、シャーロックは振り返る。「当時、ヤンキース

▼2 2015年はダイヤモンドバックスのベンチコーチ。

のマイナーリーグ統括部長だったミッチ・ルーケヴィクスに、二試合のどちらかでマリアノを先発させたいと相談して、許可をもらったんだ。そうしたら七イニング[3]でノーヒットノーランさ。あれには驚いたね」

リベラは、まだチーム随一の有望株とみなされるにはいたっていなかった。しかしノーヒットノーランに加えて、五二イニングで五勝一敗、防御率〇・一七、被安打一七、奪三振五八という成績は、とても見過ごせるものではない。ブロンクスとタンパ（ヤンキースの育成スタッフはタンパに常駐していた）も注目するようになり、チーム内でのリベラの地位は、わずかながら高まった。もはや期待薄の若手ではない。リベラは翌年、1Aサウス・アトランティック・リーグ所属のグリーンズボロ・ホーネッツに昇格した。

グリーンズボロでは、先発とリリーフをほぼ半々にこなすようになった。四勝九敗と勝ち星はふるわなかったが、一一四回三分の二を投げて、防御率二・七五、奪三振一二三、四球はわずか三六という立派な内容で、順調な成長ぶりをうかがわせた。当時ヤンキースの監督だったバック・ショウォルターもリベラに目を留めた。三振と四球の割合が一二三対三六というのは、「どのリーグに出しても見劣りしない数字だ」というのだ。

そう考えたのはショウォルターだけではない。ヤンキース首脳部も同じ意見で、翌一九九二年にはリベラを1A上級のチーム、フォート・ローダーデイル・ヤンキースへと昇格させ、本格的に先発に取り組ませることにした。夏までにリベラは一〇回先発して五勝三敗、防御率二・二八、四二奪三振という成績をあげる。とりわけすばらしいのは、五九回三分の一を投げて、四球がわずかに五個しかなかったことだ。ところが、ここでリベラは最初の危機に見舞われる。

▼3　マイナーリーグのダブルヘッダーは7イニング制。

スライダーの動きをよくしようと手首をひねったとき、何かがパチンと切れるような感じがした。きき手である右ひじの内側側副靭帯をいためてしまったのだ。手術が必要になり、リベラの一九九二年シーズンは、年度なかばにして突如終わりを告げた。

ヤンキースのスカウト兼顧問の（またかつての選手で、監督で、GMもつとめた）ジーン・マイケルは、こう語る。「みんなリベラがトミー・ジョン手術（内側側副靭帯再建術）を受けたと思っているが、じつはちがう」

トミー・ジョン手術の創始者である整形外科の権威フランク・ジョーブ博士の診察をあおいだところ、博士は、復帰まで少なくとも一年以上かかるトミー・ジョン手術の必要はないという診断をくだした。

「靭帯に損傷はあったが、ジョーブ博士はクリーニング手術ですませてくれたんだ」

その結果、リベラのリハビリは一年以内ですみ、翌一九九三年を全休する必要はなくなった。しかしこのけがのせいで、ヤンキースにはひとつの迷いが生じた。というのも、リベラがリハビリを重ねていた時期が、ちょうどメジャーリーグの球団拡張期と重なったからだ。新たに加入するコロラド・ロッキーズとフロリダ・マーリンズに選手を供給するため、一九九二年一一月に拡張《エクスパンション》ドラフトが行なわれることになっていた。リベラはいまだに正真正銘の有望株と見なされてはいなかった――「なにしろ持ち球は真っ正直なストレートが主体で、カッターはまだ投げていなかったからね」と、ジーン・マイケルは回想する。「よく見積もっても、平凡な選手というところだった」球団は、リベラとメジャー契約を結んで四〇人ロスターに登録し、ドラフトからプロテクトすることも考えはしたが、結局はプロテクトを見送った。

一九八九年からヤンキースにかかわり、現在球団副社長をつとめるマーク・ニューマン[4]は、当時、リベラを強く推す者はほとんどいなかったと語る。

「一九九〇年にマリアノと契約したとき、将来メジャーリーガーになると予想する者はひとりもいなかったよ。マリアノは、運動神経が抜群でコントロールもよかったが、こいつが将来、一五八キロの球を投げるようになり、世界一精密なコントロールを身につけ、カッターを習得して、そればっかり投げるようになる、なんて考えた者は、だれもいなかったんだ」

だからロッキーズなりマーリンズなりがその気になれば、球団拡張ドラフトでリベラを指名することができたのだ。そうなっていたらと考えると、ヤンキースのフロントもファンも背筋がぞっとするだろう。逆に、両球団にとっては、まさに痛恨の極みにちがいない。どちらもリベラを指名することはなかった。こうしてリベラは、またルーキーリーグのガルフコーストリーグ・ヤンキースと、1Aのグリーンズボロ・ホーネッツに戻って再スタートを切った。

一九九三年、リベラはこの二チームで計一二試合に先発した。一勝一敗という成績だったが、防御率はそれぞれ二・二五と二・〇六。二チーム通算では二・〇八。マリアノ・リベラという星が、ヤンキース銀河のなかで上昇しはじめた年だった。

▼4　2014年シーズン終了後に退任。

第2章 頼れるアンディ

一九九〇年のMLBドラフト二二巡め（全体五九四番め）でアンディ・ペティットを指名する前に、ヤンキースは四巡めでミシガン州立大学のカート・オハラを、八巡めでデューク大学のティム・ルーマーを、そして二一巡めでヴァージニア州立大学のキース・ザイラーを指名した。三人とも、ペティットと同じ左腕投手だ。

彼らの名前を耳にしたことはあるだろうか？

オハラとルーマーとザイラーは、プロ入り後、三人合計で一五三勝をあげた。そのうち一五〇勝が、マイナーリーグでの勝利だ。そして、一五三というこの数は、ペティットのメジャーリーグでの通算勝利数（二五六勝）よりも一〇〇以上少ない。

野球のスカウティングがきわめて不確かなものだということが、よくわかる一例だ。同じ年の二二巡めでペティットをとり、一六巡めでリッキー・レディー、二〇巡めでケヴィン・ジョーダン、二四巡めでホルヘ・ポサダ、二八巡めでシェーン・スペンサーを発掘した目ききのスカウトが、オハラとルーマーとザイラーにかんしては、こんなにも的はずれだったのだから、不確か以外の何物でもない。

　ヤンキースも、そして高校時代からずっとペティットを追いかけていたスカウトのジョー・ロビソンも、ペティットの体格と、若さと、運動神経のよさにほれこんでいた。

　ペティットは、ルイジアナ州バトン・ルージュ生まれ。九歳のとき、一家でテキサス州ヒューストン郊外の町、ディアパークに引っ越す。父親のトミーは、ヒューストンの石油精製工場で働き、休日には、リトルリーグでプレーする息子の指導に全力をそそいだ。

　一九九〇年のドラフト前の時点で、ペティットはまだ一八歳にもなっていなかったが、身長はすでに一九八センチ。体重は一〇〇キロと少し太めだが、身のこなしはばつぐんだった。投手としてディアパーク高校を州大会の準優勝に導いたばかりか、投げない試合もセンターで出場。おまけに同校のフットボールチームでも、ミドルガードをつとめていた。

　ヤンキースはペティットの将来性を買っていたが、ひとつ問題があった。両親が、アンディを大学にいかせたがっており、ルイジアナ州立大学やテキサス大学のような名門校が、アンディに猛アタックをかけていたのだ。ペティット家の目と鼻の先にあるサンジャシント短期大学の名将、ウェイン・グレアムからも誘いがあった。

　グレアムは、みずからも、マイナーリーグで一一年間外野手と三塁手をつとめた経験がある。メジャーリーグでは、一九六三年にジーン・モックひきいるフィラデルフィア・フィリーズで一〇試合、翌一九六四年にケイシー・ステンゲルひきいるニューヨーク・メッツで二〇試合に出場したのみ。しかし引退後、高校での監督経験を経て、一九八一年にサンジャシント短期大学の野球部の監督に就任すると、任にあった一一年のあいだに、チームを短大としては国内最大の強豪にまでひきあげ、一九八五年から九〇年までの六年間に、全米短期大学選手権を五回制覇した。

その後一九九二年に、グレアムは、ヒューストンにあるライス大学の野球部の監督に転身する。ライス大学はそれまでの七八年間で、勝ち越したシーズンが七度しかない弱小チーム。それでもグレアムはサンジャシント短大のときと同じようにチームを変貌させ、二〇〇三年には、大学選手権を初制覇するとともに、ホセ・クルーズ▼1や、ランス・バークマン▼2といった名選手を世に送りだした。二〇一二年までにグレアムは大学野球の監督として一四〇〇以上の勝ち星をあげ、高校、短大、大学での監督生活を通じて、すべてのシーズンで、負け越しが一度もない。

そのグレアムがペティットに目を留めたのは、ペティットがまだ一五歳のときだった。

「わたしがやっている野球合宿にあいつがきてね、牽制のやり方を教えたんだ」

グレアムはこう回想する。のちにペティットの牽制がアメリカン・リーグのランナーたちを何年にもわたって悩ませ、圧倒することになろうとは、夢にも思わなかった。グレアムは語る。

「わたしは、マイナーリーグにいたころ（フィラデルフィア・フィリーズの2Aのチーム、チャタヌーガ・ルックアウツ）、幸運にも、ボブ・マイロという左腕投手にめぐりあった。マイナーリーグ随一の牽制球を投げる男でね。びっくりしたもんだよ。どうやったらあんなに一塁ランナーを刺せるのかとふしぎに思って、きいてみたら教えてくれた。それをアンディーにも、うちの合宿にくるほかの左投手にも必ず教えたのさ。ほとんどの連中は身につけられないんだが、アンディは身につけたな。それがアンディのいいところだ。きく耳を持っている。もちろん、そのあと自分なりに改良を加えているがね」

その合宿で、グレアムと若きペティットとのあいだに、つながりが生まれた。グレアムは語る。

▼1　ブルージェイズなどで12年間活躍した外野手。通算204ホームラン。
▼2　アストロズなどで15年間活躍。オールスター出場6回。

「昔は、参加者全員に手書きの通知表を書いて、最後に渡したものだよ。アンディーの通知表には、『とくにバッティングが優秀』と書いたんだ」

グレアムは、ディアパーク高校でのペティットの成長ぶりを見て、ぜひ、当時監督をつとめていたサンジャシントに入学させたいと思ったが、射とめる自信はなかった。

「チームを勝ちに導いてくれる男だということはわかっていた。コントロールがいいし、左腕だし、カーブでストライクがとれるからね。だからぜひともほしかったが、テキサス大学も熱心だったから、とれるとは思えなかった。それでも、何がよかったのかわからんが、テキサスじゃなくうちにきてくれることになった」

アンディ・ペティットとの最初の出会いが、サンジャシント入学のきっかけになったのかどうかはわからない。わかっているのは、グレアムが切り札を使ったということだ。グレアムは、サンジャシント短大の卒業生の名前をあげて、ペティットをくどいた。きみは、ロジャー・クレメンスを左投げにしたようだね、と。クレメンスは、ペティットの少年時代のあこがれの選手だったから、それが決め手になった。

「その一〇年前、サンジャシントにロジャー・クレメンスがいたんだ。非常によく練習をする男でね。ただ、はじめは少し太り気味だった。同様に、アンディも体重を落とす必要があったから、クレメンスのことを話したんだよ。クレメンスは体重制限に成功した。きみも才能をフルに発揮するには、体重に気をつけたほうがいい。コンディショニング・プログラムが必要だ。きみが力を発揮するには、コンディションを整えることが何よりも大切だと思う、とね。なにせ、フォームがきれいだった。コントロールはすでによかったし、ストレートも速くなるだろうと思った。

監督をするなかで、クレメンスやペティットより球の速いやつにも出会ったことはあるよ。だがあのふたりは、一八歳で入学してきたとき、すでに、わたしがかつて面倒を見たどの投手よりもコントロールがよくて、細かい制球力を身につけていた。しかも、ふたりとも練習熱心だった。アンディについてもうひとついっておくと、あいつは、うちにいたころ、とても気性が激しかった。春先の試合で打ちこまれたとき、グラブをたたきつけ、ダグアウトの壁をなぐったことがある。これは、やめさせないと手を骨折するぞと思って、あいつにいったんだ。『持てる才能を開花させたいなら、そのかっかする気持ちを手なずけなくちゃいけない。気持ちに振りまわされるんじゃなく、制御するんだ』と。今のアンディは、じつにうまいこと制御していると思うよ」

こうしてグレアムがペティットの気性の激しさに気づき、闘志を内に秘めるタイプへと変貌させたわけだが、皮肉なことにヤンキースのオーナー、ジョージ・スタインブレナーは、ペティットに「闘志が感じられない」という理由で、フィラデルフィア・フィリーズへトレードしそうになったことがある。ペティットが、メジャー四シーズン通算で六七勝三八敗だった一九九九年のことだ。さいわい、周囲の人たちの冷静な説得でスタインブレナーはトレードを思いとどまり、大変なまちがいを犯さずにすんだのだが（同じように、その二三年前にもスタインブレナーは、周囲の説得で、とある左腕投手のトレードを思いとどまっている。その投手――ロン・ギドリー――は、二年後に二五勝三敗でサイ・ヤング賞を獲得。生涯をヤンキースですごした）。

さて、サンジャシント短大入学時に話を戻そう。このとき、ペティットが二年制のサンジャシントではなく、四年制の大学に入学していたら、入学と同時にヤンキースの交渉権は消滅していた。しかし短大に進んだので、ペティットとの交渉権は、翌年のドラフトの一週間前まで、五一週間存続することになった。▼3 おかげでヤンキースとそのスカウトのロビソンは、サンジャシント短大でのペティットの成長ぶりを追いかけることができた。その年、ペティットは八勝二敗の成績をあげ、ツナとオレンジジュース中心のダイエットときびしいトレーニングで体重を七キロ落とし、脂肪を筋肉に変えた。その結果、高校時代には約一三八キロ（約八六マイル）程度だった球速が、コンスタントに一四八キロ前後（約九一マイル）を計測するようになった。

翌一九九一年のドラフトが――そしてペティットとの交渉期限が――迫るなか、ロビソンは、アンディと彼の父親に会って契約金四万ドルを提示したが、即座にことわられた。そこでロビソンは席をはずし、電話をかけにいった。もどってくると、これが精一杯だといって、五万五千ドルをオファーした。そのときだった。交渉がいつまでたっても終わらないことに業を煮やして、若いペティットがいいはなったのだ。「今すぐ八万ドル出してくれれば、この場でサインしますよ」

するとロビソンは、ためらいなく――また電話をかけにいくこともなく――「じゃあ決まりだ」といった。こうしてペティットは、期限切れ寸前にヤンキースと契約を結んだ。ヤンキースは、危うくペティットとの交渉権を失うところだったわけだ。

「もっと吹っかければよかった」と、ペティットは後年、よく嘆いていた。

じっさい、もしヤンキースとの契約を蹴っていれば、ペティットは一九九一年のドラフトの目玉になっていただろう。その場合、ヤンキースがふたたびペティットを指名したか、あるいはほかのチームが獲得したかはわからないが、いずれにせよスカウトたちの推定によれば、契約金の額は二〇万ドルを超えただろうといわれている。

▼3　当時は、四年制大学に進んだら交渉権消滅、それ以外なら翌年のドラフト1週間前まで指名チームに交渉権があった。2012年以降、すべての交渉権の存続は、ドラフトの約1か月後である7月15日までに変更された。

ペティットは、ルーキーリーグのガルフコースト・リーグ・ヤンキースでプロ生活をスタートさせ、六試合に先発して四勝一敗、防御率〇・九八というみごとな成績をあげた。三六回三分の二で、被安打はわずか一六。奪った三振五一に対し、四球は八だ。たちまちひとつ格上のショートシーズン1A▼4のチーム、オネオンタ・ヤンキースに昇格した。オネオンタは、野球殿堂博物館のあるクーパーズタウンにほど近いニューヨーク州中部の静かな町だ。このオネオンタ・ヤンキースで、ペティットは六試合に先発し、二勝二敗ながら防御率二・一八というすばらしい数字を残した。また、このオネオンタでは、初めて将来のコア・フォーのメンバーとチームメートになった。ホルヘ・ポサダ。当時、二塁手から捕手へとコンバートされている最中だった。

ペティットが本格的に実力を発揮しはじめたのは、翌一九九二年だった。オネオンタのひとつ上のチーム、1Aのグリーンズボロ・ホーネッツ（サウス・アトランティック・リーグ所属）で二七試合に先発し、一〇勝四敗の好成績をあげたのだ。防御率二・二〇はサウス・アトランティック・リーグで二番め、チームでは一番の成績だ。

グリーンズボロで、ペティットはふたたび、こんどは本格的に捕手に転向したホルヘ・ポサダといっしょになった。そしてシーズン後半、ガルフコースト・リーグ・ヤンキースからデレク・ジーターという一八歳の遊撃手が昇格してきて、グリーンズボロ・ホーネッツの主力であるペティットとポサダに合流する。ペティットもポサダも、ジーターから見れば、二〇歳のいかついベテラン選手。どちらもジーターより二歳年上だ。ふたりは、ヤンキースの将来のショートをになうといわれる、やせっぽちの一八歳をまじまじと見つめ、この一八歳が一一試合で九つのエラーを犯すのを見て、いったいなんでこいつが大騒ぎされているんだろうと思った。

▼4　ルーキーリーグのひとつ上。6月中旬から9月初旬まで75試合ほど行われる。6月初旬に行われるドラフトで入団した選手は、中旬からはじまるこれらのリーグで、すぐ実戦練習に入る。

ペティットの目に映った、ジーターの第一印象は、こんな具合だった。

「『おいおい、こいつがドラフト一巡めだって？　マジかよ？』ってなものだったよ」

一九九二年、グリーンズボロで、ペティット、ポサダ、ジーターの三人がチームメートだった期間はごくわずかだ。しかも三人は、まだコア・フォーの残る一人、マリアノ・リベラには出会っていなかった。

グリーンズボロでも好成績をあげたペティットは、翌一九九三年には、1A上級のプリンスウィリアム・キャノンズ（カロライナ・リーグ所属）に昇格する。そこでも一一勝をあげると、シーズンの最後に2Aに昇格。オルバニーコロニー・ヤンキースで一試合だけ先発した。結果は、五回を投げ自責点二で勝ち投手。

そのころヤンキースの球団内部では、ひそかに、ペティットとスターリング・ヒッチコック[▼5]というふたりの若手投手の、どちらが伸びしろが大きいかという激論が戦わされていた。ヒッチコックは、ノースカロライナ州フェイエットビル出身の左腕。ペティットの一年前にドラフト九巡めで指名されると、ルーキーリーグから1A、2Aと、つねにペティットに先んじて階段をかけあがり、マイナーリーグ四シーズンで計三四勝をあげた。一九九二年と九三年には、なんと――ペティットは驚きもし、またねたみもしたのだが――短期間ながらメジャー昇格も経験している。

当時ヤンキースのGMだったジーン・マイケルは、ペティットの肩を持っていた。「あいつの気持ちの強さや、集中力が、わずかながらまさると思っていた」。ヒッチコックとのライバル関係が、ペティットのよさを引き出したにちがいないとマイケルは考えている。よい投球をして、ヒッチコックに追いつき追いこそうというだけでなく、サンジャシント短大の誇りになりたいと

▼5　ペティットのライバルだった左腕投手。メジャー13年通算74勝76敗、防御率4.80。

いう思いにつながったのだろう、と。

「アンディは、すばらしい人間なんだ」と、サンジャシントの元監督、ウェイン・グレアムはいう。現在、サンジャシントの監督をつとめるトム・エアリントンも口をそろえる。

「アンディは毎年、同窓会チャリティー・ゴルフトーナメントを開催して、奨学金の資金集めに協力してくれるんです。ほんとうにすばらしい人物ですよ。わたしも選手を何人かトーナメントにつれていくんですが、アンディは必ずあいさつに来てくれて、選手たちに、人生や野球について話をしてくれます。今でもサンジャシント短大と深いつながりがありますよ」

ペティットは、自分の原点を忘れていない。グレアム元監督は、こう語る。

「数年前、あいつを訪ねてニューヨークにいったんだが、あの通知表をまだ持っているといっていたよ。一五年前、わたしのキャンプにきたとき、『とくにバッティングが優秀』と書いて渡したあの紙をね」

第3章　南からきた男

ホルヘ・ポサダは、ヤンキースの捕手として、殿堂入り捕手のビル・ディッキー（一七〇八試合）と、ヨギ・ベラ（一六九九試合）に次ぐ一五七四試合でマスクをかぶった。通算ホームラン二七五本も、ヤンキースの捕手としてはヨギ・ベラ（三五八本）に次ぐ二番めの記録だ。このことは、注目に値するとか、目をみはるといったたぐいの言葉では、表しきれない。これは、奇跡なのだ。

まず、父親のホルヘ・シニアが、フィデル・カストロ政権のくびきを逃れて、生まれ故郷のキューバからプエルトリコに亡命しなければ、ポサダには、プロの野球選手になる道などひらけなかったかもしれない。

しかもポサダは、一九九〇年のドラフト二四巡め指名だ。ヤンキースがポサダを指名するまでに、じつに六四五人の選手が指名を受けている。

それも当初は、内野手としての指名だった。本格的に捕手に転向するのは、プロ入り二年めに、1Aのグリーンズボロ・ホーネッツに加入してからのことだ。

それに、もしポサダがプエルトリコを出て、アラバマ州ディケイターのカルフーン・コミュニティカレッジで野球をしていなければ、ヤンキースのスカウトであるレオン・ワースの目にとまらなかったかもしれない。

それにしても、プエルトリコのサントゥルセで生まれ育った少年が、どうやってアメリカ合衆国、アラバマ州の「川の町」ことディケイター――二〇〇〇年の調査では人口五万三九二九人、うちヒスパニック系住民の割合は五・六四パーセント、つまり、せいぜい三〇〇〇人程度という町――へやってきたのか。

その謎を解くためには、フレッド・フリッキーに登場してもらわなくてはならない。フリッキーは、一九六七年から九五年まで、アラバマ州最大の二年制大学、カルフーン・コミュニティカレッジ（第七代アメリカ副大統領ジョン・C・カルフーンにちなんで名づけられた）で野球部の監督をつとめた。自身もクリーブランド・インディアンズとボストン・レッドソックスのマイナーで三シーズン、外野手あるいは一塁手としてプレーした経験がある。カルフーンでの二八年間の在任期間中に、フリッキーは六六九の勝利を積み重ね、アラバマ州の短期大学選手権を六回制覇した。二〇〇九年には、全米短期大学体育連盟の野球殿堂入りを果たしている。

どうやってジョージ・ポサダを（カルフーンでは、ポサダは「ホルへ」ではなく、英語読みで「ジョージ」と呼ばれていた）射とめたのかと問われると、フリッキーは、二〇年以上前ではなく、つい昨年のできごとのように生き生きと語った。

「あのときは、卒業生でピッツバーグ・パイレーツのマイナーでプレーをしているやつと会いに、女房をつれてジョージア州のオーガスタにいくところだった。遊撃手をさがしていたもんだから、途中でアトランタのジョージア工科大に寄った。ちょうど、高校野球のオールスターゲームをやっていたのでね。エリス・ダンガンもきていた。彼は当時、トロント・ブルージェイズのスカウトをしていたが、おれが知り合いになったのはもっと昔、彼がフロリダ州マリアナにあるチポーラ短期大学で二五年間にわたって、野球部の監督をしていたころだ。チポーラのチームはすばらしいよ。よく、彼といっしょにフロリダ湾岸を旅してまわったものだ。ともかく、あの日、おれはジョージア工科大でエリス・ダンガンに会って、きいたんだよ。『エリス、遊撃手をさがしてるんだが、心当たりはないかい?』ってね。するとダンガンは、即座に『ないね』と答えた。はは ん、これは出し惜しみしてるなと、ピンときた。ほしいものがあれば、こっちからも何かを提供しなけりゃならないことがある。そのころアラバマ短大にいい左腕投手がいたもんだから、そいつの名前と電話番号をメモして、エリス・ダンガンにわたした。『エリス、こいつは九〇マイル（約一四五キロ）ぐらい出すよ。知らないかもしれないから、メモをわたしておこう』ってな。するとエリスはメモを受けとって、しばらくしてからいうんだ。『遊撃手なら、プエルトリコのリオピエドラスっていうところに、一人いる。あそこから選手をとったことがあるかい?』そこでおれは『いいや。だが、その子の名前と電話番号をくれたら、連絡してみるよ』と答えた。それが、ジョージ・ポサダだった。父親が、地元アトランタ・ブレーブスのプエルトリコ担当スカウトでね。それでエリスは息子のジョージのことを知ったというわけだ。ジョージはちょうど、野球をつづける場所をさがしていた」

ポサダ家は、野球一家だ。伯父のレオ・ポサダは、一九六〇年から三シーズンにわたってカンザスシティ・アスレチックスでプレーした外野手で、通算打率二割五分六厘、本塁打八本、五八打点という記録を残し、一九六一年にはレフトのレギュラーを張った。ホルへの父、ホルへ・シニアは、祖国キューバの期待の若手選手だったが、亡命後、アメリカではプレーする機会がなかった。しかしアトランタ・ブレーブスやコロラド・ロッキーズなど、メジャーリーグの数球団で、スカウトをつとめた。

物心がつくかつかないかのころから、野球はポサダの身近にあった。死んだプエルトリコの英雄、ロベルト・クレメンテのことは、神のようにあがめていた。だがクレメンテは、一九七二年、ポサダが一歳のとき、飛行機事故で命を落としている。現役の選手として初めて好きになったのは、ヤンキースの捕手、サーマン・マンソン▼1。のちにホルへは、ヤンキー・スタジアムで、そのポジションにつくことになる。

ポサダはもともとは右ききだが、幼いころに父の指導で左打ちになった。そしてホルへが一三歳のとき、父は、満を持して右打ちの練習をはじめさせた。ミッキー・マントルの父にならって息子をスイッチヒッターにするのが、父の当初からのもくろみだったのだ。

一七歳、高校三年のころには、ホルへは、トニー・フェルナンデス▼2や、バリー・ラーキン▼3のような遊撃手になることを目ざし、サンフアン市のコレヒオ・アレハンドリノ高校からベストナインに選出された遊撃手として名をはせるようになった。ちなみに高校では、野球以外にバスケットボールやバレーボール、それに陸上のトラック競技にも参加している。しだいに、南東部のスポーツ名門大学がホルへに注目するようになった。ニューヨーク・ヤンキースもホルへに目を留め、一九八九年のドラフト四三巡めで指名する（この年のドラフトでは、アンディ・フォックス▼4が二巡め、J・T・スノウ▼5が五巡め、そしてペティットのライバルだったスターリング・ヒッチコックが九巡め

▼1　ヤンキースひと筋11年で通算打率.292、ホームラン113本。しかし現役だった1979年のオールスター休暇中に、自家用飛行機の事故で死去。32歳だった。

▼2　ブルージェイズなどで活躍した両打ちの遊撃手。ヤンキースにも1995年に在籍。

▼3　シンシナティ・レッズひと筋で19年間活躍した右打ちの遊撃手。

で指名されている)。

しかし父親は、ホルへがプロ入りするのはまだ早いと考えていた。大学へ進学してもっと経験を積んでほしいし、なにより、もっと教育を受けてほしいと望んでいたのだ。ところがあいにくホルへは英語が不自由だったため、入学試験で、四年制大学に進学できるだけの点数をとれなかった。ここでフレッド・フリッキーと、カルフーン・コミュニティカレッジが登場する。フリッキーは、じっさいにポサダを見たことは一度もなかったが、エリス・ダンガンのすすめにしたがって、ポサダをカルフーンに入学させようと心に決めた。さっそくポサダ家に電話して、カルフーンの奨学金などについて、説明をはじめた。

フリッキーは語る。「こちらから提供できるのは教科書と授業料、それに諸経費ぐらいだ。それと、キャンパスには〝小屋〟と呼ばれる、アスリート学生専用の寮があって、四半期につき三〇ドルで部屋を貸していた。だから本人が払わなくちゃならないのは、部屋代と食費だけ。あとはすべてこっちで面倒を見るというわけだ。そのころ学校に、ミッツィ・テイラーという女性がいてね。母親がペルー人なので、ミッツィはバイリンガルだった。おれはミッツィをオフィスに呼んで、今からポサダに電話をするから、おれの代わりにスペイン語で説明して、こっちから提供できるものを全部きちんと伝えてほしい、と頼んだ。それから電話をかけ、ミッツィが話をしたら、ポサダはわかりました、と答えた。そして一週間後に電話をしてきて『アラバマでお世話になります』といってくれたんだ」

ポサダ親子――ホルへ・シニアとジュニア――は、アトランタからアラバマのディケイターまで、シニアの運転する車でやってきた。ジュニアは、家から離れて暮らすのが初めてで、道中ず

▼4　ダイヤモンドバックス、マーリンズなどで内野手をつとめた。実働9年、打率.239。
▼5　サンフランシスコ・ジャイアンツなどで活躍した一塁手。ゴールドグラブ賞9回。

っと、涙にくれていた。

「親子がきたのは九月で、おやじさんは、その場で入学手続きをすませた」

フリッキーのほうは、自家用トラックで体育館までいって二人と落ち合い、歓迎の意を表した。

「体育館の外で、おやじさんと息子と顔を合わせたのをおぼえているよ。まもなくお別れだというんで、二人とも泣いていた。ジョージのおやじさんはすばらしい人だ。けっして厳格ではないが、いうべきことはきちっといって、息子を立派に育てあげた。おやじさんはジョージに、英語を使わざるを得ない学校にいってほしかったようだ。マイアミ・デイド短大やマイアミ大学にならいけたのかもしれないが、それだとラテン系の学生が多いから、スペイン語ばかりしゃべって、英語が上達せずじまいになる。おやじさんの判断は賢明だったね。ジョージがカルフーンを選んだもうひとつの理由は、食費と、往復の燃料費ぐらいしか払わずにすむということだろう。さいわいすべてがうまくかみあって、すばらしい選手であり、すばらしい人物でもあるジョージにきてもらえたというわけだ」

父親が帰っていくと、ホルへはフリッキー監督のトラックの助手席に乗って、今後二年間の家となる〝小屋〟ことアスリート用の学生寮へと向かった。荷台には小型の冷蔵庫が積んである。寮に着いてホルへがトラックをおり、歩き出そうとすると、うしろからフリッキーが呼びとめた。

「おいおい、どこへいくんだ？　冷蔵庫をおろすのを手つだってくれよ。おまえさんのなんだから」

部屋に机とベッドと流しとシャワーしかないという状態にならぬよう、また部屋に食べ物を置いておけるよう、フリッキーはあらかじめ冷蔵庫を用意しておいたのだ。

見知らぬ町で、ポサダはさみしさのあまりホームシックにかかり、ぽつんと一人で放り出されたような思いを味わっていた。キャンパスにはスペイン語を話せる人がいないし、英語にも、アメリカの文化にもなじめない。友達もいなければ、チームメートもまだいない。▼6 ただフリッキー監督だけが、父親の代わりに面倒を見てくれた。監督はポサダを車で練習や教会へつれていき、ときには自宅へつれかえって食事をごちそうした。初年度の授業もポサダに代わって選んでくれたが、そのなかにはスペイン語の授業がふくまれていた。

「ひとつぐらい楽にAがとれる科目を入れてやろうっていう親心だと思うよ」と、ポサダはいう。「スペイン語だけは先生よりうまかったからね」

あるときポサダは、学内でちょっとしたもめごとに巻きこまれてしまった。

「たいしたことじゃなかった」と、フリッキーは回想する。「アルコールとかドラッグとか、そういうのじゃないから」

警察沙汰になるようなものではなく、よくある大学生の悪ふざけのようなものだった。しかし学則違反にあたったため、ポサダは体育局長に〝小屋〟からの退寮を命じられてしまう。ほかにいくあてもなく、学外のアパートを借りる金もなかったが、さいわいにもフリッキー監督が面倒を見てくれた。

「ほれ、ジョージ、荷物をまとめておれのトラックに積みこめ」

フリッキーはそういって、ポサダを自分の家へつれていき、手ずから風呂とベッドをそなえつけたガレージの上の空き部屋をあてがった。

「（事件について）おやじさんに電話したりはしなかった。ほんとうにささいなことだったたから。

▼6　アメリカの学生野球では、1年ごとにトライアウトなどで新しくチームが組まれる。秋に練習試合やトライアウトが行われ、公式戦は通常、2月から5月末まで。

だがポサダにいったんだ。『サンクスギビングかクリスマスで帰郷するとき、自分でおやじさんに事情を話せ』って。で、あいつが休暇から帰ってきたときに『話したか？』ってきいた。そうしたら『いえ。でも母さんに話しました』だとさ。ほんとうにかわいいやつなんだ。ジョージ・ポサダはすばらしい男だよ。うちの女房も、あいつのことをとてもかわいがっていた」

「ええ、わたしたち二人で、ほんとうにあの子のことをかわいがっていました」と、妻のマーサ・フリッキーも語る。「まるでほんとうの息子のようでしたよ。故郷から遠く離れているから、お休みでもなかなか帰れないでしょう。だからしじゅううちにきていました。とくに一年めは、プエルトリコ人の学生があの子一人だったから、何かにつけて面倒を見ていたんです。週末にはよくあの子をつれて食事に出かけたものですよ。テレビを見に、うちにもよくきていたわね。初めは英語が不自由だったけれど、卒業するころには英語で夢を見るまでになっていたのよ。あの子にきいたことがあるの。『いつスペイン語から英語に切りかわったの？』って。そうしたらあの子、こういってたわ。『クリスマスごろに英語で夢を見るようになったんです。それで、もうこっちになじんだんだなと思いました』って」

カルフーンでの一年めにポサダは、スティーブ・ゴングワーというチームメートと仲よくなった。大学からさほど遠くないジョージア州ジョーンズボロ出身の内野手だ。

「二人は親友だった」と、フリッキーは語る。「スティーブは頭のいい子で、野球もうまいし、リーダーとしての資質もある。人間的にすばらしいやつで、ジョージがカルフーンをやめずにがんばれたのは、スティーブに負うところが大きいと思うよ」

ゴングワーは、ポサダが心地よく暮らせるよう、キャンパスライフになじめるよう気を配るのを自分の責任と心得ていた。寮では隣どうしだったので、卓球をしたり、ほかのチームメートをさそってバスケットボールをしたりした。トレーニングもいっしょにおこなった。

「ぼくは自分では、練習熱心な、いい選手だと思っていた。もっと才能のあるやつはいるかもしれないけど、自分ほど努力するやつはいないって。ところがそこへポサダが現れた。あいつときたら、天賦の才能を持っているくせに、ぼくの三倍も努力するんだ」

ポサダに目を見張ったゴングワーは、家に電話して、これからは野球よりも学業に力を入れようと思うと、父親に告げた。いったいどういう風の吹きまわしだ、と問われたゴングワーは、こう説明したという。「メジャーリーグ級の選手に出会ったんだ。どういう連中か思い知らされたよ」

メジャーリーガーになるのはとても無理だと痛感したゴングワーは、現在、アラバマ州バーミンガムで、ビジネスマンとして立派に身を立てている。

フリッキーによると、選手としてのポサダはこんな具合だった。

「一年生のとき、ジョージはよく打った。三割五分だか六分だかで、ホームランが九本だ。記録室長からきいた話では、三六安打のうち二一安打が二塁打だったらしい（一シーズンの二塁打数としては、いまだにカルフーンのチーム記録）。はじめのうちは、あいつを遊撃手として使っていたんだが、ちょっとエラーが多いんで三塁に移した。三塁手ではよくやっていたよ。おやじさんによると、ジョージは遊撃手も三塁手も、それから捕手もできるという話だった。だが当時のチームには、左打ちと右打ちの二人の捕手がいて、両方とも肩が強かったんだ。それでもジョージの肩の強さを見てみたくて、一度だけキャッチャーのポジションにつかせて、二塁までの送球をストップウォッチで計ったことがある。ずば抜けていたね。ボールがキャッチャーミットに入った瞬間から二塁手、あるいは遊撃手が送球を受けるまでの時間が二秒フラットなら、捕手としてはメジャーリーグ級の強肩といわれる。二秒を超えたら、よほど伸びしろがないかぎり、メジャーリーグのチームからは声がかからない。ジョージの送球は、一・八秒、一・九秒というレベルだった。それでもほかに空きがなかったから、うちでは三塁手として使っていたが。ヤンキースがジョージを捕手に転向させたのは、あの鉄砲肩が決め手だったにちがいないよ」

カルフーンでの二年め、ポサダは一年めほどの打撃成績は残せなかったが、それでもリーグのベストナインに選出された。すでにアラバマ大学から奨学金のオファーを受けており、カルフーン・コミュニティカレッジからは準学士の学位を受けた。

ある日、フリッキー監督が、カルフーンの体育局長、ナンシー・キーナムのオフィスを訪ねたところ、たまたまそこにポサダがいた。監督は局長に向かってこういった。

「キーナム、そいつが卒業する前にサインをもらっておいたほうがいいぞ。いずれテレビに出るようになるからね」

卒業から二〇年近くたった二〇〇七年、それこそテレビに何千回と登場してから、ポサダはふたたびカルフーン・コミュニティカレッジを訪ねた。ホルヘとフリッキー監督が、二人そろってアラバマ州のコミュニティカレッジの殿堂入りを果たしたのだ。それにともなって、カルフーンが、監督のつけていた背番号33とポサダの背番号6を永久欠番にすると発表し、大学でそのためのセレモニーが開かれることになったのだった。

ポサダは、ドラフトでヤンキースから二度指名されている。一度めは、カルフーンに入学する前の一九八九年。このときは四三巡め、全体一一一六番めの指名で、契約金の額が低かった（約二万二〇〇〇ドル）。そのためポサダは契約を拒否して「カルフーンに進学します」とヤンキースに伝えた。

二度めは翌一九九〇年のドラフトだ。さいわいにも遅いラウンドまで残っていたので、ヤンキースはポサダを二四巡め、全体六四六番めで指名した。直前の六四五番めは、ジョージア州メイコンにあるマーサー大学のマイク・ミムズ。▼7 直後の六四七番めは、ノースカロライナ州ウィンゲート大学のマーク・ツィトゥリスだ。▼8 ポサダがアラバマ大学から奨学金の確約をとりつけていることを知って、ヤンキースは契約金の額を前年よりひきあげ、三万ドルを提示した。ポサダは契約に合意した。▼9

ホルへのプロ生活は、一九九一年に、ショートシーズン1Aのオネオンタ・ヤンキースでスタートした。この年の成績は、七一試合で打率二割三分五厘、ホームラン四本、三三打点。守備では、二塁手としてリーグ最多の四二併殺にからんだが、エラーも二〇個あった。チームは、ポサダには二塁手としてはあまり見こみがないと考えていた。しかしバットスイングは速く、強力だ。しかもスイッチヒッター。そのうえたくましく頑丈で、捕手にぴったりの体格と性格をそなえている。

チームから捕手転向の打診を受けたとき、ポサダは大学時代の監督、フレッド・フリッキーに電話をした。フリッキーは、ぜひやってみなさい、内野手より捕手のほうがメジャー昇格への道はずっと近いはずだとはげましてくれた。

チームはすぐにポサダのコンバートに着手した。この一九九一年、ポサダは、ショートシーズ

▼7　ドジャースに指名された左腕投手。メジャーリーグでの登板は3年だけ。
▼8　モントリオール・エキスポズが指名。マイナー生活2年で現役をしりぞいている。
▼9　ポサダはこのあと大学2年めを終えてから、ヤンキースとの交渉権が期限切れになる直前の1991年5月に正式契約している。

ン1Aオネオンタで、捕手として一一試合に出場。そのときのオネオンタの正捕手は、ポサダと同じ年に、ひとつ前のドラフト二三巡めで指名されたトム・ウィルソンだった[10]。ウィルソンはのちにブルージェイズ、メッツ、アスレチックス、ドジャースで、計二一四試合メジャーリーグの試合に出場する。

その年のマイナーリーグのシーズンが終わると、ヤンキースは捕手としての成長をうながすため、ポサダをフロリダの教育リーグに派遣した。そこでポサダは、グレン・シャーロックの指導を受ける。シャーロックは、自身もマイナーリーグで捕手として現役生活を送り、短期間ながらヤンキースのマイナーチームの監督をつとめたこともある。ポサダと出会った一九九一年の秋には、ヤンキースのマイナーで捕手の指導にあたっていた。

「ポサダに本格的なキャッチングの指導をしたのは、教育リーグがはじまってからだね」。現在、アリゾナ・ダイヤモンドバックスでブルペンコーチをつとめるシャーロックは語る。「誰がポサダのコンバートを決めたのかは知らないが、ヤンキースのスカウト力と育成システムは、つねに球界最高レベルだったから、ホルへ・ポサダほどの能力を持った選手を見れば、その能力を生かせるポジションをさがすのは当然だと思うよ。ああいうタイプの打者を捕手として使えるのは、非常に魅力的だ」

翌一九九二年、ポサダは1Aのグリーンズボロ・ホーネッツでプレーし、捕手転向をほぼ完了した。三塁手としての出場がわずか五試合だったのに対し、捕手としての出場は四一試合。チーム全体では、トム・ウィルソンが主力捕手として八九試合マスクをかぶったが、それに次ぐ試合数だった（なお、ポサダはこの年、グリーンズボロで初めてデレク・ジーターと出会っている。ジーターは、

▼10　1996年にインディアンズにトレードされた後、数球団を渡り歩き、2001年、30歳のとき、オークランド・アスレチックスでメジャーデビューを果たしている。

シーズン最後の二週間でルーキーリーグから昇格してきたのだ。ポサダとジーターは親友になり、二〇〇〇年にポサダがプエルトリコの弁護士ローラ・メンデスと結婚したときには、ジーターが新郎の付添役をつとめた)。

プロ三年めの一九九三年、ポサダはついにウィルソンを追いぬいた。ウィルソンが1Aグリーンズボロに残ったのに対し、ポサダは1A上級、カロライナ・リーグのプリンスウィリアム・キャノンズに昇格したのだ。ポサダは捕手として成長途上にあり、パスボールは三八個でリーグワーストだったが、ヤンキースは、ポサダのリード面の能力や、投手陣との信頼関係、そして打力に感銘を受けていた。プリンスウィリアムでのポサダの打撃成績は、打率二割五分九厘、二塁打二七本、ホームラン一七本、打点六一。これによって、シーズン終了まぎわに2Aのオルバニー・コロニー・ヤンキース（イースタン・リーグ所属）に昇格して、七試合だけ出場し（二五打数七安打、打率二割八分）、翌一九九四年にはヤンキースのマイナーチームの最上位である3A、コロンバス・クリッパーズ（インターナショナル・リーグ所属）に昇格した。

ヤンキー・スタジアムで活躍するまでにはもう二、三年かかると目されていたが、ポサダはニューヨークをめざして急成長をつづけていた。当時のヤンキースの捕手は、三〇すぎのマイク・スタンレーと、控え捕手のマット・ノークス。ノークスは、もともと守備の評価が高くないのに、バッティングも急激におとろえていた。ヤンキースにとっては、将来性のある、若くて生きのいい捕手をさがしあてることが、最優先課題だった。

第4章 カラマズーの少年

左腕投手として活躍したハル・ニューハウザーは、デトロイト生まれのデトロイト育ち、終生デトロイトに住んでいた地元の英雄だ。一九三九年、一八歳のとき、デトロイトのウィルバー・ライト高校を出て、デトロイト・タイガースと契約。マイナーリーグに三四試合登板しただけで、入団から数か月後の九月二九日、一八歳四か月という若さでメジャーリーグ・デビューを果たした。デビュー戦では、クリーブランド・インディアンズとのダブルヘッダー第二戦に先発。三安打、三失点、奪三振四で負け投手になったが、以後、ニューハウザーがマイナーリーグの試合で投げることは一度もなかった。

五年後の一九四四年から三年間にわたって、ニューハウザーは、長いメジャーリーグの歴史のなかでもなかなか見られないような成績を残す。三年間で計八〇勝をあげ、敗戦はわずか二七。しかも完封が二〇、九一八回三分の一で六七四の三振を奪ったのだ。たしかにそのころは第二次世界大戦で、好選手の多くが出征していた時期と重なっている（ニューハウザー自身は、心臓弁膜症により兵役不適格と判定された。にもかかわらず何度か入隊を志願したが、そのたびに不合格になっている)。それでもニューハウザーは、メジャーリーグ最強の投手として賞賛を浴びた。一九四四年にはアメリカン・リーグの最優秀選手賞(MVP)を受賞(当時はまだサイ・ヤング賞がなかった)。翌四五年には、最多勝(二五勝)、最優秀防御率(一・八一)、最多奪三振(二一二)の投手三冠を達成して、ふたたびMVPを獲得する。そのまた翌年には、MVP投票で、テッド・ウィリアムズにつづいて二位になった。今日《こんにち》にいたるまで、MVPを二年連続で受賞した投手は、ニューハウザーだけだ。

通算二〇七勝一五〇敗、完封三三、奪三振一七九六をあげて一九五五年に引退すると(殿堂入りは一九九二年)▼1ニューハウザーはスカウトとして野球界にとどまり、自分がよく知っていて、人々が今も伝説的な存在と見なしてくれる、地元のデトロイト地区一帯を受け持つようになった。一九九二年に、このニューハウザーが、ヤンキースの最大のライバルになった。ドラフト全体一位の指名権を持つヒューストン・アストロズのデトロイト地区担当スカウトをつとめ、近郊のカラマズー・セントラル高校に通う、一七歳の細身の遊撃手に熱いまなざしをそそいでいたのだ。

デレク・サンダーソン・ジーターは、一九七四年六月二六日、ニュージャージー州のペクアノックで生まれた(よくいわれるように、アイスホッケーのスターで七〇年代に活躍したデレク・サンダーソンにあやかったわけではなく、父方の祖父、サンダーソン・チャールズ・ジーターにちなんで名づけられた)▼2。六月二六日といえば同じ日に(といっても一五五年前だが)生まれたアブナー・ダブルデイを思い出す。野球の生みの親とも伝えられる(今では根拠のない伝説だと考えられているが)ダブルデイと、野球を極めたことで名高いジーター。その二人が同じ日に生まれたのだ。

デレクが四歳のとき、父のチャールズ——アルコールおよび薬物中毒のカウンセラーで、自身

▼1　ニューハウザーの殿堂入りは、ベテランズ委員会による選出。同委員会は、引退後20年以上経過した選手や、監督、審判などの殿堂入りを検討する。
▼2　デレクの父の名前もサンダーソン・チャールズ・ジーター。ジーターの伝記*The Captain*によると、父はシングルマザーに育てられたそう。

もフィスク大学時代に、遊撃手として野球をしていた――が、ウェスタン・ミシガン大学の修士課程に入学するため、家族をつれて、大学のあるミシガン州カラマズーに引っ越した。しかしデレクと妹のシャーリーは、夏休みごとにニュージャージー州にいる母方の祖父母、ドロシー（ドット）とビル・コナーズの家を訪ねて、何週間か泊めてもらっていた。

デレクの祖母はヤンキースの大ファンで、孫といっしょにテレビでヤンキース戦を見たり、ときにはヤンキー・スタジアムに観戦にいったりした。ジーターは、ウィリー・ランドルフ[▼3]、ドン・マッティングリー[▼4]、そして大好きなデイブ・ウィンフィールド[▼5]らのいるお気に入りのチームを見るのを心から楽しんだ。

「ぼく、大きくなったら、ヤンキースのショートになるんだ」。デレク少年は、おばあちゃんにいったものだった。

しかしアストロズのスカウト、ハル・ニューハウザーには、べつの考えがあった。ニューハウザーは、ジーターが、四年制のカラマズー・セントラル高校三年生で、打率五割五分七厘、ホームラン七本を記録したころからずっと注目していた。四年生のときは足首をねんざして数試合欠場したが、それでも打率は五割八厘。毎試合一打点の割合で打点をかせぎ、盗塁は一二回試みて一二回とも成功。これによりジーターは、アメリカ学生野球監督協会から、一九九二年度の高校最優秀選手に選ばれた。ジーターはバスケットボールでも、二年生のときから三年連続で学校代表チームの優秀選手《レターマン》に選ばれ、州の優秀選手でも次点に名をつらねた。カラマズー・セントラル高校バスケットボールチームのポイントガードとしてプレーし、二年生のとき、試合終了のブザーと同時にスリーポイント・ショットを決めてライバルのポーティジ・セントラル高校を下した

▼3　二塁手。メジャー18年、通算打率.276。オールスター出場6回。

▼4　ヤンキース一筋14年、通算打率.307、ホームラン222本。MVP1回、オールスター出場6回、ゴールドグラブ賞9回。2011～15年、ロサンジェルス・ドジャース監督。

瞬間には、地元のヒーローになった。

しかしジーターが最もすぐれているのは、野球だった。ニューハウザーはその才能にべた惚れし、ジーターがミシガン州立大学の奨学金を受けて、かつてのデトロイト・タイガースのオールスター捕手、ビル・フリーマン監督のもとで野球をするつもりらしいという報道にもくじけず、ぜひこの若者を一位指名してほしいとアストロズに訴えた。

一方、全体六位の指名権を持つヤンキースも、ミシガン州とオハイオ州の担当スカウト、ディック・グロッフの強いすすめで、ジーターに注目していた。とはいえ、チームに一巡め指名を納得させるのは、なかなか大変そうだった。ジョージ・スタインブレナーがオーナーになってからのヤンキースは、つねに即戦力を求めていたからだ。

だがベテランスカウト、グロッフの気持ちは揺るがなかった。ジーターは体重六七キロと恐ろしく細身だし――もっとも身長は一八〇センチを優に超え、さらに大きく、たくましくなりそうではあった――、おまけに冬のきびしいミシガン在住ゆえに、四年生のときには打数が五九しかなかったが、グロッフは、この若き遊撃手が人並みはずれた運動神経と、勘のよさ、プロ向きの性格、そしてとてつもない伸びしろをそなえていると見てとった。だからチームに対して、六番めまでジーターが残っていたら、ぜひとも指名してほしいと猛プッシュした。

「ジーターだって？」と、ヤンキースのスカウト部長ビル・リブシーがいった。「ミシガン大学にいくんじゃないのか？」

グロッフはいいかえした。

「いや、あいつの行き先はただひとつ、クーパーズタウン[6]ですよ」

▼5　1980年にFAでヤンキースに入団。主に右翼手。メジャー22年、通算打率.283、ホームラン465本。オールスター出場12回。

▼6　野球殿堂博物館のある町の名。

ドラフトの行われる、運命の六月一日、一九八六年に地区優勝を果たして以来五年連続で負け越し、即戦力に飢えているアストロズは、ハル・ニューハウザーの推薦をしりぞけて、全米大学野球の最優秀選手に贈られる〈金のスパイク賞〉受賞者である、カリフォルニア州立大学フラートン校のフィル・ネビン▼7を指名した。大卒のネビンのほうが、ジーターよりメジャー昇格が早いと判断したのも理由のひとつだが、ジーターは契約金の要求が高くてアストロズには払えないのではないかと恐れたのも一因だった。ミシガン州立大学の奨学金を確保しているジーターは、契約金一〇〇万ドルを望んでいると報じられおり、アストロズのドラフト一巡めの予算を超えていた。

自分のアドバイスをはねつけたアストロズに対して、ニューハウザーはひどく憤慨し、屈辱を感じて辞表をたたきつけた。だがジーターをやりすごしたのは、アストロズばかりではなかった。全体二位のクリーブランド・インディアンズは、ノースカロライナ大学の右腕、ポール・シューイーを、三位のモントリオール・エクスポズはミシシッピ州立大学の左腕、B・J・ウォレスをそれぞれ指名。四位のボルティモア・オリオールズは、スタンフォード大学の外野手、ジェフリー・ハモンズを指名した。

つぎは全体五位の指名権を持つシンシナティ・レッズだ。レッズはジーターを高く評価しているといわれていたが、どうやらジーターか、セントラルフロリダ大学の外野手、チャド・モトーラかで悩んでいるらしく、熟考の時が流れるのをヤンキースのドラフト担当者一同は、息をひそめて待った。その日、ヤンキースの担当者たちは、ジョージ・スタインブレナーが所有するタンパのラディソンベイ・ハーバーホテルに設けたドラフト司令室に詰めていた。そしてついに、レ

▼7　メジャー12年、通算打率.270、ホームラン208本。最も活躍したのは4球団めのサンディエゴ・パドレス時代。アストロズでは1995年にメジャーリーグ昇格を果たしたものの、同年、トレードの「後日指名選手」としてデトロイト・タイガースに移籍している。

▼8　この年は2巡め、3巡めの指名権がなかったので、バディの指名は4巡め。

ッズがモトーラを指名という公式発表が出ると、司令室には、勝ちどきと大歓声がこだました。

一九九二年六月二七日、ジーターの一八歳の誕生日の翌日、ヤンキースは一九九二年度ドラフト一巡め指名、カラマズー・セントラル高校出身の遊撃手、デレク・サンダーソン・ジーターとの契約を発表した。契約金は、ジーターが望んでいるとされた金額より二〇万ドル少ない八〇万ドル。皮肉にもアストロズは、フィル・ネビンと七〇万ドルで合意していた。もしほんとうに契約金の額が問題だったとしたら、アストロズは、予算を一〇万ドルオーバーすることを嫌ったばかりに、向こう二〇年間遊撃手を張る将来の殿堂入り選手を逃した、ということになる。

二〇年以上たった今、このドラフトを振り返って、検証するのもおもしろいだろう。

この年ヤンキースに指名された四八人のうち、ジーター以外にメジャーリーグに到達したのは、四人だけだ。ヤンキースの二人めで全体一〇二番めに指名された右腕マイク・バディは、ヤンキースとブルワーズで合計五シーズンプレーし、通算成績は五勝四敗。八巡め▼8（全体二二四位）の外野手マット・ルークは、ヤンキース、ドジャース、インディアンズ、エンジェルスの四チームで三シーズン、一二三試合に出場して、通算打率が二割四分二厘、ホームラン一五本、打点四〇という成績。九巡め（全体二四二位）に指名された左腕投手、ライアン・カープは、フィリーズで二シーズン通算一六試合に登板して、一勝一敗。二四巡め（全体六六二位）のマイク・デイジャン▼9は、ロッキーズでメジャーデビューして、以後ブルワーズ、カージナルス、オリオールズ、メッツ、最後はまたロッキーズと渡り歩き、一〇年間で三〇勝三三敗、防御率四・三〇という成績を残している。

この年、他チームからジーターのあとに指名された選手のなかには、トッド・ヘルトン▼10、ジェ

▼9　1995年に、現ヤンキース監督、ジョー・ジラルディとのトレードでロッキーズに移籍した。
▼10　92年の2巡めでパドレスに指名されたが進学。95年に1巡めでロッキーズから指名された。メジャー17年の通算打率.316、ホームラン369本、オールスター出場5回。

イソン・ジアンビ[11]、ジョニー・デイモン[12]、シャノン・スチュアート[13]、プレストン・ウィルソン[14]、ロン・ビローン[15]らがいる。

一方、ジーターより前に指名された五人を見てみると、全体一位のネビンはメジャー一二シーズンで、パドレス、タイガース、レンジャーズ、ツインズ、カブス、エンジェルス、アストロズと七球団を渡り歩いている。通算成績は一一三一安打で、打率二割七分ちょうど、ホームラン二〇八本、打点七四三だ。四位のハモンズは、オリオールズ、ブルワーズ、ジャイアンツ、レッズ、ロッキーズ、ナショナルズと六チームで一三シーズンプレーし、八二四安打、打率二割七分二厘、ホームラン一一〇本、四二三打点という成績。ジーターの直前に五位で指名されたモトーラは、ブルージェイズ、レッズ、オリオールズ、マーリンズで五シーズン、五九試合に出場し、打率は二割ちょうど。ホームラン四本、打点一二。二位の右腕投手シューイーは、インディアンズ、ドジャース、オリオールズで一一シーズンプレーし、四五勝二八敗。そして三位の左腕投手ウォレスは、マイナーリーグで三シーズンプレーして一五勝一五敗。メジャーには一度もあがれなかった。

五人とも、二〇〇八年までには現役をしりぞいた。そのころジーターは、選手生活の最盛期をむかえており、二〇一四年に引退するまで、通算でネビンより二三〇〇本以上、ハモンズより二六〇〇本以上多くのヒットを積み重ねることになる。

ヤンキースは、まずジーターをルーキーリーグのガルフコースト・リーグ・ヤンキースに送った。かくして一八歳の神童は、野球界の制圧に乗り出した。ところがジーターは、まずこのルーキーリーグでつまずいてしまう。最初の試合では、なんと七打数無安打で五つの三振だった。

▼11　左投げの一塁手兼DH。通算打率.277、ホームラン440本。MVP1回、シルバースラッガー賞2回、オールスター出場5回。2015年2月、引退を発表。

▼12　メジャーを18年間つとめた左打ちの外野手。通算打率284、ホームラン235本、オールスター出場2回。

「ルーキーリーグでは、山のようにエラーをした」と、ジーターは、二〇年近くたってから振り返る。「しかも、いくらバットを振っても当たらない。試合後、ロッカールームに戻ると、大きな赤いプラスチックのバットがロッカーの扉にくくりつけられていて、大きな字で『こっちのほうがいいんじゃないか』と書かれたメモが貼ってあった。振り返れば笑い話だけど、一八の若造としては、トイレにこもって泣きたい心境だったよ。ろくに知りもしない連中に笑い物にされるんだから」

毎晩のように家に電話しては涙を流した。くやしくて、さみしくて、家が恋しくてたまらない。なにしろ野球人生で初めての挫折だ（もっともこれが最初で最後になるのだが）。ガルフコーストリーグ・ヤンキースでは、四七試合でエラー一二、打率はわずか二割二厘。情け深い監督のゲーリー・デンボーが、賢明にもシーズン最終戦はジーターをベンチに置いたので、打率が二割を切るという究極の屈辱は、どうにかまぬがれた。

そんなつまずきにもかかわらず、ヤンキース首脳陣の、ジーターの伸びしろと将来性に対する評価は揺るがなかった。首脳陣は、ルーキーリーグでのジーターのつまずきは、生まれて初めて家から離れて、落ち着ける環境から踏み出したことや、何歳か年上の才能ある選手たちと競わなくてはならなかったことが理由だろうと分析した。ルーキーリーグのシーズンが終了すると、首脳陣はジーターを、まだ試合が残っている1Aのグリーンズボロ・ホーネッツへ送り、もう少し打席に立たせて経験を積ませることにした。翌一九九三年シーズンの本拠地になるグリーンズボロの町に慣れさせるというねらいもあった。

一九九三年のグリーンズボロで、ジーターの歯車はかみ合いはじめ、スカウトのディック・グ

▼13　メジャーを14年つとめた右打ちの左翼手。通算打率297、ホームラン115本。
▼14　メジャーを10年つとめた右打ちの中堅手。通算打率.264、ホームラン189本、オールスター出場1回。
▼15　メジャー15年で12チームを渡り歩いた左腕投手。通算61勝65敗。防御率4.73。

ロッフとヤンキーズ首脳陣が見こんだとおりの力を発揮しだした。とりわけ打撃は、打率二割九分五厘、ホームラン五本、七一打点と才能を見せたが、守備の悩みはつづいていた。前半戦だけで三〇個のエラーを犯し、ジーターは、GMのジーン・マイケルの訪問を受けた。マイケルは、自身も現役時代遊撃手で、一八九センチ八三キロと、ジーターとよく似た体格をしていた。そしてマイナーリーグ時代は、やはり守備に問題があった。プロ入り一年め、パイレーツ傘下のグランドフォークス・チーフス（クラスC、ノザンリーグ所属）時代、マイケルは一二四試合で五六失策を犯したことがある。だからジーターには、とにかくリラックスしてプレーすることが大切だといってきかせた。

結局一九九三年にジーターは、1Aグリーンズボロ・ホーネッツの一二六試合でなんと五六もの失策を犯したが、守備範囲がきわめて広く、また運動能力が高いので、アクロバティックなプレーを見せることもたびたびあった。「ベースボール・アメリカ」誌[16]は、ジーターを1Aサウス・アトランティック・リーグで最も守備のすぐれた遊撃手、最も見て楽しい選手、最も肩の強い内野手に選出し、マイナーリーグの若手有望株リストの一六位にあげた。

ジーターの一九九四年は、1A上級のタンパ・ヤンキースで幕をあけた。監督は、かつてのヤンキースの捕手で、ミシシッピ州立大学時代はフットボールのスターでもあったジェイク・ギブス[17]。このタンパ・ヤンキースで六九試合、三割二分九厘という成績をあげると、ジーターはたちまち2Aのオルバニーコロニー・ヤンキースに昇格し、ここでも三四試合で三割七分七厘と打ちまくって、こんどは3Aのコロンバス・クリッパーズに昇格。またしても三五試合で三割四分九厘という成績をあげた。結局この年ジーターは、1A上級から3Aまで三つのレベル通算で、打

▼16　アメリカの野球専門誌。ドラフト候補のアマチュア選手やマイナーリーグの若手有望株の情報にくわしい。
▼17　1962年から10年間ヤンキース一筋でプレイ。通算打率.233、ホームラン25本。

率三割四分四厘をマーク、四三本の長打を打ち、盗塁も五八回試みて五〇回成功させるとともに、守備では前年一二六試合で五六個のエラーがあったところを一三八試合で二五個と半分以下に減らした。これらの成績により、ジーターは、「ベースボール・アメリカ」誌、スポーティング・ニュース社、トップス社のそれぞれからマイナーリーグ年間最優秀選手に選ばれ、1A上級のフロリダ・ステート・リーグからはMVPに選出された。

この年、四つめのチームでプレーする可能性も、なくはなかった。ヤンキース首脳陣が、シーズン最後の数試合だけでもジーターをメジャーに昇格させようかと話しあっていたのだ。ところがこの年の大リーグは、ストライキのため八月でシーズンが打ち切りになってしまう。それでも、生まれ故郷のニュージャージー州ペクアノックではじまり、少年時代をすごしたミシガン州カラマズーを経て、各地のマイナーリーグをめぐるデレク・サンダーソン・ジーターの旅は、目指すニューヨークのブロンクスへと、いよいよせまってきた。

第5章 GM、ジーン・マイケル

一九九〇年七月三〇日、大リーグコミッショナーのフェイ・ビンセントは、ヤンキースのオーナーである短気な問題児、ジョージ・スタインブレナーに鉄槌を下し、無期限の資格停止処分にすると発表した。罪状は、ヤンキースの主力外野手であるデイブ・ウィンフィールドにまつわる裏情報を入手するため、ハウイー・スピラという地元のちんぴら賭博師に四万ドルを支払ったこと。ウィンフィールドは、九年前ヤンキースにFAで入団したとき、みずからの運営する財団に球団から三〇万ドルの寄付を受ける契約を交わしたが、その金が未払いだとして、球団を相手取って訴訟を起こしていた。

じつは、スタインブレナーが球界から資格停止処分を受けるのは、これで二度めだった。一九七四年には、再選をめざすリチャード・ニクソン大統領の選挙運動に不法な政治献金をしたことについて有罪を認め、当時のコミッショナー、ボウイ・クーンから二年間の資格停止処分を受けた。のちにクーンは期間を一年三か月に短縮し、スタインブレナーが法的に投票権を喪失したことに対しても、一九八九年にロナルド・レーガン大統領が任期中最後の仕事として特赦を与えている。ビンセントコミッショナーによる今回の処分により、スタインブレナーは、球団の所有権を手放す必要はないものの、ヤンキースの日々の経営にたずさわることを禁じられた。結果としてこれが、ヤンキースにとって吉と出る。

スタインブレナーが資格停止期間に入る前、最後にした仕事がGMのハーディング・ピーターソンを解任することだった。ひと月後、しばらくスカウトとして活動していたジーン・マイケルが、ピーターソンに代わってGMになった。マイケルがヤンキースのGMの座につくのは、これで二度め。前回は一九八〇年から八一年までつとめたが、スタインブレナーに解任された。だが今回は、口うるさいスタインブレナーにじゃまされずに仕事ができる。

ジーン・マイケルは、一九三八年、オハイオ州ケント市生まれ。ケント州立大学時代には野球とバスケットボールの選手で、NABA（北米バスケットボール連盟）のコロンバス・コメッツというチームで一シーズンプレーしたこともある。野球では、一九五九年にピッツバーグ・パイレーツに入団。一九六六年にパイレーツでメジャーデビューし、一シーズンすごしたあと、モーリー・ウィリスとのトレードで、ボブ・ベイリーとともにロサンジェルス・ドジャースへ移籍。さらに翌一九六七年一一月には金銭トレードでヤンキースに入団する。ここでショートのレギュラーの座をつかみ、家族をニュージャージー州に引っ越させて、以来ヤンキースとの長いつき合いがつづいている。

マイケルは、一九六八年から七四年まで、七シーズンにわたってヤンキースでプレーした。それはちょうどヤンキースがリーグ五連覇を果たした（一九六〇年～六四年）少しあとから、リーグ三連覇（一九七六年～七八年）をはじめる少し前までの谷間の時期に当たる。マイケルがいた七年のあいだ、ヤンキースはアメリカン・リーグの五位が二度、四位が三度、二位が二度という月並みな成績に終始した。

マイケルはスイッチヒッターで——ヒッターといっても、ろくに打てなかったのだが——打率は七年通算でわずか二割三分三厘、ホームラン一二本、二〇四打点。しかし守備ではグラブの魔術師として活躍し、とくに隠し球が得意だった。通算で五回も、二塁ベースでぼけっとしている走者を隠し球によりアウトにしている。二塁にランナーがいると、マイケルはまず塁審の注意をうながして、注目させる。これからやろうとしていることを審判に悟らせたら、こんどは何気なく二塁ベースまで歩いていって、ランナーに、ちょっとベースがずれたのを直すから、足を離してくれないかとたのむ。何も知らない、うぶなランナーが、請われるままに足を離した瞬間、あらふしぎ、どこからともなくマイケルのグラブにボールが出現して、ランナーはあえなくタッチアウトになってしまうのだ。

身長一八八センチ、体重八一キロという細身のせいで「スティック（棒きれ）」というニックネームで呼ばれていたマイケルは、まもなく、愛想のよさと、野球に関する知識の深さ、話のうまさ、それに当意即妙な受け答えで、地元記者たちのお気に入りになった（自分のバッティングについてマイケルは「バットがボールにはじかれるんだ」と笑い飛ばしたこともある）。また、オハイオ育ちはどこへやら、いつしかニューヨーク社交界の人気者にもなっていった。

現役を引退してからも、マイケルは、七年間の選手生活を入れると半世紀近くにもおよぶヤンキースとの関係をつづけることになる（一九八六年、八七年の二年間はシカゴ・カブスの監督としてニューヨークを離れている）。

▼1　81年は82試合めまで。82年は15試合めから100試合めまで。この年は3人の監督がチームを率いている。

▼2　走攻守そろった外野手。ヤンキース一筋16年で打率.297、ホームラン287本、ゴールドグラブ賞4回。背番号51は2015年2月に永久欠番に指定。第11章のコラムも参照。

ヤンキースでは、ありとあらゆる役職をつとめた。マイナーの監督（3Aコロンバス・クリッパーズ）、メジャーのコーチ、メジャーの監督（一九八一年と八二年に別々に二期▼1）、ゼネラル・マネージャー（GM）、そしてスカウト。

その間、ボスであるスタインブレナーとは、くっついたり離れたりの愛憎こもごもの関係がずっとつづいた。対立し、関係修復し、また対立し、また修復する。やかましい上司ではあったが、スタインブレナーはマイケルに深い愛情をそそぎ、その野球に関する知識の深さと才能を見る目を高く評価していた。監督をさがしているチーム（ボストン・レッドソックスやニューヨーク・メッツ）から、マイケルと面談させてほしいという要請がくることもあったが、スタインブレナーは拒絶し、そのたびにマイケルに何かしらの役職や、昇進、昇給で報いるのだった。

一方マイケルのほうも、スタインブレナーの介入癖や、癇癪《かんしやく》、衝動的なトレード――とくに若手の――にはうんざりしていたが、勝てるチームを作りたいという渇望と決意には敬意を抱いていたし、長年にわたって自分を雇用し、金銭的に報いてくれたことにも感謝していた。

そのスタインブレナーがいなくなったところで、マイケルは、名門ヤンキースの再建に乗り出した。チームの若きスター――その代表格がバーニー・ウィリアムズ▼2――を放出せずに育て、先見の明と鑑識眼を発揮してすばらしいトレードを行い（一九九二年一一月に中堅選手のロベルト・ケリーをシンシナティ・レッズに放出してポール・オニールを獲得したトレードや、九五年一二月にラス・デイビス▼3とスターリング・ヒッチコックをシアトル・マリナーズに放出してジェフ・ネルソン▼4、ジム・マシーア▼5、ティノ・マルティネス▼6を獲得したトレードなど）、またマイナーリーグにも人材を蓄積したのだ。

一九九〇年にヤンキースがマリアノ・リベラと契約したとき、マイケルはスカウトとして、ま

▼3　放出当時メジャー2年め25歳の内野手。メジャー8年、通算打率.257。

▼4　トレード時29歳の中堅リリーフ投手。ヤンキースでは6年間で23勝19敗。防御率3.47。

▼5　リリーフ投手。ヤンキースでのプレーは2年間のみ。

た補強担当の相談役として活動していた。アンディ・ペティット、ホルヘ・ポサダ、デレク・ジーターをドラフトで指名したときには、GMだった。

一九九三年、スタインブレナーが復帰した。球団経営に関しては、以前より多少おとなしくなったようだが、それでもボスはボスだ。一九九五年一〇月には、マイケルをGMから解任してボブ・ワトソンを後任にすえる。だが以前よりも少しだけやさしくなり、角がとれたスタインブレナーは、マイケルを球団にとどめ、最初はメジャーリーグスカウト部長、つぎは副社長、最後には副社長兼顧問という役職を与えた。マイケル自身、丁々発止のやりとりが必要なGMの仕事よりも、それらの役職のほうがずっとありがたかった。しかも、役柄が変わるたびに昇給するのだ。

マイケルがGMをしりぞいてから、彼が土台を作ったヤンキースは、アメリカン・リーグ優勝五回、ワールドシリーズ優勝四回を記録する。マイケルは、ヤンキースのチーム史上指折りの黄金時代の仕掛け人としてだけでなく、「コア・フォーの生みの親」として名を残したのだ。

column

ポール・オニール

一九九二年一一月三日、ヤンキースはシンシナティ・レッズと外野手同士のトレードを行い、ロベルト・ケリーとひきかえにポール・オニールを獲得した。ジーン・マイケルGMの行った最高のトレードかどうかは定めがたいが、オニール自身にとっては、まちがいなく、現役生活中に起こった最良のできごとだっただろう。

それまでレッズでの八年間で、オニールの通算

▼6　一塁手。ヤンキース7年間で打率.276、ホームラン192本、シルバースラッガー賞1回。98年から2000年までのワールドシリーズ3連覇に大きく貢献。第8章のコラムも参照。

成績は、打率二割五分九厘、ホームラン九六本、打点四一一だった。ところが、ヤンキースに移籍してからの九年間では、より強力な打線の一員になったことや、ライトスタンドが近く左打者に有利なヤンキー・スタジアムで年の半分を戦うことも手伝って、通算打率三割三厘、ホームラン一八五本、打点八五八を記録する。さらにオールスターに四度出場し、ワールドシリーズを四回制覇、六シーズンで打率三割以上を記録し（一九九四年には三割五分九厘で首位打者）、六シーズンでホームラン二〇本以上、四シーズンで一〇〇打点以上をあげている。通算記録でも、ホームラン、打率、二塁打、打点の各部門でチームの二〇位以内にランクインしている。

また、レッズ時代もふくめ、三度の完全試合（レッズのトム・ブラウニング、ヤンキースのデイビッド・ウェルズ、デイビッド・コーン）に勝利チームの一員として立ち会った、史上唯一のメジャーリーグ選手でもある。

気性の激しいオニールは、ヤンキース時代も闘志むき出しで戦い、ジョージ・スタインブレナーから「戦士」という呼び名をたまわった。怒りを爆発させることもたびたびあり、引退したとき、あとには破壊されたウォータークーラーがいくつも残されたが、同時に無数のファンから敬愛と感謝の念がささげられた。

第6章 3Aコロンバス・クリッパーズ

将来の「コア・フォー」のメンバーが初めて顔をそろえたのは、一九九四年、3Aコロンバス・クリッパーズで、それもシーズン終盤のことだった。だがそれを記念するようなことは、何もない。試合開始とともにスタンドのファンが先発メンバーの名を呼ぶ〝ロール・コール〟もなければ、マリアノ・リベラの登場曲、メタリカの「エンター・サンドマン」が大音量で流れることもない。オハイオ州の州都コロンバスの目抜き通りを、クリッパーズが議事堂広場までパレードすることもない。その年クリッパーズは、インターナショナル・リーグ西地区の三位。首位のリッチモンド・ブレーブスからは六・五ゲーム離されていたのだから。

クリッパーズの平々凡々たる成績は、コア・フォーの功績でも失態でもない。一九九四年のクリッパーズの主力は、二年後にトレードで放出されることになるラス・デイビスや、デイブ・シルベストリ[▼1]、ロイヤル・クレイトン[▼2]、デイブ・アイランド[▼3]という面々だった。クローザーはジョー・アウサニオで、この年一三セーブ。メジャーではヤンキースで一九九四年と九五年にプレーしたのみで、四勝一敗、一セーブ、防御率五・五七という成績を残している。

▼1 内野手。メジャーでは8年間で出場181試合。打率.202。
▼2 投手。メジャー出場なし。
▼3 投手。メジャー10年間で12勝27敗、防御率5.74。

この年のコロンバス・クリッパーズの監督は、カール・〝スタンプ〟・メリル▼4。実直な、頼りがいのある野球人で、半世紀近くを野球界に――そのほとんどをヤンキースに――捧げてきた。初めはマイナーリーガーとして、つぎにマイナーの監督、コーチとして、それからメジャーの監督、メジャーのコーチ、スカウト、さらには困ったときのよろず相談役として。ヤンキースの監督は、一九九〇年から九一年まで、バッキー・デントとバック・ショウォルターのあいだにつとめた。

メリルの監督としての契約は一九九二年までだったが、九一年のシーズン後にはもう解任されてしまった。だから九二年シーズンがはじまったときにはメイン州の自宅にいて、何もせずにただ給料だけをもらっていた。しかし、そうこうしているうちに、ジョージ・スタインブレナーから電話がきた。

「マイナーリーグの各チームを巡回して、選手一人一人すべてを評価してくれというんだ。リベラ、ペティット、ポサダ、ジーターは、みな、そのときマイナーリーグで初めて目にしたんだよ。1A上級のフォートローダーデイル・ヤンキースでは、マリアノ・リベラが一時間五〇分ほどで一試合投げ切るのを見た」

その宿題が終わると、一九九三年、メリルは3Aコロンバス・クリッパーズの監督に就任した。そして翌九四年、このクリッパーズで、コア・フォーの四人全員が、初めて同じチームに所属することになる。

「四人ともいい選手で、有望株とみなされていたよ」とメリルはいう。「だが、あの時点で四人のうち一人でもが、今日《こんにち》の彼らのようになることを予想したといったら、うそになるだろうね」

リベラの一九九四年シーズンは、1A上級のタンパ・ヤンキースで幕をあけた。その後、シー

▼4　“スタンプ”（stump）は「切り株」の意味。175センチと、野球選手としては比較的小柄だったため、大学時代についたニックネーム。

ズン中に2Aのオルバニーコロニー・ヤンキースへ、さらには3Aコロンバス・クリッパーズへと昇格する。コロンバスでは六試合、すべて先発で登板して四勝二敗の成績をあげた。三チーム合計では、二二試合すべて先発で一〇勝二敗だった。

アンディ・ペティットは、一九九四年シーズンを2Aオルバニーコロニーと、3Aコロンバスですごし、その両方でほぼ同じような成績をあげた。2Aでは一一試合で七勝二敗、防御率二・七一。七三イニングで奪三振五〇、四球一八。一方3Aでは一六試合で七勝二敗、防御率二・九八。九六回三分の二で奪三振六一、四球二一だ。

シーズン終盤には、ヤンキース首脳陣のあいだで、期待の若手投手三人のなかで誰が一番将来性があるかという議論が交わされるようになった。すなわちスターリング・ヒッチコック、マリアノ・リベラ、アンディ・ペティットの三人だ。

当時のメリルの印象では、若きペティットは、「見ばえのいい左腕投手で、制球がちょっといいな、というくらい」だったという。「当時は、ローテーションのトップを張るような投手だとは思えなかったよ。初めて見たときは球速がさほどじゃなくて、一四二キロから一四四、五キロってところだったからね。当時のあいつを見て、エースになるとか、こんなにすごい成績を、とくにポストシーズンで残すような投手だとか、思っていたやつはいないんじゃないかな」

ホルヘ・ポサダは、九四年シーズンの初めから3Aコロンバスに在籍し、九二試合で打率二割四分、ホームラン一一本、打点四八という成績をあげたが、選手生命をおびやかされかねない大けがで、シーズン後半を棒に振った。

「(一九九二年に)初めて見たとき、ポサダは1Aグリーンズボロ・ホーネッツで指名打者をしていた」と、メリルは回想する。「あいつのことをたずねたら二塁手ですっていわれたんだが、ちょうど、キャッチャーにコンバートしている最中だったんだろう。コンバートの結果は、ご存知のとおり。おそらく二塁手としても、いずれは上にあがれただろうが、やっぱり捕手になったことは、本人にとっても最高のできごとだったんじゃないかな。いや、内野手がつとまる程度の足はあったよ。捕手としてはかなり速いほうだった。ところが、あのひどい大けがで足をいためてしまった」

それは、一九九四年七月二五日、当時のメッツの3A、ノーフォーク・タイズとの試合中のできごとだった。

「今でも骨の折れる音が耳に残っている」と、メリルはいう。「ホームでのクロスプレーの際に起きた事故で、写真があればわかると思うんだが、ポサダのポジショニングは教科書どおりだった。片足でホームベースの前側のすみを踏み、つま先はサードに向けていた。教えられたとおりだ。なのに、どういう具合かわからないが、すべりこんできた相手（パット・ハウエル）が、ポサダの足の下にもぐりこんでしまった。何がどうなったのか、ともかく事故が起きたんだ。まだあの音がきこえるような気がするよ」

ポサダのけがは、左脚の腓骨骨折と足首の脱臼だった。シーズン絶望となるばかりか、しばらくは選手生命も危ぶまれたほどの大けがだった。さいわい完全に回復してプレーに復帰できたが、捕手としての育成をやり直さなくてはならず、その分、昇格に遅れが生じてしまった。

デレク・ジーターは、一九九四年にヤンキースのマイナーリーグの階段をかけあがった。1A上級のタンパ・ヤンキースでは、六九試合で三割二分九厘、2Aオルバニーコロニーでは三四試合で三割七分七厘と打ちまくり、3Aコロンバスでも、スタンプ・メリル監督のもと、三五試合で三割四分九厘という成績をあげて、ブロンクスにもその名をとどろかせた。

「ジーターがコロンバスにきたとき、最初におっ、と思ったのは、はじめからいたみたいに、あっという間にとけこんだことだった」と、メリルは語る。「3Aだからといっておじけづいたり、びびったりするところはこれっぽっちもなかった。シーズンの最初からいたように、のびのびとプレーするんだ。それが第一印象だね。もうひとつ感心したのは、あいつが、うまくなるにはどうすればいいかとそればっかり考えていることだった。どんなに調子がよくても、もっとうまくなりたいからと、『ぼくがいけないのはどこですか？　どの辺を伸ばしたほうがいいですか？』ってきいてくる。そういうのは、若手選手にはとても珍しい。あれだけ打ちまくって上がってきたやつなら、なおさらだ。しかも監督へのおべっかとか、スタメンで使ってもらうためのご機嫌とりじゃない。野球をきちんと学びたいと心から思っていて、自分がへんなことをしていたら教えてほしい、ちゃんと正しいやりかたでできるようにするから、というんだ」

デレク・ジーターは、コロンバスできちんとプレーし、メジャーに上がってからもそれは変わらなかった。

翌一九九五年シーズンがはじまったとき、コア・フォーは全員、コロンバス・クリッパーズにいた。だがシーズン終了までには、四人とも、より輝かしい場所へと旅立っていった。

第7章 ニューヨーク、ニューヨーク

最初にやってきたのは、アンディー・ペティットだった。つぎがマリアノ・リベラ。それからデレク・ジーター。そして四か月後、ホルヘ・ポサダが最後に昇格した。ニューヨーク・ヤンキースのコア・フォーは、一九九五年シーズンの一二七日間に、つぎつぎとメジャーリーグ・デビューを果たした。

マイナーリーグ四年間で五七二イニングを投げ、四二勝をあげたペティットは、ヤンキースの開幕ローテーションの五番めを射止めるチャンスをねらっていたが、スターリング・ヒッチコックとの競争に負けてしまった。ところが前年からつづいていた選手会ストライキ▼1の影響で、この年は春季トレーニングが短縮されたため、開幕時の登録人数が、二五人から二八人に増やされており、おかげでペティットはリリーフ要員としてメジャーに残ることができた。メジャーリーグ・デビューは、チームの三試合め、カンザスシティで四月二九日に行われたロイヤルズ戦。ヤンキースが五対一とリードした七回の裏、バック・ショウォルター監督▼2はメリド・ペレスに代えて、ルーキーのペティットをマウンドへ送った。

▼1　メジャーリーグでは、激しい労使紛争のため、1994年8月12日から翌年4月25日までストライキが行われた。そのため94年シーズンは途中で打ち切りとなり、ワールドシリーズも中止。95年は遅くはじまったので144試合制となった。マイナーリーグの試合は通常どおり行われた。

ペティットは、最初のバッター、ウォリー・ジョイナーをセンターフライに打ちとり、つぎのジョー・ビティエロは見逃し三振に切ってとる。ところが四番のゲーリー・ガエッティにレフト前ヒットを打たれると、このランナーをワイルドピッチで二塁へ進めてしまう。ここで五番、グレッグ・ギャグニーに二塁打を打たれて、ガエッティが生還。さらにそのギャグニーも、代打、フィル・ハイアットのタイムリーでホームに帰る。ここでペティットは交代になった。つぎの投手、ボブ・ウィックマンが後続を抑え、最終的にヤンキースは一〇対三で勝利をおさめた。

ペティットはこのあと四試合にすべてリリーフで登板し、勝ち負けはつかなかった。そして五月一六日にまた3Aコロンバスに送り返されたが、そのとき入れ替わりに昇格したのが、もう一人のルーキー投手、マリアノ・リベラだ。そこまでリベラは、コロンバスで四試合に先発し、一勝一敗という成績だった。

リベラのメジャーリーグ・デビューは、五月二三日、アナハイムにおけるエンジェルス戦での先発登板だった。それはできれば忘れたいようなデビュー戦で、いずれリリーフ投手になる定めの表れだったのかもしれない。リベラはジム・エドモンズの三ランホームランを含む八安打を浴びて五点を失い、四回途中でノックアウトされてしまった。

その後リベラは、ローテーションどおりに三試合先発した。五月二八日には、オークランドのアスレチックス戦で五回三分の一を投げ、七安打一失点と試合を作った。チームは四対一で勝ち、リベラに初勝利がついた。六月六日はホームでのアスレチックス戦だったが、今度は四回で、七安打七失点。八対六でやぶれて、自身二敗めを喫した。つづく六月一一日は、ホームにマリナーズを迎えての一戦。リベラは三回途中でノックアウトされたが、打線が奮起し、チームは一〇

▼2　1992年、ヤンキース監督に就任。チームを立て直したが、95年に解任。その後、ダイヤモンドバックス、レンジャーズの監督を歴任。3チームとも、ショウォルターの退任後まもなくワールドシリーズに出場している。2010年からはボルティモア・オリオールズ監督（現職）。1994年、2004年、2014年に最優秀監督賞受賞。

対七で勝利をおさめた。試合後、リベラは右肩の痛みを訴え、コロンバスに降格になった。しかしその二四日後に、目を見はるような登板をする。

当時、GMのジーン・マイケルは、デトロイト・タイガースからベテラン左腕デイビッド・ウェルズを獲得すべく、話し合いを重ねていた。するとタイガースが、トレードの相手として「コロンバスにいるリベラという子」をもらえないかといいだした。

そういえばマイケルは最近、コロンバスからの報告書でリベラのストレートの球速が「一五一～一五二キロ」と記されているのを見た。おかしいな、とそのときは思った。以前の球速より七、八キロ速い。何かのまちがいだろうか？

ちゃんと調べたほうがいいと思い、マイケルは、他チームのスカウトにきいてまわった。すると誰もが報告書のとおりだという。

「ああ。うちの報告書にも、そう書いてある」と、あるスカウトはいった。

「だろうね」と、マイケルは返した。どうやら、ひじの手術から三年たって、リベラはついに腕の力をつけたらしい。

「この時点で、トレードなんてとんでもないとわかった」と、マイケルは語る。

代わりにマイケルは、リベラをコロンバスから呼びもどすことにし、バック・ショウォルター監督に、登板日を決めるよう指示した。リベラは、シカゴでのホワイトソックス戦に先発した。七月四日、ジョージ・スタインブレナーの六五回めの誕生日だ。マリアノは八回を投げて二安打無失点、一一奪三振というすばらしい投球を見せ、ヤンキースは四対一で勝利をおさめた。こうして、リベラに対して最も懐疑的な者たちまでもが、このパナマ人の若者は、ただ者ではないと確信するに至ったのだった。

このルーキーシーズン、リベラは一九試合に登板（うち先発は一〇試合）したが、結果はよくもあり、悪くもありといったところだった。勝敗だけ見れば五勝三敗だが、防御率は五・五一と高く、六七イニング投げて被ホームラン一一本、四球三〇、奪三振はわずか五一――偉大な投手のイメージにはほど遠い数字だ。

だが八月一日以降、先発登板のときとリリーフ登板のときとで、顕著にちがいが表れるようになってきた。二度の先発登板では、合計一〇イニングで一四安打、一〇失点を許している。だが九度のリリーフ登板では、一七イニングで七安打八失点だ。シーズン最後の六登板では、いずれもリリーフで六イニングを投げ、二安打三失点。ひとつのパターンができあがり、ほどなくそれは、おなじみの光景になる。

ペティットは、降格から二週間後の五月二七日にメジャーに復帰し、オークランドでのアスレチックス戦に先発した。五回三分の一を投げて七安打三失点、自責点一。チームは三対〇でやぶれ、ペティットに負けがついた。メジャーリーグで勝敗にからんだのは、これが初めてだ。初勝利は、六月七日、ヤンキー・スタジアムで手にした。オークランド・アスレチックスに対し、七回一失点の好投を見せ、六対一で勝利をつかんだのだ。このあとペティットは、ほぼ中四日のローテーションで二六回つづけて先発し、一二勝をあげる。完投が三度、[3]一試合平均では七イニング近く投げた。

結局この年ペティットは、一二勝九敗、防御率四・一七という成績をあげた。最優秀新人賞の投票ではミネソタ・ツインズのマーティ・コルドバ、[4]カリフォルニア・エンジェルスのギャレッ

▼3　完投勝利が1回、完投負けが1回、7回雨天コールドで引き分けが1回。
▼4　外野手。メジャー9年間で通算打率.274、ホームラン122本。

ト・アンダーソン▼5に次ぐ三位の票を得た。

五月二九日には、デレク・ジーターの名前が、初めてメジャーリーグのボックススコアに登場した。脇腹痛で故障者リスト入りしたベテラン遊撃手トニー・フェルナンデスの補充で、コロンバスから昇格していたのだ。シアトル、キングドームでのマリナーズ戦に遊撃手として先発し、打順は九番。ショートフライ、ショートゴロ、ライトライナー、セカンドゴロ、空振り三振と五打数無安打で、ヤンキースは四時間五分におよぶ延長一二回の戦いを八対七で落とした。

ジーターがメジャー初安打を打ったのは、その翌日だ。五回表の先頭打者だったジーターは、相手先発のティム・ベルチャーから三遊間をゴロで抜くヒットを放ち、二アウト後、四番レイリッツの二塁打で生還。メジャー初得点をあげた。初打点をあげたのは、さらにその翌日、またしても五回表のこと。ライト前ヒットで、二塁ランナーのダニー・タータブルをホームに帰した。しかもこんどの相手は、誰でも知っている〝ビッグ・ユニット〟ことランディ・ジョンソンだ。ジョンソンはこの年一八勝二敗という成績で、最初のサイ・ヤング賞を獲得する。その後ジョンソンは、引退するまでにサイ・ヤング賞をあと四回受賞し、通算三〇三勝と、二度のノーヒットノーランを達成、四八七五個の三振を奪う。これはノーラン・ライアンの五七一四奪三振に次ぐ、史上二番めの記録だ。

ジーターは一三試合連続で遊撃手として先発し、打率二割三分四厘、二塁打三本、六打点という数字を残して、六月六日にまたコロンバスに送り返された。その後、九月に再昇格して、もう二試合に出場する。

コア・フォーの最後の一人、ホルヘ・ポサダは「セプテンバー・コールアップ」すなわち、登

▼5　外野手。メジャー17年間で通算打率.293、ホームラン287本。オールスター出場3回、シルバー・スラッガー賞2回。

録人数の拡大する九月のメンバーとして昇格し、一試合に出場した。九月四日のヤンキー・スタジアムで、ヤンキースがマリナーズを一三対三と大量リードした九回表、バック・ショウォルター監督は守備をがらっと入れ替えた。サードのウェイド・ボッグズに代わってラス・デイビスが入り、ファーストのドン・マッティングリーがしりぞいて、ライトにジェラルド・ウィリアムズが入った（ファーストには別の選手がまわった）。ショートには、トニー・フェルナンデスに代わってデレク・ジーターが入り、ニューヨーク州キングストン出身の右腕、ジョー・アウサニオが、アンディ・ペティットに代わってマウンドに立った。そしてメジャーデビューのホルヘ・ポサダが、ジム・レイリッツに代わってマスクをかぶった。

ところが交代を告げるとき、スタジアムのアナウンスが、新しいキャッチャーの名前を「ホルへ・ポサド」と告げてしまった。単純なまちがいなのだが、チームメート、とりわけいたずら好きなジーターが、ききとがめないはずがない。その日から、ヤンキースのルーキー捕手にはニックネームがついた。〝サド〟だ。

ホルヘ・ポサダがメジャーで初めてマスクをかぶって迎えた最初のバッター、マリナーズの代打グレッグ・パークルは、サードフライに倒れた。つぎの打者、クリス・ウィジャーは空振り三振。ポサダにとってメジャーリーグで初めての刺殺《プットアウト》だ。フェリクス・ファーミンがヒットを打ったが、つぎのアレックス・ディアスは、一塁手ディオン・ジェームズへのゴロ。ボールはカバーに入った投手のアウサニオに渡って、試合終了。ホルへ・ポサダは、メジャーリーグの勝利チームの捕手として、投手にかけより握手を求めた。これから何百回となく繰り返す儀式の、第一回めだった。

ポサダ、リベラ、ペティットの三人は、その年のポストシーズンにも出場した。コア・フォーのなかでは、ただ一人ジーターだけが出場せず、ヤンキースは地区シリーズの第五戦で、シアトル・マリナーズにやぶれた。

この地区シリーズは、ヤンキースが先手をとった。ホームでの初戦は、九対六の打撃戦で勝利。第二戦はルーキーのペティットが先発して、延長一五回の熱戦になった。ペティットは、相手をねじふせるような投球ではなかったものの、粘りのピッチングで試合をつくった。この粘りは、のちにポストシーズンにおけるペティットの代名詞ともなる。結局ペティットは、七回を投げきって、四対四の同点でマウンドをおりた。九回表、一アウト二塁のピンチで、ヤンキースの三人め、クローザーのジョン・ウェットランドがマウンドにあがり、マリナーズのビンス・コールマンとルイス・ソジョを三振に打ちとってピンチを脱する。

レギュラーシーズンでは一イニングしか投げないクローザーのウェットランドだが、この日は三イニングを超え、一二回の表になってもまだ投げつづけていた。ところが最初の二人のバッターを抑えてから、三人めのケン・グリフィ・ジュニアにホームランを打たれてしまい、マリナーズが五対四と勝ち越す。つづくエドガー・マルティネスにもシングルヒットを許したところで、ウェットランドは、ルーキー、マリアノ・リベラにマウンドをゆずった。リベラはすばやくジェイ・ビューナーを三振に切ってとり、ピンチを断った。

一点リードされた一二回裏、ヤンキースは四球でランナーを出したものの二アウトまで追いつめられる。しかしここで四番ＤＨのルーベン・シエラが二塁打を放ち、代走で二塁にいたポサダが同点のホームイン。ゲームは続行し、マリアノ・リベラも投げつづけた。結局リベラは三回三分の一を投げ、許したヒットはわずか二本。五つの三振を奪う快投を見せる。そして延長一五回の裏、ヤンキースは、七番捕手ジム・レイリッツのツーランホームランでサヨナラ勝ちをおさめ、リベラに勝ちがついた。

リベラのいまだ短いメジャー生活のなかで最も大きな意味を持つ、今後の野球人生の先触れのような登板だった。このあと二〇年近くつづく偉大なパフォーマンスの片鱗を初めて見せた試合でもあった。そしてまた、この試合がきっかけで、バック・ショウォルター監督によるプレーオフでのリベラの起用法に（あるいは、起用しなかったことに）大きな批判が集まることになる。ショウォルター監督が辞任に追いこまれたのはその起用法のせいだと、いまだに多くの人たちが考えている。

第8章 「おめでたいジョー」

一九九六年は、ニューヨーク・ヤンキースにとって転換点となるシーズンだった。ジョージ・スタインブレナーはまだ手綱を握っていたが、二年間の資格停止処分が明けて復帰し、六六歳の誕生日をむかえようとしている今、徐々にペースを落として店じまいのしたくを始めようとしているように見えた。

一九九五年シーズンが終わったあと、ジーン・マイケルは五年間つとめたGMの座を辞して、より気に入っているメジャーリーグ・スカウト部門[1]の責任者になった。GMはボブ・ワトソンが、若くて有能なブライアン・キャッシュマンの補佐を得ながらひきつぐことに決まった。しかし二人ともマイケルの得意分野である補強に関しては、ひきつづきその指導を仰ぐことになった。スタインブレナー不在の時期に、マイケルはじつに巧妙な補強でチームの戦力を向上させていたからだ。

GMを辞任する前にマイケルは、九五年オフの核になるいくつかの重要な補強交渉を始めていた。一塁手のドン・マッティングリーに、年齢と慢性的な腰痛のせいで衰えが見えはじめたため、

▼1 スカウトのなかでも、FAやトレードにそなえて、他チームの現役選手を調査する部門。

代わりの一塁手を探すことを最優先課題と考え、シアトル・マリナーズのティノ・マルティネスにねらいを定めた。若返りをめざすマリナーズは、マルティネスの放出に前向きで、ヤンキースに、三塁手のラス・デイビスと、若手投手を一人――スターリング・ヒッチコックか、アンディ・ペティットのどちらか――を求めてきた。

ずっと以前からペティットを推してきたマイケルは、ここでも揺るがず、ヤンキースからデイビスとヒッチコックを放出することでマリナーズと話をまとめ[2]、マリナーズからはティノ・マルティネスのほか、ジェフ・ネルソンとジム・マシーアという二人のリリーフ投手を獲得した。

このあともジーン・マイケルは、コロラド・ロッキーズからジョー・ジラルディを獲得するトレード[3]や、シカゴ・ホワイトソックスから外野手のティム・レインズを獲得するトレード、トロント・ブルージェイズから先発投手のデイビッド・コーン[4]をマイナーリーガー三人との交換で獲得するトレードをまとめる上でも大きな役割を果たした。二塁手マリアノ・ダンカンや、投手ケニー・ロジャース、ドワイト・グッデンは、みなFAで獲得した。

さらに、翌一九九六年の夏には、後半戦を見据えて、デトロイト・タイガースからセシル・フィルダー[5]をトレードで獲得し、独立リーグのセントポール・セインツから外野手のダリル・ストロベリーを金銭トレードで獲得した。またピッツバーグ・パイレーツからは三塁手のチャーリー・ヘイズをトレードで再獲得した。ヤンキースは一九九二年にフィリーズとのトレードでヘイズを得たものの、その年の一一月の拡張ドラフトで、コロラド・ロッキーズにとられていたのだ。

だが、最も世間の注目を集めたのは（そして結果的に最も重要だったのは）若きバック・ショウウォルターが四年間つとめたあとの監督人事だった。ショウウォルターは一九九二年に三六歳でヤンキ

▼2　ヒッチコックがマリナーズに在籍したのは翌96年のみ。そのオフにパドレスにトレードされている。

▼3　1995年11月20日成立。交換要員は、ジーターと同期指名で当時マイナーリーガーだったマイク・デイジャン。P.49も参照。

ース監督に就任し、その年は負け越したものの七六勝と前年から五勝上積みして、アメリカン・リーグ東地区の五位から四位へとひとつ順位を上げた。

つづく三年間、ショウォルターのもとでヤンキースは躍進した。一九九三年に八八勝で地区二位まで順位をあげると、翌一九九四年には一三年ぶりの地区優勝をめざして快進撃をつづけた。八月一二日の時点でヤンキースは七〇勝四三敗。二位のボルティモア・オリオールズに六ゲーム差をつけて首位を快走していた。ところがその日、長らくもめていた労使交渉が決裂し、メジャーリーグ選手会がストライキに突入してしまう。これがスポーツの歴史上、最も長く最も深刻なストライキとなり、一〇〇〇試合以上が中止されて、プレーオフとワールドシリーズも取りやめになった。ストは二三二日間つづき、翌一九九五年の開幕も、四月二四日までずれこんだ。

スト明けの一九九五年シーズン、ヤンキースはひとつ順位を落とし、ボストン・レッドソックスに次いで二位となったが、どうにかワイルドカード▼6でプレーオフ進出を果たすと、三戦先勝の地区シリーズでシアトル・マリナーズと対戦した。ヤンキースは、本拠地でまず二勝して先に王手をかけた。初戦は九対六。ウェイド・ボッグズとバーニー・ウィリアムズの一、二番コンビがそれぞれ三安打、しかもボッグズは、四番DHのルーベン・シエラとともにホームランも放った。二戦めは七対五。捕手、ジム・レイリッツのツーランホームランが一五回裏に飛び出してのサヨナラ勝利だ。リリーフのマリアノ・リベラが、三回三分の一を二安打無失点に抑える力投で勝ち星をつかんだ。

このあとヤンキースはシアトルへ飛んだ。あと一勝すれば、アメリカン・リーグのリーグ優勝決定シリーズに進出できる。だが眠れる巨人マリナーズは、今まさに目をさまそうとしていた。

▼4　序文参照。
▼5　メジャー13年、ホームラン319本、オールスター出場3回。89年には日本の阪神タイガースでプレー。打率.302、ホームラン38本を記録している。

一〇月六日金曜日からの三連戦で、マリナーズは立ちあがった。

第三戦では、ティノ・マルティネスが三安打三打点で、まもなく移籍することになるヤンキースとその選手たちを撃破し、マリナーズが七対四で勝利をつかんだ。

つづく第四戦、こんどはマリナーズの四番エドガー・マルティネスが、ホームラン二本とシングルヒット一本で七打点と大爆発。マリナーズが一一対八で勝ち、シリーズを二勝二敗のタイに持ちこむ。勝負は、最終第五戦へともつれこんだ。

そして第五戦、エドガー・マルティネスがまたしても三安打と大活躍。三本めの——シリーズ一二本めの——ヒットが、一一回裏のサヨナラタイムリー二塁打となり、マリナーズがア・リーグ優勝決定シリーズへと進出した。ヤンキースの九五年シーズンは、終わりを告げた。

ジョージ・スタインブレナーは落胆をかくそうともせず、一方ショウウォルターは、ブルペン投手の起用法をめぐって批判の矢面に立たされた。なぜマリアノ・リベラが第二戦と三戦で四回三分の二を二安打無失点七奪三振という好投を見せたのに、ショウウォルターは第四戦の終盤、ヤンキースが同点に追いついた場面で起用しなかったのか？ リベラがブルペンですわっている前で、ジョン・ウェットランドとスティーブ・ハウがマリナーズに五点を献上し、結局一一対八で負けてしまったではないか。

負けたら終わりの第五戦、九回裏同点の場面でリベラが三分の二イニングを無失点に抑えたあと、なぜジャック・マクダウェル[7]に交代させたのか？[8] ヤンキースがせっかく一一回表に一点入れてリードしたのに、その裏、エドガー・マルティネスがマクダウェルから二点タイムリー二塁打を放ち、マリナーズが六対五と勝利をおさめて、リーグ優勝決定シリーズに進出してしまった

▼6　各リーグ3地区の2位チームのうち、最も勝率の高いチームがワイルドカードとしてポストシーズンに進出できる。2012年からはワイルドカードが2チームに増え、まずその2チームで1試合限りのプレーオフが行われる。

ではないか。

野球界OBの解説者やマスコミは、信頼関係の問題だといいたてた。ショウォルターが、プレッシャーのかかる重要な場面でリベラを信頼しきれなかったことが、ヤンキースの終戦につながったのだと。それはやがて、ショウォルター政権の終焉にもつながる。

シーズン中、スタインブレナーの側近たちは、ショウォルター監督が他チームへ去ってしまうことを恐れて、長期契約を結んでほしいとボスに懇願していた。だがスタインブレナーは首を縦に振らなかった。GMのジーン・マイケルや、補佐のキャッシュマンらの反対を押し切って、監督を交代させる腹づもりだったのだ。

それでもいちおう形ばかりの譲歩を見せて、スタインブレナーはショウォルターに年俸一〇〇万ドルを超える二年契約を提示した。ただしショウォルターが、みずから任命したリック・ダウン打撃コーチを解任するならという条件つきだ。ショウォルターが拒否すると、スタインブレナーはそれを辞意表明と受け止め、わざわざこんな声明を発表した。

「バックとその家族に幸多かれと祈るばかりだ」

スタインブレナーは、ショウォルターの創意工夫や、血気盛んな性格、そして若々しい情熱とバイタリティーあふれる仕事ぶりを認めていたが、同時に、細々《こまごま》したところまで口を出したがるうるさ型だと見なしていた。おそらく、うるさ型はひとつの組織に一人で十分だと考えたのだろう。こうしてボスは、ショウォルターと袂《たもと》を分かち、新しい監督さがしに乗り出した。

ジーン・マイケルは、ショウォルターこそ監督に最もふさわしい男だといいつづけていたが、スタインブレナーが一歩もひかないことを見てとると、その年の六月にセントルイス・カージナ

▼7 シカゴ・ホワイトソックスのエースとして1993年にサイ・ヤング賞受賞。94年シーズン後にトレードでヤンキースへ。メジャー12年127勝87敗、防御率3.85。
▼8 この試合、リベラは8回2アウトから登板し、9回に1アウト1、2塁のピンチを招いてマクダウェルにマウンドをゆずった。

ルスの監督を解任されたばかりのジョー・トーリを推薦した。スタインブレナーの右腕で、トーリのニューヨーク・メッツ監督時代にスタッフをつとめていたアーサー・リッチマンも、トーリをすすめた。そこでスタインブレナーが監督就任を要請すると、トーリは快諾した。

　トーリは生まれつきのニューヨーカーで、ニューヨークのメディアやファンに大変人気があった。おまけに現役時代には、メジャー一八年間、三チームで、通算打率二割九分七厘を記録し、一九七一年には首位打者とMVPを獲得する名選手だった。しかし監督としての実績は、お世辞にも優秀とはいえなかった。メッツ、アトランタ・ブレーブス、セントルイス・カージナルスで計一五シーズン監督をつとめて、通算成績は八九四勝一〇〇三敗の勝率四割七分一厘。ポストシーズンには、一九八二年、ブレーブス時代の一度進出しただけで、しかもナショナルリーグ優勝決定シリーズでセントルイス・カージナルスを相手に三連敗で敗退している。▼9

　だから、ニューヨーク出身の人気者とはいえ、地元メディアには、ジョー・トーリがヤンキース新監督に就任することに、もろ手を挙げて賛成する向きはなかった。それどころか「ニューヨーク・デイリーニュース」紙などは、「何もわかっていないのに就任しようとしている」として、「おめでたいジョー《クルーレス》」▼10という大見出しをかかげて揶揄《やゆ》したほどだった。

▼9　当時は地区シリーズがなく、ポストシーズンの最初に行われるのがリーグ優勝決定シリーズだった。

▼10　往年の名選手ジョー・ジャクソンのニックネーム「シューレス・ジョー」のもじり。

column

ティノ・マルティネス

一九九五年一二月七日に合意したシアトル・マリナーズとのトレードは、ジーン・マイケルのまとめた、すぐれたトレードのひとつだ。五人の選手がからむこのトレードで、ヤンキースは、一塁手のティノ・マルティネスを獲得した。チーム史上指折りの人気者だったドン・マッティングリーが引退するので、その穴を埋めるのが目的だ。しかしマルティネスのニューヨーク初登場は、決してあたたかく迎えられたわけではなかった。タンパ生まれのマルティネスは、シーズン当初調子があがらず、ヤンキー・スタジアムの観客から容赦ないブーイングを浴びたのだ。

それでもマルティネスは、新しい環境になじむにつれて打ちはじめ、まもなくファンの心をつかんだ。結局ヤンキースへの移籍一年めには、打率二割九分二厘、ホームラン二五本、一一七打点、二年めには、二割九分六厘、ホームラン四四本、一四一打点という成績をあげた。

ヤンキースでのティノ・マルティネスといえば、ワールドシリーズのここぞという場面で打った二本のホームランが印象的だ。一九九八年のサンディエゴ・パドレスとのワールドシリーズ第一戦では、七回の裏に、パドレスのマーク・ラングストンから五対五の均衡を破る満塁ホームランを放ち、チームはそのまま九対六で勝利をおさめた。ヤンキースは四戦全勝でこのシリーズを取り、ワールドチャンピオンに輝いた。二〇〇一年のアリゾナ・ダイヤモンドバックスとのワールドシリーズでは、ヤンキースが一勝二敗とリードされた第四戦、一対三と劣勢の九回裏二アウトの場面で、金《キム》炳賢《ビョンヒョン》[▼11]から同点ツーランを放ち、試合を延長戦に持ちこんだ。[▼12]

この二〇〇一年シーズンのあと、マルティネスはFAとなってセントルイス・カージナルスに入団し、二〇〇四年には生まれ故郷のチーム、タンパベイ・レイズで一シーズンプレー。二〇〇五年

▼11　2006年の第1回WBC準決勝日本対韓国の試合で、0対0の7回裏に代打福留孝介に2ランホームランを浴びたことでも知られる。

▼12　この第4戦は延長10回裏ツーアウトからジーターのホームランが出てヤンキースがサヨナラ勝ち。くわしくは第12章を参照。

に最後の一年をヤンキースですごしたあと引退した。二〇一一年、毎年恒例の「オールドタイマーズ・デイ」で紹介されたとき、かつてヤンキー・スタジアムのファンから激しいブーイングを浴びたこの男は、誰よりも大きく、長い拍手喝采を浴びたのだった。

ルーキー時代の1995年9月、デトロイト・タイガース戦に登板したアンディ・ペティット。
撮影：Ronald C. Modra/Sports Imagery/Getty Images Sport/Getty Images

ルーキー時代の1997年5月、マウンド上で、ベテラン投手デイビッド・ウェルズを励ますホルヘ・ポサダ。撮影：Bernie Nunez/Getty Images Sport/Getty Images

1998年のワールドシリーズで最後のアウトを取り、ガッツポーズするマリアノ・リベラ。ヤンキースはサンディエゴ・パドレスを4連勝で下してワールドチャンピオンに輝いた。撮影：The Sporting News/Sporting News/Getty Images

1999年のワールドシリーズで、アトランタ・ブレーブスを4連勝で下し、マウンド上で抱き合うホルヘ・ポサダとマリアノ・リベラ。リベラのうしろに顔が見えているのは、スコット・ブローシャス。
撮影：New York Daily News Archive/New York Daily News/Getty Images

第9章 特別なルーキー

一九九六年の春にジョー・トーリがひきついだのはベテラン主体のチームで、実績のあるメジャーリーガーがほとんどのポジションを占めていた。サードにはウェイド・ボッグズ、センターとライトにはそれぞれバーニー・ウィリアムズとポール・オニール。スイッチヒッターのルーベン・シエラは、ＤＨ専門だ。

投手陣にも才能と、経験と、きらびやかな経歴の持ち主がそろっていた。デイビッド・コーンやジミー・キーのように、メジャーで勝ち星を積みあげてきた投手たちもいれば、二年目の左腕、アンディ・ペティットもいる。エドガー・マルティネスに打たれたジャック・マクダウェルはＦＡとして去ったが、反対にＦＡで左腕のケニー・ロジャースと右腕の〝ドク〟ことドワイト・グッデンを手に入れた。クローザーは去年にひきつづきジョン・ウェットランド。メジャーで一三七個のセーブをあげており、そのうち三一個は前のシーズンにかせいだものだった。

捕手のマイク・スタンレーはＦＡを選び、憎きボストン・レッドソックスへ移籍してしまった。代わりにきたのがジョー・ジラルディで、こちらはバッティングより守備の人として知られていた（スタンレーは、その前の三シーズン、ヤンキースでホームラン六一本、一二二四打点を挙げたが、ジラルディが同じ三シーズンにコロラド・ロッキーズで記録したのは、ホームラン一五本、一二〇打点）。ヤンキースのベンチコーチのドン・ジマーが、数年前にシカゴ・カブスで監督をつとめていたときからジラルディのことをよく知っており、その守備と、投手陣の扱いのうまさと、リーダーシップに目をつけて、獲得をすすめたのだ。

ドン・マッティングリーが慢性的な腰痛のため引退したので、ファーストにはトレードでマリナーズから移籍してきたティノ・マルティネスが入る。セカンドのパット・ケリーも怪我《けが》が多いので、FAで獲得したマリアノ・ダンカンがレギュラーに名を連ねることになった。

要するに、ほとんどのポジションを実力派が占めるという布陣だ。ただ、ショートだけが欠けていた。前年にレギュラーだったベテランのトニー・フェルナンデスが、春季トレーニング中にひじを骨折してしまい、ヤンキースは、トレードかFAでひっぱってこられるショートはいないかと、メジャーリーグ中をあさるはめに陥った。

するとシアトル・マリナーズが、控えの遊撃手、フェリクス・ファーミンを出してもいいといってきた。ファーミンはたいした打者ではないが、グラブさばきは魔術師のようだといわれていた。ヤンキースは（すなわちオーナーは）、遊撃手にはまず堅い守備を求めていた。ファーミンに打力がなくても、ほかのメンバーで十分カバーできるはずだ。すっかり乗り気になったところで、マリナーズがこういいだした。ファーミンの代わりは、あのルーキー投手一人で十分ですよ……ええと、パナマ出身の、なんていったっけ？　マリオ……じゃなくて、マリアノ・リバース？いや、リベラ？

　あれから二〇年たった今、「おれは一九九六年の開幕ショートは、ジーターがいいと思っていた」と誰もがいうが、当時はまだ、常識的にいってショートがルーキーでは勝てない、という昔ながらの考え方がしみついていた。なかには、ジーターはショートより外野のほうが向いている、将来のヤンキースのセンターはジーターだといってゆずらない者すらいた。

　ヤンキースが開幕時のショートにルーキーを起用するのは、一九六二年のトム・トレシュ以来のこと。そのときも、レギュラー遊撃手のトニー・クベックが兵役でチームを離れていたからこそ実現したことだった。

　その三四年後、新監督ジョー・トーリは決断をせまられ、開幕日のショートとして、ミシガン州カラマズー出身の二一歳の若者の名をメンバー表に書き入れた。

「新しいチームにきて、ひとつはっきりしていたのは、ショートはデレク・ジーターだということだった」と、ジョー・トーリは述懐する。「春季トレーニングで、あいつはとりたてて好調だったわけじゃない（打率は二割八分八厘とまあまあだったが、二三試合で打点はわずか六。一七の三振を喫し、エラーを六個犯していた）。だがクリーブランドでの開幕戦で、ホームランを放ち（一対〇とヤンキースがリードしていた五回、相手先発のデニス・マルティネスから）、目のさめるようなキャッチを（オマール・ビスケルの、レフトへの浅いフライを背走してポケットキャッチ）するに及んで、わたしもあいつを信頼するに至った。二一歳という実際の年齢よりはるかに大人に感じられたよ」

　トーリにとって、ジーターへの信頼を決定的なものにしたのは、その年の八月一二日、シカゴでのホワイトソックス戦だった。二対二と同点の八回表、ジーターは一アウトからシングルヒットを打ち、内野ゴロの間に二塁へ進んだ。ポール・オニールは敬遠で、二アウト一、二塁となり、打席にはセシル・フィルダーが立った。

「ノーアウトのとき、あるいはツーアウトのとき、三盗を試みて失敗してはいけない、というのが一般的な野球のセオリーだ」と、トーリは語る。「打席に四番のセシル・フィルダーがいるのだから、打つチャンスをやらなくては。ところが二塁走者のジーターが、するするとスタートを切った。それでもセーフになればいいが、アウトだった。わたしはベンチコーチのドン・ジマーのとなりにすわっていたが、腹が立ってしかたがなかった。誰に対して怒っているのかもわからない。ジーターにもむかっ腹を立てていたし、自分のことも腹立たしい。走るなと伝えればよかったし、サインを送ることだってできた。だからジマーにいったよ。『試合中に叱りつけたくないから、今、あいつとは口をきかんぞ。まだ何イニングか残っているし、あいつも打席に立つからな。おどおどしながらプレーしてほしくない』。盗塁失敗でスリーアウトになったので、ジーターはそのままグラウンドに残って、誰かにグラブを持ってきてもらっていた。そして八回の裏が終わると、かけ足でベンチに戻ってきた。ふだん、あいつはベンチの端にすわるんだが、そのときはまっすぐこっちに向かってきて、わたしとジマーのあいだにすわった。『どうぞ叱ってください』といわんばかりにね。だから、あいつの頭のうしろをはたいて、『あっちへいけ』といってやったよ。そのとき、この男は特別だ、若いのにこんなに責任感が強いのかと思った。シーズンの終盤には、ポール・オニールやティノ・マルティネスやバーニー・ウィリアムズのような経験豊富な連中が、ほんとうにこの若者を頼りにして、こいつがみんなをひっぱっていってくれる、と期待しているのを見て、なんともうれしかった」

ジーターは、ほんとうにチームをひっぱった。一六二試合中一五七試合に出場して、打率三割一分四厘、一〇四得点。一八三安打を放ち、そのうち二塁打が二五本、三塁打六本、ホームランが一〇本。長打率は四割三分にのぼる。打点は七八、盗塁一四、そして守備率は九割六分九厘。これにより、アメリカ野球記者協会による最優秀新人賞の投票で、一位票二八票のすべてを獲得した。

大リーグ二年めのアンディ・ペティットは、前年より勝ち星を九つ増やし、二一勝八敗でアメリカン・リーグの最多勝を受賞した。しかしサイ・ヤング賞は、トロント・ブルージェイズのパット・ヘントゲンにゆずった。ヘントゲンは二〇勝一〇敗で勝ち星こそペティットに及ばなかったものの、防御率が低く、完投、完封、奪三振もペティットより多かった。▼1

ヤンキース監督一年めのジョー・トーリは、マリアノ・リベラに光を見出した。前任のバック・ショウォルターにとっては、この光はまぶしすぎたようだが、トーリは惑うことなく、リベラをクローザーのウェットランド——この年四三セーブ——につなぐセットアッパーとして起用した。リベラこそ、この年のチームMVPだという声も多かった。八勝して負けはわずかに三つ、防御率二・〇九、一〇七回三分の二を投げて奪三振一三〇という成績だ。ウェットランドが投げられない日には、将来を予見させるようにクローザーとしても登板し、最初の五セーブをあげた。セーブは、これから先、何百も積み重ねることになる。

これらの数字があまりに鮮烈なので、リベラは、アメリカン・リーグMVPの投票でも、サイ・ヤング賞の投票でも、クローザーのウェットランドより票をかせいだ。

この一シーズンで、リベラが野球というスポーツに、とりわけリリーフ陣の構成と起用法に、革命を起こしたという説もある。ウェットランドにつなぐセットアッパーとして一イニングか二

▼1　ヘントゲンは防御率3.22、10完投、3完封、177奪三振。ペティットは防御率3.87、2完投、完封なし、162奪三振。

イニング、ときには三イニングをぴしゃりと抑えるので、リベラがいると、相手チームには試合が七イニングか八イニングしかないように感じられる。こうしてリベラは、セットアッパーの重要性と価値をひきあげ、他チームもその方式に倣《なら》うようになった。

コア・フォーのなかでただ一人、一九九六年のヤンキースの躍進にさほど寄与していないのが、3Aコロンバスとニューヨークのあいだをいったりきたりしていたホルヘ・ポサダだった。レギュラー捕手としてほとんどの試合でマスクをかぶったのはジョー・ジラルディで、コンバートされて日の浅いポサダは、捕手としてさらなる経験を積む必要があったのだ。ホルヘはシーズンの大半をコロンバスですごし、一〇六試合で二割七分一厘、ホームラン一一本、六二打点という成績をあげ、守備力も向上させつつあった。メジャーにも四度昇格して八試合に出場したが、一四打数でシングルヒット一本のみ、打率は七分一厘。

だが、ホルヘ・ポサダはまだ二五歳だった。機が熟していなかったのだ。

column

ウェイド・ボッグズ

ウェイド・ボッグズといえば思い出すのが、一九九六年のワールドシリーズを制覇したあと、ニューヨーク市警の馬にまたがって、ヤンキー・スタジアムの外野フェンス際をまわる姿だ。

ボストン・レッドソックスで一一シーズンプレーし、ヤンキースの敵のなかでも最も憎まれる存在でありながら、一九九三年、ボッグズはFAでヤンキースに入団した。つづく五年間をピンストライプのユニフォームですごしたボッグズは、その間、通算打率三割一分三厘を記録し、七〇二安打を積み重ねる。年度ごとの打率は、三割二厘、三割四分二厘、三割二分四厘、三割一分一厘、そして三九歳になった一九九七年が二割九分二厘。

通算成績のなかでは、三〇一〇安打、通算打率三割二分八厘、首位打者五回、七年連続シーズン二〇〇安打以上といったあたりが、とりわけ目をひく。二〇〇五年には野球殿堂入りを果たした。

現役時代ボッグズは、風変わりなゲン担ぎで有名だった。試合前にはかならずチキンを食べ、毎朝かならず同じ時間に起き、試合前のノックではかならずゴロを一一七球さばく。これより多くても少なくてもいけない。そのあと五時一七分きっかりにバッティング練習をはじめ、七時一七分きっかりにダッシュを行うのだ。

第10章 ワールドチャンピオン

一九九六年は、デレク・ジーターのルーキー・イヤーでもあり、ジョー・トーリのヤンキース監督一年めでもあった。そのときまでヤンキースは、リーグ優勝から一五年間、ワールドシリーズ優勝からは一八年間遠ざかっていた。だから開幕からの一二試合を六勝六敗で終え、前年度東地区首位のボストン・レッドソックスや、依然として力のあるボルティモア・オリオールズなど強豪ぞろいのアメリカン・リーグ東地区で、首位から四ゲーム離されたときは、今年もまた平凡な戦いぶりがつづくのかと思われた。

だがヤンキースは、つづく一一試合を七勝四敗で乗り切り、鼻の差で地区首位に立つ。そして七月二八日の時点では、なんと貯金二三。二位オリオールズに、一二ゲームもの差をつけた。ところが八月から九月前半にかけて不振に陥り、三九試合中二三試合を落として、ゲーム差は二・五にまで縮まってしまう。それでもヤンキースは、歴史的な大失速寸前で踏みとどまると、最終一四試合のうち八試合をものにし、オリオールズに四ゲーム差をつけて地区優勝を果たした。

一年めの監督としては、大変な偉業だ。これは単にアンディ・ペティット（二一勝八敗）や、マリアノ・リベラ（八勝三敗）、デレク・ジーター（三割一分四厘）らの若手ばかりでなく、ティノ・マルティネス（二割九分二厘、二五本、一一七打点）、バーニー・ウィリアムズ（三割五厘、二九本、一〇二打点）、ポール・オニール（三割二厘、一九本、九一打点）ら、ベテランの野手勢や、クローザーのジョン・ウェットランド（四三セーブ）、先発のケニー・ロジャース、ドワイト・グッデン、ジミー・ケイ（三人合わせて三五勝）ら、ベテラン投手陣がチームに貢献したからこそ成し遂げられたことだった。

ヤンキースの選手たちにとって、前年度、地区シリーズでシアトル・マリナーズに敗退し、その後バック・ショウウォルター監督が辞任に追いこまれたことは、まだ記憶に新しかった。そんななかヤンキースは、地区シリーズで、テキサス・レンジャーズをホームに迎えた。レンジャーズの監督は、現役時代にヤンキースでもプレーしたジョニー・オーツ。スラッガーのフアン・ゴンザレス[▼1]が、四七ホームラン、一四四打点で打線をひっぱり、アメリカン・リーグ西地区を制したチームだ。三戦先勝の地区シリーズは、ヤンキースにとっては不安な幕開けとなった。ヤンキー・スタジアムでの初戦、レンジャーズ先発のジョン・バーケットがデイビッド・コーンに投げ勝ち、六対二でレンジャーズが先勝したのだ。

第二戦は、まず二回にレンジャーズが一点先制すると、つづく三回に、先発のアンディ・ペティットからフアン・ゴンザレスが三ランホームランを放ち、レンジャーズが四対一とリードした。ヤンキー・スタジアムは、重い空気につつまれた。このままでは、〇勝二敗でテキサスに移動する羽目になる。

だが四回にセシル・フィルダーがソロホームランを打って一点を返すと、七回にはチャーリ

▼1　メジャー17年、そのうち13年をレンジャーズですごした外野手。通算打率.293、ホームラン372本、MVP受賞2回、シルバースラッガー賞6回、オールスター出場2回。

ー・ヘイズの犠牲フライで一点差にせまり、八回にはついにフィルダーのタイムリーで同点に追いついた。一方投手陣は、七回途中まで投げたペティットのあとをひきついで、マリアノ・リベラ、ジョン・ウェットランド、グラム・ロイド、ジェフ・ネルソン、ケニー・ロジャース、ブライアン・ボーリンガーの六人が、五回三分の二を無失点に抑え、四対四のまま一二回裏の攻撃をむかえた。この回の先頭打者は、九番、ジーター。

「この男は特別だ」というトーリの評価を裏づけるように、ジーターは、この試合三本めのヒットで出塁し、つづくティム・レインズへの四球で二塁へ進む。ここでバッターのチャーリー・ヘイズは三塁前にバント。これを処理した三塁手のディーン・パーマーが、一塁へとんでもない悪送球をし、球が転々とするあいだに、ジーターがホームイン！　サヨナラ勝ちだ。ヤンキースは五対四で勝利をおさめ、シリーズを一勝一敗のタイに持ちこんで、テキサスへ移動することになった。

第三戦で、ヤンキースはまたも土俵際まで追いつめられる。二対一とリードされた九回表は、この日九番から一番へ打順があがったジーターからの攻撃だ。ジーターは、前の試合を彷彿とさせるように、この日二本めのヒットで出塁すると、つづくティム・レインズのシングルヒットで一気に三塁へ。そして三番、バーニー・ウィリアムズの犠牲フライで、同点のホームを踏んだ。さらにレインズがフィルダーのゴロで二塁へ進むと、レンジャーズは五番、ティノ・マルティネスを敬遠し、六番、マリアノ・ダンカンとの勝負を選択する。オフにＦＡで入団した二塁手のダンカンはシーズンを通じて、プレーでも精神的な面でもチームをよくひっぱった。

メジャー一一年め、三三歳のダンカンは、トーリ監督が、年齢を考えて休ませながら使っていたが、シーズンを通じて打撃好調だった。一〇九試合で、ホームラン八本、五六打点、そしてチーム一の打率三割四分。おまけにダンカンのかけ声が、チームがチャンスをむかえたときの合い言葉になった。ダンカンは、毎日ヤンキースのクラブハウスにくると、そこらじゅうに響きわたる大声で叫ぶのだ。「今日はやるぞ《ウイー・プレイ・トウデイ》、今日は勝つぞ《ウイー・ウイン・トウデイ》！」

九回の表、ダンカンは有言実行とばかりにタイムリーを放って、二塁ランナーをむかえいれた。三対二。ヤンキースが勝ち越しだ。その裏、ウェットランドが相手打線を〇点に抑え、ヤンキースが二勝一敗とリードした。

第四戦はレンジャーズが序盤に攻勢をかけ、ブライアン・ゴンザレスのシリーズ五本めのホームランなどで、二回と三回に二点ずつ取って、四対〇とリードする。ヤンキースはまたしても追う立場になった。打線に火がついたのは四回。ヒット四本と四球二個、盗塁、それにジーターのサードゴロで三点をとると、つづく五回にはバーニー・ウィリアムズのホームランで同点に追いついた。

投手陣は、先発のケニー・ロジャースと二番手のブライアン・ボーリンガーが三回までに八安打四失点と打ちこまれたものの、その後、デイビッド・ウェザーズ、マリアノ・リベラ、ジョン・ウェットランドが、残りの六イニングを一安打、四球三、無失点に抑えた。すると七回、ヤンキースはフィルダーのタイムリーヒットで勝ち越し、九回には、バーニー・ウィリアムズのこの日二本めのホームランでダメ押しした。六対四。ヤンキースはレンジャーズを下し、ボルティモア・オリオールズとのリーグ優勝決定シリーズへ駒を進めた。

地区シリーズでできあがったパターンは、リーグ優勝決定シリーズでも健在だった。ヤンキースが早い回にリードされるものの、先発投手が粘って試合をつくり、リリーフ陣が相手を抑えこむうち、打線が終盤に火を噴いて、逆転するというものだ。

初戦は、先発のアンディ・ペティットが二回、三回、四回、六回に一点ずつ献上し、七回を終わってヤンキースは三対四でリードを許していた。八回裏一アウト、ジーターがライトスタンドへ向けてライナー性の大飛球を放ち、一二歳の少年、ジェフリー・マイヤーがそれをキャッチした。▼2オリオールズは、マイヤー少年がフェンスから身を乗り出してボールを取ったもので、妨害がなければ、ライトのトニー・タラスコがキャッチしていたはずだと猛抗議したが、ライトの線審、リッチー・ガルシアはそれを認めず、ホームランと認定した。試合は四対四の同点になった。ヤンキースのリリーフ陣――ネルソン、ウェットランド、リベラ――は、この日も四イニングを無失点に抑えた。すると一一回裏、この回先頭のバーニー・ウィリアムズがまたしてもホームラン。ヤンキースは五対四でサヨナラ勝ちをおさめた。

オリオールズが五対三で第二戦をとったあと、舞台はボルティモアへ移り、ヤンキースはこの敵地で五対二、八対四、六対四と三連勝して、ワールドシリーズ進出を決めた。相手は前年度チャンピオンのアトランタ・ブレーブスだ。ブレーブスは、今まさに王国を築きあげようとしているところだった。過去六年で五回地区優勝を果たし、▼3ワールドシリーズには四回進出している。

ブレーブスの主軸は、チッパー・ジョーンズ（三割九厘、ホームラン三〇本、一一〇打点）、フレッド・マグリフ（二割九分五厘、二八本、一〇七打点）、ライアン・クレスコ（二割八分二厘、三四本、九三打点）そしてハビエル・ロペス（二割八分二厘、二三本、六九打点）といった面々だ。だがチームの真の牽引力は、ジョン・スモルツ（二四勝八敗）、トム・グラビン（一五勝一〇敗）、グレッグ・

▼2　ビデオで見るとスタンドに入っていないことは明らかで、ボルティモアでは今もひどい誤審として語りつがれている。このときのマイヤー少年のグラブは2015年2月にオークションにかけられ、22,705ドルで売れた。第26章も参照。

マダックス（一五勝二敗）、それにマーク・ウォーラーズ（三九セーブ）を擁する投手陣にあった。

第一戦ではスモルツとリリーフの四人が、ヤンキースを四安打に抑えた。打っては一九歳のアンドリュー・ジョーンズが二本塁打を放ち、[4]四番マグリフも一本打って、ブレーブスが一二対一と大勝した。そして第二戦でも、ブレーブスのマダックスとウォーラーズが、七安打無失点とヤンキースを封じ込める。四対〇。ブレーブスが、ヤンキー・スタジアムで連勝した。つぎの三試合は敵地アトランタ州ジョージアで行われる。今ワールドシリーズで、ヤンキースにこれっぽっちでも見込みがあると考えている者は、一人もなさそうだった。

……いや、一人だけいた。

ジョー・トーリだ。第二戦の試合後、ジョージ・スタインブレナーが頭から湯気を立てながら監督室に入ってきたとき、トーリは大胆にも、ヤンキースがこのワールドシリーズに勝つといってのけたのだ。しかもこれから四連勝する、と。

ただの強がりだったのだろうか。トーリは、窮地に追いこまれているのを知りながら、虚勢を張っていただけなのだろうか。そうやって、自分の職業上の命運を司《つかさど》る男――ささいなことでかっとなって監督の首をすげかえる癖がある男に、先制パンチを繰り出したのか。あるいは、ほんとうに何かを予感していたのか。

トーリがなぜそんな不敵な予言をしたのかは、知るべくもない。ただ、その予言がぴたりと当たったことは、誰もが知っている。

アトランタのフルトン・カウンティ・スタジアムに場所を移して行われた第三戦では、ヤンキース先発のデイビッド・コーンがブレーブス先発のトム・グラビンに投げ勝ち、ヤンキースが五

▼3　94年は、ストライキでポストシーズンが中止されている。それをのぞけば91年以来5シーズン連続で地区優勝。
▼4　ワールドシリーズで1試合2ホームランを打った選手としては最年少。

対二で勝利。翌日、一〇月二三日水曜日に行われた第四戦は、地区シリーズでもおなじみの、「早い回に先制され、リリーフ陣が相手打線を沈黙させ、打線が奮起して追いかける」という展開になった。そしてこの第四戦が、今ワールドシリーズのターニングポイントになる。

五回までに六対〇とリードされたヤンキースは、六回の表に、ジーター（またしても！）のライト前ヒットを足がかりに三点を返した。それでもブレーブスはまだ六対三とリードを保ったまま、八回表のヤンキースの攻撃をむかえた。ここでヤンキースはヒット二本で一、二塁のチャンスをつかむ。さらに、このあとショートゴロがゲッツー崩れとなって、▼5ランナー二人が残ったのが非常に幸運だった。つづくバッターは、ジム・レイリッツ。六回にキャッチャーのジョー・ジラルディに代打が出て、レイリッツはその裏の守備から入り、今、打席が回ってきたのだ。ホームランが出れば同点の場面、対するは一六〇キロのストレートを誇る、ブレーブスの抑えの切り札マーク・ウォーラーズ。

ファウル、ボール、ボール、ファウル、ファウル。カウントは二ボール二ストライクになった。レイリッツは、初球と四球めに、強烈なストレートをファウルにしている。一六〇キロの球をファウルにされたことで、ひょっとするとウォーラーズはストレートを捨てたのかもしれない。あるいはレイリッツがストレート待ちだと考え、スライダーで裏をかこうとしたのかもしれない。だが裏目に出たのは、ウォーラーズの投球のほうだった。六球め、レイリッツは、高めのスライダーを振りぬいて、打球をレフトスタンドにたたきこんだ。六対六、同点。だがブレーブスにとっては、負けたも同然だった。

五回以降、ヤンキースのリリーフ陣、ネルソン、リベラ、ロイド、ウェットランドがブレーブ

▼5　守備固めで入っていたショートのベリアードがゴロをはじき、2塁のフォースアウトしかとれなかった。

ス打線を三安打無失点に抑えると、一〇回表、ついにヤンキースが二点をとって均衡を破った。きっかけは、二アウトからのティム・レインズへの四球と、ジーターの内野安打（またまた！）だった。

この試合に勝ったあと、ヤンキースは第五戦ものにして、アトランタでの三連戦、三連勝を達成した。第五戦は、アンディ・ペティットがジョン・スモルツに一対〇と投げ勝って、初めて大舞台に強い投手と認められた試合であった。

ヤンキー・スタジアムに戻っての第六戦、ヤンキースは三回裏にポール・オニールの二塁打、ジョー・ジラルディのタイムリー三塁打、ジーターのタイムリーヒットと盗塁、そしてバーニー・ウィリアムズのタイムリーヒットで三点をもぎとった。投げては先発のジミー・キーと、つづく三人のリリーフ陣が八回までブレーブスを一点に抑える。むかえた九回、クローザーのウェットランドは、テリー・ペンドルトン、ライアン・クレスコにヒットを許し、二アウトをとったものの、マーキス・グリッソムにタイムリーを打たれて、三対二と詰め寄られる。しかし最後のバッター、マーク・レムキーをサード、チャーリー・ヘイズへのフライに打ち取り、ついにヤンキースは、一九七八年以来のワールドチャンピオンに輝いた。

コア・フォーの三人のメンバーにとって、ロワー・マンハッタンのブロードウェイ、通称〈キャニオン・オブ・ヒーローズ〉でのパレードは、これから何度か味わう歓喜の最初のものだったし、またポストシーズンでのみごとな活躍により、自力で勝ち取ったものだった。

アンディ・ペティットは、リーグ優勝決定シリーズで一勝〇敗、ワールドシリーズでは一勝一敗だった。

マリアノ・リベラは、ポストシーズン全体で一四回三分の一を投げ、一勝〇敗、一〇奪三振。デレク・ジーターは、地区シリーズでは四割一分二厘、打点一、得点二。リーグ優勝決定シリーズでは四割一分七厘、ホームラン一本、打点一、得点五。そしてワールドシリーズでは、二割五分、打点一、得点五だった。

こうしてジョー・トーリは、初のワールドチャンピオンの栄冠を勝ち取り、もう二度と「おめでたいジョー」などと呼ばれることはなかった。

第11章　ポサダの時至る

マリアノ・リベラ、アンディ・ペティット、デレク・ジーターは、メジャーリーグで華々しいスタートを切ったが、ホルヘ・ポサダは、いまだマイナーにいた。ジョー・ジラルディの存在と、みずからの経験不足のせいで、階段をのぼりきれずにいたのだ。

一九九六年一二月五日、その年のワールドシリーズで最も大きなホームラン、すなわち第四戦の同点スリーランを放ったジム・レイリッツが、アナハイム・エンジェルスへトレードされた。レイリッツは、九六年のレギュラーシーズンで、ジラルディの控えとして五五試合でマスクをかぶり、二割六分四厘、ホームラン七本、四〇打点という成績を残した。だからこのトレードが、ポサダの場所を空けるためのものだということは、誰の目にも明らかだった。ポサダもようやく3Aコロンバスに別れを告げて、コロンバスとニューヨークをいったりきたりする定期便ともおさらばし、ジラルディの控えとしてブロンクスに腰を据えるときがきたのだ。

まだルーキー資格を持つポサダは、春季トレーニングで三割五分七厘、二ホームラン、一一打点という立派な成績をあげて、〈ジェイムズ・P・ドーソン賞〉▼1を受賞した。これはかつて「ニ

▼1　2003年には松井秀喜、2007年には井川慶、2014年には田中将大が受賞している。
▼2　ティノ・マルティネスは44本塁打、141打点、ポール・オニールは21本塁打、117打点、バーニー・ウィリアムズは21本塁打、100打点。

ューヨーク・タイムズ」紙でヤンキースの番記者だった故ジェイムズ・P・ドーソンにちなんで、一九五六年からキャンプで最も活躍したヤンキースのルーキーに贈られるものだ。シーズンが開幕したとき、ポサダは、ルーキーでただ一人、開幕メジャーの座を勝ち取った。

ポサダは、主にジラルディのあとに控える二番手捕手として、また右打ちのジラルディとスイッチヒッターのポサダで相手投手によって使いわけるための要員として六〇試合に出場。二割五分、ホームラン六本、打点二五という成績を残した。

一九九七年のヤンキースは、三選手（ティノ・マルティネス、ポール・オニール、バーニー・ウィリアムズ）が、二一ホームラン以上、かつ一〇〇打点以上をあげて打線をひっぱり▼2、基本的にはジョー・トーリのヤンキース監督初年度でワールドシリーズ優勝に輝いた前シーズンと、さほど変わらない顔ぶれだった。しかし、一人大きなメンバーが欠けていた。

前年にリーグトップの四三セーブをあげたクローザーのジョン・ウェットランドが、フリーエージェントとなって退団したのだ。ヤンキースは、ウェットランドをひきとめるために大金を支払うことをせず、資金をいくらか節約するとともに、若き人気者に大役を託すことにした。マリアノ・リベラならきっとクローザーの役目がつとまるはず——そう考えたのだ。ウェットランドは、テキサス・レンジャーズと四年、二三〇〇万ドルの契約を結んだ。

この年の四月一五日、メッツ対ドジャースの試合が行われていたシェイ・スタジアムで▼3ジャッキー・ロビンソン・デーの式典が催された。この日は、ロビンソンが人種の壁を破り、黒人選手として初めてメジャーリーグの試合に出場した一九四七年四月一五日からちょうど五〇年めの記念日だ。また一九九七年は、ロビンソンが死去してから▼4、ちょうど二五年めでもあった。式典で

▼3　試合中（5回）に、一時進行をストップして、バド・セリグコミッショナーと、ビル・クリントン大統領がスピーチした。各球場で一斉に行われるようになったのは2004年から。

▼4　ロビンソンは、1972年10月24日、53歳で心臓発作のため死去した。

はコミッショナーから、今後、ロビンソンの背番号42番を、新たな選手に与えないことが発表された。ただし、すでに42番をつけている選手は、引退するまでつけていてかまわない。その時点で42番をつけているメジャーリーガーは、リベラをふくめて一二人いたが、二〇一二年までにはリベラ一人になった。

リベラは、クローザーという新しい役割で、期待どおりの活躍をした。六勝四三セーブ。リーグトップであるボルティモア・オリオールズのランディ・マイヤーズより二セーブ少なかったが、ウェットランドが前年度にヤンキースであげたのと、まったく同じ数だ（一方この年、ウェットランドは、テキサス・レンジャーズで、七勝三一セーブをあげている）。

ヤンキースは九六勝したものの——しかも前年度優勝時より四勝多かったのに——ボルティモア・オリオールズに二ゲーム差をつけられて、アメリカン・リーグ東地区の二位に甘んじた。それでもワイルドカードで、ポストシーズンに進出することができた。

地区シリーズの相手は、アメリカン・リーグ中地区の覇者、クリーブランド・インディアンズ。ヤンキー・スタジアムでの初戦、ヤンキースはいきなり初回に五点を失い、追う展開になったが、ポール・オニール、ティノ・マルティネス、デレク・ジーター、ティム・レインズにホームランが飛び出し、六回には一挙六点を奪って逆転。ヤンキースが八対六で初戦をものにした。リベラは一回三分の一を無失点でしめて、ポストシーズンでの初セーブをあげた。

第二戦は、インディアンズがお返しをした。初回に三点先制したヤンキースを追撃して、逆転し、七対五で勝利をおさめたのだ。[▼5] これでシリーズは一勝一敗になった。

オハイオ州クリーブランドに場所を移した第三戦は、ヤンキースの強さばかりが目立つ試合に

▼5　この試合で、インディアンズのセカンド、トニー・フェルナンデスが2安打2打点と活躍している。95年にヤンキースでプレーし、96年春のキャンプでひじを骨折して、ジーターがレギュラーを取るきっかけになった選手。第9章参照。

なった。地元オハイオ州出身である、ヤンキースのポール・オニールが、このポストシーズン二本めのホームランを放ち、先発のデイビッド・ウェルズが五安打一失点完投で、六対一の快勝。これでヤンキースは三戦先勝の地区シリーズで二勝一敗とし、リーグ優勝決定シリーズ進出まであと一勝とせまった。残り二試合のどちらかに勝てばいい。

第四戦、ヤンキースは初回に二点を先制する。インディアンズもすぐさま二回に一点を返すが、それ以降、ヤンキース先発のドワイト・グッデンと、リリーフ陣――グラム・ロイド、ジェフ・ネルソン、マイク・スタントン――が、八回途中までを無失点に抑える。八回一アウトランナーなし――ここでスタントンに代わってリベラが、あと五つアウトを取って、試合をしめくくるべく登板した。リベラは最初のバッター、マット・ウィリアムズを、ライトのオニールへのフライにしとめる。つぎの打者、サンディ・アロマー・ジュニアは、ボールを二球見送った。そして、三球めのカッターをひっぱたくと、ボールは、ウィリアムズの打球と同じようにライトへ飛んだが、ウィリアムズのときとちがって、ライトフェンスを越えてしまった。ホームラン。二対二の同点だ。

九回裏、インディアンズは、リベラに代わって登板したラミロ・メンドーサからオマール・ビスケルがタイムリーを放ってサヨナラ勝ち。シリーズを二勝二敗のタイにもどした。ひきつづきクリーブランドで行われる翌日の第五戦は、どちらにとっても、あとがない一戦だ。

その第五戦では、インディアンズがアンディ・ペティットから三回に三点を取って先制し、四回にはさらに一点を追加した。ヤンキースも五回に二点、六回に一点を返したが、八回にはランナー二人を残し、九回にも二塁ランナーを返せずに、三対四で敗れてしまった。

ポサダは、このインディアンズとの地区シリーズで二試合に登場し、二打席立ったが、ヒットは打てなかった。それでもトレードで大物を獲得するようなことがないかぎり（ヤンキースの場合、その可能性は常に存在する）、ポサダが正捕手として育成されることは、しだいにはっきりしてきた。ポサダはジラルディより七歳年下で、よりパワーがあり、しかもスイッチヒッターだ。ライトスタンドが近いヤンキー・スタジアムでは、左打席で打てることは大きな強みだった。

一九九八年になると、いよいよポサダが世に出る時がやってきた。評論家のなかには、ポサダにまかせるのが一年おそかった、ジラルディが正捕手でいられたのは、ベンチコーチのドン・ジマーがジラルディに肩入れして、その起用を監督に強く働きかけたからだ、という者もいた。しかし開幕四試合めにポサダがホームラン一本を含む三安打を放ち、六戦めにもホームランを含む二安打を打つに及んで、ジョー・トーリ監督も起用法を変更せざるを得なくなった。

ポサダはもう、守備に難があるとは見なされなくなっていた。捕手としての技術を向上させてトーリの信頼をつかみ、先発マスクをかぶった試合が八五試合と、初めてジラルディ（七六試合）を上回った。だがポサダが、ベテランで力の衰えはじめたジラルディより魅力的なのは、なんといっても打力においてだった。この年一一四勝というチーム史上最高の勝ち星をあげ、アメリカン・リーグ東地区で二位のボストン・レッドソックスに二二ゲームもの差をつけて優勝するチームにとって、ポサダは強力な新戦力になった。打率こそジラルディが二割七分六厘で、ポサダの二割六分八厘を上回ったが、ホームラン（ポサダ一七本、ジラルディ三本）と打点（ポサダ六三、ジラルディ三二）では大きく水をあけ、ポストシーズンでもポサダがマスクをかぶる場面が多くなった。

一九九八年のヤンキースは、史上最強のチームだと信じる人も多い。たしかにベーブ・ルース時代の一九二七年のチームや、ルー・ゲーリッグ時代の一九三六年、ジョー・ディマジオ時代の一九三九年、ミッキー・マントル時代の一九六一年などと比べても遜色がない。

この一九九八年は、バーニー・ウィリアムズが打率三割三分九厘でアメリカン・リーグの首位打者に輝いたが、ヤンキースには、三割打者があと三人いた。デレク・ジーター（三割二分四厘）、ポール・オニール（三割一分七厘）、それにスコット・ブローシャス（三割ちょうど）だ。ブローシャスは、前年の一一月に投手のケニー・ロジャースをオークランド・アスレチックスへ放出したトレードの「後日指名選手」▼6としてヤンキースへやってきた。移籍する前の通算打率は二割四分八厘だ。

ホームランを二〇本以上打った選手は、四人いた。ティノ・マルティネス（二八本）、バーニー・ウィリアムズ（二六本）、ポール・オニール、ダリル・ストロベリー（いずれも二四本）だ。ジーターとブローシャスも一九本ずつ打った。さらにマルティネス（一二三打点）とオニール（一一六打点）は一〇〇打点以上をあげ、ブローシャスも九八打点と肉薄した。投手陣では、デイビッド・コーンが二〇勝七敗で、ほかの二人▼7と最多勝を分け合い、デイビッド・ウェルズが一八勝、アンディ・ペティットが一六勝だった。ほかにも二桁勝利を記録した投手が、伊良部秀輝（一三勝）、オーランド・ヘルナンデス（一二勝）、ラミロ・メンドーサ（一〇勝）と三人いる。そしてクローザーに就任して二年めのマリアノ・リベラは、三六セーブで防御率一・九一を記録した。

レギュラーシーズン同様、ポストシーズンでもヤンキースは相手を徹底的にたたきのめした。地区シリーズでは、テキサス・レンジャーズに三連勝でストレート勝ちし、アメリカン・リーグ

▼6　何らかの理由ですぐに交換相手の選手を決められないとき、先にトレードに合意してあとから選手を指名する場合がある。無名の若手や、さほど大物ではないメジャーリーガーの場合が多い（例外もある）。

優勝決定シリーズでは、クリーブランド・インディアンズを四勝二敗で下した。そしてワールドシリーズではサンディエゴ・パドレスを四連勝で下し、過去三年間で二度めの、そしてチーム史上二四度めのワールドシリーズ優勝を果たした。

ポサダは、地区シリーズでは一試合しか出場せず、二打数ノーヒットだったが、リーグ優勝決定シリーズでは三試合で先発マスクをかぶり、一一打数二安打という成績だった。そのうちの一本は、初戦で打った自身ポストシーズン初のホームランだ。ワールドシリーズでは初戦と二戦めに出場して九打数三安打。第二戦ではツーランホームランを放った。ヤンキースはふたたび、マンハッタンの〈キャニオン・オブ・ヒーローズ〉をパレードしたが、ポサダは、こんどこそほんとうにチームの一員になれたと感じたのだった。

翌一九九九年は、ポサダにとって、一歩後退したシーズンだった。打率は二割六分八厘から二割四分五厘に落ち、ホームランは一七本から一二本に、打点は六三から五七に減った。それでもヤンキースは、過去四年間で三度目のリーグ優勝とワールドシリーズ優勝を勝ち取り、ポサダの前途は明るかった。

二年連続の、そして四年で三度めのワールドチャンピオン。さらにポサダは、それにまさるとも劣らぬ喜びを数週間後に味わう。一九九九年一一月二八日、長男、ホルヘ・ルイス・ポサダが誕生したのだ。ところがそのわずか一〇日後、大きな不安が喜びをおおいかくしてしまった。ホルへと妻のローラは、息子のホルヘ・ルイスが頭蓋《とうがい》縫合《ほうごう》早期《そうき》癒合症《ゆごうしょう》▼8であると知らされた。これは、生まれた子どもの二〇〇〇人に一人ほどの割合で発生する頭蓋骨の異常で、子どもの脳が発達しおえないうちに頭蓋骨が癒合してしまうというものだ。

▼7　当時ブルージェイズのロジャー・クレメンスが20勝6敗でサイ・ヤング賞を受賞。レンジャーズのリック・ヘリングも20勝7敗だった。

▼8　発生頻度には諸説があるが、2000～3000人に1人とするものが多い。放置すると頭蓋骨の変形や、脳圧の上昇、発達障害などを引き起こす場合がある。

夫妻は、複数回の手術で治ると医師から説明を受けた。ホルヘ・ルイスが一歳の誕生日を迎える前に行われた最初の手術は、八時間かかった。その後も八回もの手術が行われたが、その間ポサダは、息子の病状については多くを語らなかった。私生活でそんなにも大きな心配ごとをかかえながら、殿堂入りの候補になるようなプレーをつづけられたということ自体が、ポサダの勇気と芯の強さを示している。

翌二〇〇〇年に、ポサダ夫妻は息子の病気を公表し、マイアミに本部を置くホルヘ・ポサダ基金を設立した。頭蓋縫合早期癒合症の子を持つ家族への、経済的、精神的支援を行う団体だ。今、ホルヘ・ルイスはすっかり回復してティーンエイジャーとなり、何の制限もなく、日々を送っている。

一九九九年シーズンに話を戻そう。この年ポサダは、ヤンキースの正捕手の座をほぼ手中にした。先発試合数は、ポサダが九八試合で、ジラルディが六四試合。バットでもポサダがはるかにすぐれていた。打率はポサダの二割四分五厘に対し、ジラルディは二割三分九厘。ホームランが一二本対二本。打点は五七打点対二七打点だ。

ヤンキースは、ア・リーグ東地区でボストン・レッドソックスの激しい追撃を受けながらも、最終的に四ゲーム差をつけ、九八勝六八敗で二年連続の地区優勝を果たした。地区シリーズでも、これまた二年連続で、テキサス・レンジャーズに八対〇、三対一、三対〇と完勝した。

ア・リーグのもう一方の地区シリーズでは、レッドソックスがクリーブランド・インディアンズを三勝二敗で下し、▼9 リーグ優勝決定シリーズは、最大のライバル同士の対戦となった。しかしヤンキースは、レッドソックスを四勝一敗であっさりしりぞけると、ワールドシリーズでは一九

▼9　インディアンズが2勝したあとレッドソックスが3連勝した。

▼10　ターナーは、FA入団でヤンキース在籍は2000年シーズンのみ。捕手として36試合に出場。レイリッツは、96年オフにヤンキースからトレードされたあと、99年にまたトレードでヤンキースに復帰したが、2000年の捕手としての出場は2試合のみ。

九六年以来の再戦——三年前のリベンジをと意気込むアトランタ・ブレーブスと対戦することになった。ヤンキースは、四連勝でとっとと片をつけた。

ポサダとジラルディは、この年のポストシーズンにほぼ半々に出場した。打撃では、どちらもさほど力を発揮できなかった。ジラルディが二一打数四安打の一割九分なら、ポサダも二二打数四安打の一割八分二厘。ただ、ホームラン一本と打点三を記録した。

翌二〇〇〇年、ポサダをとりまく状況はがらりと、しかもポサダにとっていい方へと変わった。ジラルディがFAとなって、古巣であり故郷のチームでもあるシカゴ・カブスと契約し、ヤンキースを去ったのだ。いよいよポサダが正捕手になり、クリス・ターナーとジム・レイリッツが残りのわずかな試合に先発マスクをかぶることとなった。[10] ポサダはこの年一五一試合に出場、そのうちの一四二試合でマスクをかぶった。バッティングでも、ついに才能が開花した。打率二割八分七厘、ホームラン二八本、打点八六をかせぎ、初のオールスター出場と、各リーグのポジションごとの最もすぐれた打者に贈られる、シルバースラッガー賞を射止めたのだ。

この年ヤンキースは、前年の九八勝から八七勝へと勝ち星をだいぶ減らしたが、それでもボストン・レッドソックスの猛追をかわし、二・五ゲーム差で地区優勝を果たした。このあと地区シリーズでは三勝二敗でオークランド・アスレチックスを、リーグ優勝決定シリーズでは四勝二敗でシアトル・マリナーズを下し、[11] ワールドシリーズでは、同じ街のライバル、ニューヨーク・メッツを四勝一敗で破って三年連続の（そして五年で四度めの）ワールドチャンピオンに輝いた。デレク・ジーターは、この年のオールスター・ゲームとワールドシリーズの両方で、MVPを獲得した。

▼11　2000年のマリナーズでは、佐々木主浩が渡米1年めで37セーブをあげ、最優秀新人賞を獲得する活躍を見せた。

一九九八年から二〇〇〇年にいたる三年間、ヤンキースのポストシーズンでの強さは史上空前のもので、おそらく絶後といってもいいだろう。そしてこのたぐいまれなる強さには、コア・フォーが大きく寄与している。

その三年間、ヤンキースはポストシーズンで四一試合を戦って三三勝をあげている。勝率は、実に八割五厘。劇的な盛りあがり、とてつもないプレッシャー、激しいプレー、そして一挙手一投足に集まる注目……そんななかでこれだけの勝率をあげるのだから、まったくすさまじい。ポストシーズンで一二連勝した時期もあるし、ワールドシリーズにかぎれば、一九九六年の第三戦から二〇〇〇年の第二戦まで、なんと一四連勝を果たした。

この時期、ポサダは四一試合中三一試合に出場し、ヒット二〇本を打ち、一一回ホームを踏み、ホームラン三本を放って、打点一二を記録した。

ペティットは一一試合に登板して、六勝一敗という成績をあげた。

リベラは四一試合中二八試合に登板して、二勝〇敗、一八セーブをあげた。内容を見ると、四一回三分の一を投げて、四球三、三振三〇。自責点がわずか三で、防御率はなんと〇・六五。二〇〇〇年の、マリナーズとのリーグ優勝決定シリーズ初戦までは、三三回三分の一連続して無失点だった。

そしてジーターは、四一試合すべてに出場している。一六二打数五〇安打で打率三割九厘、ホームラン七本、打点一六。盗塁が七つあり、ホームを三〇回踏んでいる。

column

バーニー・ウィリアムズ

よく「コア・フォーの五人めのメンバー」と呼ばれるバーニー・ウィリアムズは、プエルトリコ、サン・フアン市の出身で、一九八五年、ドラフト外でヤンキースと契約。一九九一年にメジャー昇格を果たし、その四年後にマリアノ・リベラ、アンディ・ペティット、ホルヘ・ポサダ、デレク・ジーターが追いついた。五人は、それ以降一六年間にわたるウィリアムズの現役生活のあいだ、ペティットがヒューストン・アストロズでプレーしていた三年間以外は、ずっとチームメートとしてプレーし、リーグ優勝六回、ワールドシリーズ優勝四回を果たした。

　ウィリアムズの通算成績には、野球殿堂級の数字がずらりと並んでいる。通算打率二割九分七厘、安打二三三六本、ホームラン二八七本、打点一二五七。ヤンキースのセンターをつとめてきた歴代スーパースターのなかでは、ウィリアムズが一番最近の選手だが、そのなかで通算成績のランキングを見ると、出場試合数が六位、打数が四位、得点が四位、安打数が五位、二塁打数三位、ホームラン七位、打点六位、打率一六位だ。ウィリアムズはオールスターにも五回出場し、一九九八年にはアメリカン・リーグの首位打者に輝いた。一〇〇打点以上を記録したシーズンが五回あり、二桁ホームランは一四年連続で記録している。

　ウィリアムズは、正式には引退を表明しなかったが▼12、メジャーリーグでの最後の試合を終えたあとは、クラシックとジャズの名ギタリストとして、また作曲家として、充実した第二の人生を歩んでいる。二〇〇八年九月二一日、旧ヤンキー・スタジアム最後の試合前のセレモニーで、大の人気者であるウィリアムズが紹介されたときには、一分四二秒のあいだ、拍手喝采が鳴りやまなかった。

▼12　2015年4月4日、ようやく正式に引退届にサインした。

第12章 うそだといってよ、モー

すべてのいいことには、終わりがある。

ヤンキースのポストシーズンにおける〝マジカル・ミステリー・ツアー〟も、二〇〇一年一一月四日、アリゾナ州フェニックスのバンク・ワン・ボールパークで終わりを告げた。しかも誰も目にしたことのない、予想だにしない形で。そこまでポストシーズン五一試合に登板して一度も負けがなく、連続二三セーブをあげてきたマリアノ・リベラが、初めて負け投手としてマウンドをおりたのだ。このあと二〇一一年まで、リベラはすべて合わせると九六試合の地区シリーズ、リーグ優勝決定シリーズ、ワールドシリーズに登板するが、負け投手になったのは、この日が最初で最後だった。

一時は、ヤンキースがワールドシリーズ四連覇を果たすのは、宿命なのではないかとすら思われた。なにしろ、オークランド・アスレチックスと対戦した地区シリーズは、初戦、二戦めとホームで連敗して早々と追いつめられ、もうだめだろうと思われながら、三連勝で突破したのだ。その後、リーグ優勝決定シリーズではシアトル・マリナーズを四勝一敗で撃破。アリゾナ・ダイヤモンドバックスと対戦したワールドシリーズでも、二日連続で、あり得ないようなサヨナラ勝ちをやってのけたのだから……。

地区シリーズの初戦で、アスレチックスの先発、マーク・マルダーがロジャー・クレメンスに投げ勝って、アスレチックスが五対三と先勝し、二戦めでティム・ハドソンがアンディー・ペティットに二対〇と投げ勝って、シリーズ突破に王手をかけたときには、ほとんどの人が、ヤンキースはもうだめだろうと思った。過去五年で四度のワールドチャンピオンに輝いた百戦錬磨のチーム、不屈のヤンキースでさえも、追いつめられてから敵地で二勝し、さらにホームに戻って負けられない第五戦をものにするのは、不可能に思われた。しかも相手は、投手陣の層が分厚く、強力な打線を有するオークランド・アスレチックスだ。打線を引っぱるのは、一番、三番、五番、すなわちジョニー・デイモン、ジェイソン・ジアンビ、エリック・チャベス（ちなみにこの三人は全員、いずれヤンキースのピンストライプに袖を通すことになる）。レギュラーシーズンでは、三人合計で三〇八得点、ホームラン七九本、二八三打点を記録した。

しかし、オークランドでの第三戦が、流れを変えた。マイク・ムシーナが、七回無失点のみごとな投球でバリー・ジトに投げ勝ち、五回にホルへ・ポサダがソロホームランを打って、マリアノ・リベラがいつものように八回、九回をぴしゃりと抑えれば、デレク・ジーターは、野球勘のよさを見せつける、目のさめるようなスーパープレー、〝ザ・フリップ〟▼1で試合を、そしてシリーズを救う。こうしてヤンキースは一対〇で緊迫の試合をものにし、首の皮一枚つながって、翌日を迎えることができた。

第四戦は九対二とヤンキースが大勝し、舞台がヤンキー・スタジアムへ移るとともに、流れは

▼1　第26章で詳述。

大きくヤンキースにかたむいた。いまや、ほとんどの人が、ヤンキースは地区シリーズとリーグ優勝決定シリーズに勝ち、その勢いでワールドシリーズも制覇するにちがいないと思うようになった。

ホームに帰っての第五戦、相手先発のマルダーに対して、ヤンキースはクレメンスをマウンドに送った。初戦と同じ顔合わせだが、こんどはどちらも五回終了までもたなかった。ヤンキースが四対二と二点リードした五回表、クレメンスは、制球定まらず（四球、ワイルドピッチ、死球）、勝ち投手の権利を得るまであとアウト二つというところで、マイク・スタントンにマウンドを譲った。最後は、マリアノ・リベラが二回を無失点に抑えて、シリーズ二つめのセーブをあげた。ジーターとポサダは、どちらも一八打数八安打の四割四分四厘と、まったく同じ成績を残した。

こうしてヤンキースは、リーグ優勝決定シリーズに駒を進め、二年連続でシアトル・マリナーズと対戦することになった。この年のマリナーズは、かつてのヤンキースのスター選手であり、監督、GMもつとめたルー・ピネラのもと、シーズン一一六勝というメジャーリーグ史上タイ記録の勝ち星をあげていた。[▼2]

だが、シリーズは一方的な展開になった。ヤンキースは、前シリーズのアスレチックスのように、まずは敵地セーフコ・フィールドで二連勝した。初戦は、ペティットの好投で四対二、二戦めはムシーナが六回を二失点にまとめて三対二。二戦とも最後はリベラがしめてセーブをあげた。ヤンキー・スタジアムに移動して行われた第三戦では、マリナーズ打線が一五安打と爆発し、一四対三で勝利をおさめた。しかしアスレチックスとちがって、ヤンキースはずるずる後退しなかった。第四戦に三対一で勝つと、第五戦は一二対三で大勝し、アメリカン・リーグを制したの

▼2　2001年のマリナーズは、イチローが移籍初年度で打率.350、56盗塁を記録、首位打者、盗塁王とともに最優秀新人賞とMVPを受賞した。2年めの佐々木も、45セーブをあげる活躍をみせた。

だ。第四戦の勝ち投手はリベラ、第五戦はペティットで、ペティットはリーグ優勝決定シリーズのMVPに選出された。リベラは、大差がついた第五戦の九回に、セーブのつかない場面で登板した。無敵のクローザーに、チーム史上三八度めのペナントをつかむ瞬間をマウンド上で味わわせようという、トーリ監督の配慮だった。

ワールドシリーズは、目新しい相手との対戦になった。球団創設からわずか四年めの強敵、アリゾナ・ダイヤモンドバックスだ。打線の核は、シーズン五七本塁打、一四二打点を記録したルイス・ゴンザレス▼3。たいていの年ならまちがいなくホームラン王になる数字だが、二〇〇一年はバリー・ボンズが七三本塁打、サミー・ソーサが六四本塁打を打った年で、打点でもソーサが一六〇打点で一位に輝いた。

しかし二〇〇一年ダイヤモンドバックスのほんとうの強みは、カート・シリング▼4（二二勝六敗）とランディ・ジョンソン（二一勝六敗）という強力な一、二番手を擁する先発投手陣だった。この年二人は、合わせて五〇六回三分の一を投げ、六六五個の三振を奪っている。

アリゾナで行われた一、二戦は、ダイヤモンドバックスの筋書きどおりの試合だった。初戦では、シリングが七回三安打一失点、八奪三振と圧巻の投球を見せ、攻撃陣も四回にゴンザレスの二ランを含む四点をあげるなどして、九対一で大勝した。第二戦では、ランディ・ジョンソンが三安打一一奪三振完封と、ペティットが先発したヤンキースを圧倒。四対〇で快勝した。ヤンキースは、おなじみの立場に追いこまれた。アスレチックスと対戦した地区シリーズ同様、〇勝二敗の劣勢。ちがいは、三戦ではなく四戦先勝であることと、これからホームへ帰って三戦戦えることだ。

▼3　左翼手。アストロズ、ダイヤモンドバックスなどでメジャー19年、打率.283、354本塁打。2001年だけ突出して本塁打数が多く、ほかは30本以上打った年が1年（2000年、31本）のみ。

二〇〇一年一〇月三〇日に行われた第三戦の試合前セレモニーは、かつてないほど熱い気持ちをかきたてるものだった。あたりまえのように飾られている赤白青の三色旗が、これほどの意味を持ってせまってきたことはなかった。ちょうど七週間前の九月一一日、ヤンキー・スタジアムから一五キロほど南に下ったロワー・マンハッタンで、ワールド・トレードセンターの二棟のビルが、テロリストの攻撃により倒壊し、数千人の人々が犠牲になった。そしてマンハッタンが、いや、アメリカ全土が、深い衝撃と悲しみのなかに突き落とされたのだ。

そのぴりぴりした空気を少しでもやわらげようと、生粋《きっすい》の野球ファンで、かつてはテキサス・レンジャーズの共同オーナーのひとりでもあったジョージ・W・ブッシュ大統領は、始球式をしてほしいというメジャーリーグ機構からの要請を引き受けた。スタジアムのなかと周辺には厳重な警備が敷かれたが、ひとりでマウンドに立つ大統領は無防備だ。しかし大統領は、用意された防弾チョッキを着るのをことわった。防弾チョッキを身につけていては、ヤンキースの控え捕手トッド・グリーンに対して完璧なストライクが投げられないという、根っからの野球ファンとしての矜持だった。

力強い球を投げるため、大統領は、試合前のウォームアップと距離感をつかむための準備をかねて、スタジアムの奥底、スタンドの下にあたる部分に設けられた室内練習場で調整をした。キャッチボールをしていると、デレク・ジーターが通りかかった。

「こんにちは、大統領」ジーターは、合衆国最高司令官に対して敬礼もせずにいった。「マウンドから投げるんですか、それとも手前から投げるんですか?」

「どっちがいいと思う?」ブッシュはききかえした。

▼4　フィリーズ、ダイヤモンドバックス、レッドソックスなどでメジャー20年、216勝146敗、防御率3.46。2004年にレッドソックスで世界一に輝いたときは、足のけがをおして登板。その際の「血染めのソックス」は有名。

「マウンドから投げないと、ブーイングされますよ」ジーターはそういいのこして立ち去りかけた。が、急に立ち止まると、ふりかえってまたいった。「ノーバウンドでね。でないとブーイングされますよ」

ブッシュ大統領は、ノーバウンドで完璧なストライクを投げこみ、意気揚々とマウンドをおりた。ホームプレートの近くで捕手のトッド・グリーン、およびふたりの監督、ボブ・ブレンリーとジョー・トーリと握手を交わしていると、超満員の観衆から自然発生的に「ＵＳＡ、ＵＳＡ……」という大合唱が巻きおこった。

この試合前セレモニーに感動したのか、あるいは一、二戦のシリングとジョンソンへの対抗心からか、とてつもない自負とプライドのかたまりで、ブッシュ大統領と同じくテキサス出身のロジャー・クレメンスが、みごとなピッチングを披露した。

まず二回裏にポサダがソロホームランでクレメンスに先取点をプレゼントし、ヤンキースの連続無得点を一八イニングで終わらせた。ダイヤモンドバックスも四回にマット・ウィリアムズの犠牲フライで同点に追いつくが、ヤンキースは六回に、バーニー・ウィリアムズのヒットとポサダの四球、そしてスコット・ブローシャスのタイムリーヒットで一点を勝ち越した。試合はそのまま二対一で、ヤンキースが勝利した。

この日絶好調だったクレメンスは、七回を投げて三安打一失点、九奪三振と相手を抑えこんだ。リベラは八回、九回をそれぞれ三者凡退に抑え、しかも六つのアウトのうち四つが三振という完璧な内容。ヤンキースは勝利を手にしたが、お楽しみはまだまだこれからだった。ヤンキー・スタジアムの観衆も、全米のテレビ視聴者も、さらにすごいものを目にすることになる。

ヤンキー・スタジアムでのつづく二日間の試合は、あまりにもドラマチックで、耐えがたいほどの緊張感に満ちていた。二〇〇一年のワールドシリーズは、まちがいなく史上まれにみる激闘になりつつあった。

第四戦は、カート・シリングと〝エル・デュケ（公爵）〟ことオーランド・ヘルナンデスの、しびれるような投手戦になった。ぴんと張りつめた攻防の末、七回を終わった時点で、まだ一対一の同点だった。

八回表、ダイヤモンドバックスは二点をもぎとり、韓国人クローザーの金炳賢《キムビョンヒョン》にバトンをわたした。シーズン半ばからクローザーをつとめるようになった金炳賢は、五勝一九セーブという成績。八回裏、シェーン・スペンサー、スコット・ブローシャス、アルフォンソ・ソリアーノを三者三振に切ってとり、すいすいとこの回を終えたときには、前日の、熱く感動的なセレモニー以来つづいていた高揚感が一気にしぼみ、スタジアムは重苦しい空気に包まれた。

九回裏、ジーターがバントヒットをねらったが、サードのマット・ウィリアムズが、出足よくこのゴロをさばいて一塁に送った。ワンアウト。つづくポール・オニールが、レフト前へポテンヒットを打ち、ヤンキー・スタジアムの観客の胸にかすかな明かりがともったが、つぎのバーニー・ウィリアムズが金炳賢の前に空振り三振に倒れると、ほのかな希望も打ちくだかれてしまった。ツーアウト一塁。ヤンキースの最後の望みを託されたのは、ティノ・マルティネス。きょうはここまで三打席立って、セカンドゴロ、三振、四球。今ワールドシリーズでは、九打数ノーヒットだ。

しかしマルティネスは、金炳賢の初球にバット一閃。打球は秋の夜空に舞い上がり、センターに向かって荘厳なアーチを描きながら、そのままスタンドに飛びこんだ。三対三、同点だ。一〇回表は、リベラがダイヤモンドバックスを三者凡退に抑え、一〇回裏は、金炳賢が続投してブローシャスとソリアーノを外野フライに抑えた。そして打席には、このワールドシリーズ、一五打数一安打と振るわないジーター。

金炳賢は、ファウル、ストライクと二球でジーターを追いこんだが、なかなかしとめられない。ジーターは、ボールを選びながらさらに三球ファウルで粘り、フルカウントまで持ちこんだ。そして九球めを、トレードマークともいえる腕をたたんだ「インサイド・アウト」のスイングで振りぬくと、ボールはライナーとなって、右翼手レジー・サンダースの頭上を越え、ライトスタンド最前列に飛びこんだ。

四対三。ヤンキースの信じられないような勝利に、五万五八六三人の大観衆は、興奮のるつぼと化した。ヤンキースは、ワールドシリーズを二勝二敗のタイに持ちこんだ。それを成し遂げたのは、ふた月にまたがるジーターの打席だった。ジーターが打席に入ったのは一〇月三一日で、ボールがライトフェンスを越えたのは一一月一日の午前〇時三分だったのだ。おかげでデレク・ジーターには、新たなニックネームがついた。〝一一月の男《ミスター・ノベンバー》〟だ。

九七回めのワールドシリーズ、その五〇〇に及ぶ試合のなかで、九回裏に二点以上リードされていたチームが逆転勝ちするのは、わずか三試合めだった。

しかも驚いたことに、わずか二四時間後、また同じことが起こる。

前夜と同じくヤンキースが二点リードされた九回裏ツーアウト、ランナーが一人。ダイヤモンドバックスの投手も同じ金炳賢。

ヨギ・ベラの名言、「見たことのあるデジャヴだ」が、ぴったりくる場面だ。

第五戦の先発は、ヤンキースがマイク・ムシーナで、ダイヤモンドバックスがミゲル・バティスタ。ふたりは八回まで投げつづけ、この日もじりじりするような投手戦になった。[5]ダイヤモンドバックスは五回にスティーブ・フィンリーとロッド・バラハスのソロホームランで二点を先制する。一方、バティスタはヤンキースを無失点に抑えた。

試合は〇対二のまま九回裏に入り、ダイヤモンドバックスのマウンドには、再び二点のリードを守るべく、金炳賢が立った。先頭のポサダがツーベースで出塁したが、スペンサーがサードゴロ、ノブロックは空振り三振に倒れ、ダイヤモンドバックスは前夜につづいて、勝利まであとワンアウトにこぎつける。

ここで打席に立つのはスコット・ブローシャス。この日は三打席で内野ゴロ一つ、外野フライ二つに倒れており、今ワールドシリーズ全体でも一六打数三安打と、当たっていなかった。しかしブローシャスは、ワンボールからの二球めをレフトスタンド上段にたたきこむ。二対二の同点。まるで奇跡のように、ヤンキースは昨夜と同じことをやってのけ、金炳賢も、昨夜と同じ失敗をしてしまった。

試合はまたも延長戦に突入した。リベラが一〇回、一一回を〇点に抑え、[6]一二回表はスターリング・ヒッチコックが三者凡退に抑えた。そして一二回裏、先頭のノブロックがヒットで出塁すると、つづくブローシャスがバントで送り、九番バッター、アルフォンソ・ソリアーノのライト前ヒットでノブロックが生還した。[7]二夜連続のサヨナラだ。ヤンキースは三勝二敗で、敵地アリゾナに乗りこむことになった。残り二試合のうち、一つ勝てばそれでいい。ただし、相手はランディ・ジョンソンとカート・シリングだ。

▼5　バティスタは7回3分の2。ムシーナは8回完了。
▼6　10回は3者凡退だが、11回はヒット2本と敬遠の四球で1アウト満塁のピンチを迎えてから抑えている。

第六戦、ランディ・ジョンソンは、いつものような力でねじ伏せる投球ではなく、七回を投げて六安打二失点（奪三振七）だったが、それでも問題はなかった。ダイヤモンドバックスがペティットを打ちくずし、一五対二でヤンキースを粉砕したのだ。

こうして、すべては一一月四日日曜日、アリゾナ州フェニックスのバンク・ワン・ボールパーク▼8で行われる最終戦に持ち越されることになった。先発はロジャー・クレメンスとカート・シリング。ヘビー級投手同士の激突だ。ヤンキースには、一つ、心のより所があった。もうランディ・ジョンソンとは対戦しなくてすむ……はずだ。いや、どうだろう？

クレメンスとシリングは、予想どおりどちらも好調で、五回まではふたりとも〇をならべた。六回裏、ダイヤモンドバックスは、スティーブ・フィンリーのヒットとダニー・バウティスタのタイムリー二塁打で一点をもぎとる。するとヤンキースも、七回表にジーターがシングルヒットで口火を切り、つづくオニールのヒットで二塁へ、ゴロで三塁へ進んで、ティノ・マルティネスのタイムリーで生還し、同点とした。

その裏、クレメンスは、一アウトからトニー・ウォマックにヒットを打たれて、二番手のマイク・スタントンにマウンドをゆずった。六回三分の一、七安打一失点一〇奪三振の好投だったが、勝ち投手になるチャンスは消えた。このあとダイヤモンドバックスは、ウォマックが二塁への盗塁を試みるも、ポサダに刺されて二アウト。打者のクレイグ・カウンセルも、ファーストへのファウルフライに倒れた。

八回表、この回先頭のソリアーノがシリングからホームランを放ち、ヤンキースが二対一とリードをうばった。ワンアウト後、シリングは、負けている状態でミゲル・バティスタにマウンド

▼7　ドミニカのカープアカデミーで才能を見いだされ、97年には広島カープでプレー。その後アメリカに渡って、ヤンキースに入団。メジャー16年間、通算打率.270、ホームラン412本。

をゆずる。そのバティスタがジーターをゴロに打ち取り、つぎが左バッターのポール・オニールというところで、ダイヤモンドバックスのブレンリー監督は、なんと、きのう先発したランディ・ジョンソンを投入した。▼9 トーリ監督も、オニールに代えて右バッターのノブロックで対抗するが、ライトフライに打ち取られてこの回が終わった。

ジョンソンは九回も続投し、全部で四人の打者を完璧に抑えたが、一点リードのヤンキースは分がよかった。なんといっても、マリアノ・リベラがいる。ジョー・トーリは八回からリベラを投入して、四連覇をしとめにかかった。

八回裏、リベラはゴンザレスとウィリアムズを三振に切ってとり、フィンリーのシングルヒットをはさんで、バウティスタからも三振をうばった。比類なきクローザー、リベラがあと一イニング抑えれば、ワールドシリーズ四連覇を達成できる。

九回裏、ダイヤモンドバックスの攻撃。先頭のマーク・グレイスがヒットで出塁したが、ここまではなんの心配もなかった。ところがつぎのプレーが、ヤンキースにとっては不吉な前兆となる。ダイヤモンドバックスの八番バッター、ダミアン・ミラーの送りバントがピッチャーの正面をついた。投球だけでなく、守備にもすぐれているリベラは、一塁ランナー、デイビッド・デルーチ（グレイスの代走）を二塁で刺せると判断し、矢のような送球をしたが、これがベースカバーに入ったジーターから大きくそれてしまった。リベラの珍しいエラーで、ダイヤモンドバックスは同点のランナーが二塁に、サヨナラのランナーが一塁に出るという大チャンスをつかんだ。しかもまだノーアウトだ。

ここでランディ・ジョンソンの代打ジェイ・ベルが、送りバント。これが、先ほどのミラー同

▼8　現チェイス・フィールド。2005年、当時命名権を持っていたバンク・ワン銀行がJPモルガン・チェイス銀行と合併し、名称が変更された。
▼9　前日、7回104球を投げていた。

様、ピッチャー前へ転がり、こんどはリベラが三塁手ブローシャスにストライクの送球をして、デルーチをフォースアウトにした。一アウト一、二塁。ダブルプレーなら、ヤンキースがシリーズを制覇する。だが次打者のトニー・ウォマックは、なんと、リベラの五球めをライト線へ打ち返した。これがツーベースとなり、ミラーの代走、メドレー・カミングズが二塁から生還して同点。一塁ランナーのベルも三塁に達した。

次打者のクレイグ・カウンセルは、デッドボール（いつも落ち着いているリベラもさすがに動揺したか?）で、一アウト満塁。打席には、ダイヤモンドバックス二〇〇一年シーズンのチーム首位打者にして、最大の脅威であるルイス・ゴンザレス。すべての塁が埋まった状態で、最も危険な打者を迎える羽目になってしまった。

大きなフライが上がれば、その時点で試合は終わる。だから外野は前進守備、内野もバックホームにそなえて前進守備を敷いた。▼10 リベラはゴンザレスに対し、得意のカットファストボールで勝負した。ボールが、いつものように打者のバットをへし折る。しかしヤンキースにとっては不運なことに、ゴンザレスは力まかせにセンターへ運び、ボールは前進守備の内野と外野のあいだにぽとりと落ちた。

ジェイ・ベルが三塁から生還し、ダイヤモンドバックスは初のワールドチャンピオンに輝いた。そしてヤンキースは、二七度めのシリーズ制覇を逃してしまった。

ダイヤモンドバックスの選手とファンが、初めての、そして思いがけない勝利に酔いしれるなか、悄然と、ひとりさみしくグラウンドを去る姿があった。これはマリアノ・リベラにとってもまた、初めての体験だった。

▼10　内野の前進守備について、TV放送の解説者は、「リベラが左バッターにカットボールを投げると、浅い外野フライが飛ぶことが多く、内野が前進守備では取れない危険がある」と指摘していた。

スコット・ブローシャス

オークランド・アスレチックスで七年間プレーしていたあいだは、ごく平均的な選手だったが、一九九七年にヤンキースにトレードされると、スコット・ブローシャスは、一シーズンの記録、そして一本のホームランで、チームの歴史に名を残した。一九九八年、ヤンキース移籍一年めには、打率を前年度の二割三厘から一気に三割に上げ、ホームランも一一本から一九本へ、打点は四一から九八へと飛躍的に伸ばした。その年、サンディエゴ・パドレスとのワールドシリーズでは、四割七分一厘、ホームラン二本、六打点と大活躍。MVPを獲得する。

そして三年後、ブローシャスが放った一本のホームランは、ワールドシリーズ史上でも指折りの、記憶に残る一打となった。ヤンキース対アリゾナ・ダイヤモンドバックスの第五戦、ヤンキースは二点のリードを許して、九回裏ツーアウトにまで追いつめられた。ここで、ランナー一人を置いて、ブローシャスは、ダイヤモンドバックスのクローザー、金炳賢に相対した。じつはその前夜、これとそっくりの場面——ヤンキースが二点リードされた九回裏ツーアウト、ランナー一人、マウンドにはやはり金炳賢——でティノ・マルティネスが打席に立って、同点ツーランを放っている。そしてこの夜も、それとまったく同じことが繰り返された。同じ状況、同じ投手、ちがうのは打者だけ。ブローシャスはツーランホームランを放ち、試合は延長戦にもつれこんだ。

ブローシャスは、このワールドシリーズのあと、活躍の余韻もさめやらぬうちに引退して、故郷のオレゴンに帰った。現在は、同州にある母校、リンフィールド・カレッジ野球部の監督をつとめている。

第13章 キャプテン

一〇〇年以上ものあいだ、メジャーリーグの遊撃手には、小柄で足が速く、俊敏なヒットメーカーというイメージがあった。二〇世紀初頭に活躍したピッツバーグ・パイレーツの伝説的遊撃手、〝フライング・ダッチマン〟こと、ホーナス・ワグナーは一八〇センチ、九〇キロと、比較的大柄だったようだが、それ以外には、殿堂入りした選手だけひろってみても、フィル・リズート（一六七センチ、六八キロ）、ルイス・アパリシオ（一七五センチ、七〇キロ）、オジー・スミス（一八〇センチ、六八キロ）、ピー・ウィー・リース（一七五センチ、七五キロ）、ラビット・マランビル（一六五センチ、七〇キロ）、ジョー・シーウェル（一七〇センチ、七三キロ）、デイブ・バンクロフト（一七五センチ、七三キロ）、ジョー・ティンカー（一七五センチ、七九キロ）と、小柄で細身の選手ばかりだ。

だが一九九〇年代に入ると、世の一般の人々と同じく、メジャーリーグの遊撃手にも大型で頑健な選手が多くなった。誰もが認めるスターのなかで、遊撃手の固定観念を破った最初の選手は、ボルティモア・オリオールズの鉄人こと、カル・リプケン・ジュニア▼1だろう。一九三センチ、一

▼1　1982年新人王。メジャー21年間、通算.276、ホームラン431本。2632試合連続出場は、メジャー歴代1位。

〇二キロという堂々たる体軀は、ショートというより、強打の一塁手か三塁手、あるいは外野手のようだった。そして九〇年代中盤に入ると、新しいタイプの、才能ある若手遊撃手たちが続々と登場する。

一九九六年、二〇歳のアレックス・ロドリゲス（一九〇センチ、一〇二キロ、シアトル・マリナーズ）は、メジャー三年め、初めてシーズンを通じてメジャーに在籍したこの年に、ホームラン三六本、打点一二三、打率三割五分八厘（アメリカン・リーグ首位打者）を記録して、オールスターゲームに初出場を果たし、MVPの投票では二位に食いこんだ。

その同じ年、二二歳のデレク・ジーター（一九〇センチ、八八キロ）は、三割一分四厘、ホームラン一〇本、七八打点をあげてアメリカン・リーグの最優秀新人賞に輝く。

翌一九九七年には、メジャー二年めのボストン・レッドソックス、ノマー・ガルシアパーラ（一八三センチ、七五キロ、九六年はメジャーでの出場は二四試合）がホームラン三〇本、打点九八という成績をあげて、オールスターに出場。シーズン後には最優秀新人賞を獲得した。

一九九九年には、オークランド・アスレチックスの二五歳、ミゲル・テハダ（一七五センチ、一〇〇キロ）が二一本塁打を打ち、八四打点をあげた。もはや、メジャーリーグの選手のなかで、遊撃手は小柄で軽量級というイメージは、通用しなくなってきた。

二〇世紀終盤から二一世紀にかけて、人々は、食生活や健康管理が向上し、体に関する知識が増え、健康的な生活を送ろうと努力するようになったおかげで、昔の人よりも体格がよく、頑丈で、活動的になった。それでも、ジーターのほうが、ベーブ・ルース、ルー・ゲーリッグ、ジョー・ディマジオ、ミッキー・マントル、ロジャー・マリス、レジー・ジャクソン、ドン・マッティングリー、ビル・ディッキー、ヨギ・ベラよりも背が高く、体重もディマジオ、マッティングリー、ベラより重いといわれると、驚かずにはいられない。

ジーターは、メジャーで年間通して出場するようになってから最初の八シーズンで六回ワールドシリーズに出場し、四回優勝している。さらに、オールスターには五回出場し、シーズン打率三割を六回達成し、メジャーリーグでも屈指の選手として、また真のリーダーとして認められるようになった。

そのリーダーシップと、頼りがいのあるプレーと、負けず嫌いな性格、そしてチームメートからも相手チームからも尊敬を集める人望の厚さに鑑みて、ヤンキースのオーナー、ジョージ・スタインブレナーは、二〇〇三年六月三日、ジーターをヤンキースの第一一代キャプテンに指名すると発表した。前の月に、一時期チームが一五試合で一二敗し、二位に後退するという不振の打開策でもあった。ヤンキースの選手にとって、キャプテンに指名されることは、背番号が永久欠番になるのと同等の栄誉である。これまでキャプテンの職を担ってきたのは、ハル・チェイス、ベーブ・ルース、ルー・ゲーリッグ、サーマン・マンソン、グレイグ・ネトルズ、ウィリー・ランドルフ、ロン・ギドリー、ドン・マッティングリーといった、そうそうたる英雄たち。マッティングリーが八年前に引退してからは、キャプテンの座は空位だった。

以前に一度、スタインブレナーは、キャプテンの座についてこんな意見を述べたことがある。一九七六年シーズンの初めに、スタインブレナーは、ルー・ゲーリッグの死後三六年間空位になっていたキャプテンに、サーマン・マンソンを指名した。ゲーリッグが亡くなったとき、当時の監督ジョー・マッカーシーが敬意を表して、ヤンキースは今後一切キャプテンを指名しないといったことを指摘されると、ボス、スタインブレナーはこう答えた。「ジョー・マッカーシーがサーマン・マンソンを知っていたら、今こいつにまかせるなら異論はないというだろう」

それにしても、なぜ今、ジーターをキャプテンに指名するのか？　スタインブレナーは、その問いにも、ちゃんと答えを用意していた。

「ジーターならチームのまとめ役を果たして、おまけに刺激を与えてくれるだろう。今こそ、そのときだと思うね。『なんでこんな時期に』といわれるかもしれないが、そういうときこそ、好機なんだよ。ジーターは、リーダーのあるべき姿を体現している。わたしは歴史を重んじる人間だし、ヤンキースの歴代のキャプテンのこともつぶさに知っているが、ジーターは、彼らに比べても少しも遜色がない」

ジーターも、その栄誉をありがたく受け止めたが、キャプテンになったからといって、急に役割が変わるわけではないと強調した。

「これまでどおり、リーダーとしてプレーしろということでしょう」と、ジーターはいった。

「今までやってきたことを、つづけていくつもりですよ」

この発表には、もうひとつ意味があった。というのも数か月前に、ジーターとボス、スタインブレナーのあいだにちょっとした衝突があったからだ。スタインブレナーは、シーズンオフのあるインタビューで、ジーターの私生活をやり玉にあげた。ジーターが二〇〇二年シーズンに、バースデーパーティーで夜中の三時まで遊び歩いていたことに触れ、野球に集中できていないのではないか、私生活に問題があるのではないかと指摘したのだ。ジーターは、ヤンキースの一員になってから一〇年近く、およそスキャンダルなどというものとは縁がなかったから、誰もがボ

▼2　Jeter Steinbrenner VISA Commercial で検索すれば、YouTubeで見ることができる。

▼3　ガルシアパーラは2010年春に引退。テハダは、2015年までメキシコやドミニカのリーグで現役をつづけたが、ショートでの出場は主に2011年まで。

スの批判にショックを受けた。

だがこの一件で、ボスとジーターの関係は、亀裂が入るどころかむしろ強固になった。ジーターはスタインブレナーの言葉を受け止めて、私生活を問題視されるようなことがないよう、あらゆる面で努力した。しまいには、スタインブレナーと二人して、ジーターの私生活をネタにしたVISAカードの愉快なコマーシャルに出演し、[2] CM関係の賞を受賞する一幕もあった。

この一件から一〇年たった今、ジーターのグラウンド外でのふるまいには、一切ほころびが見られない。

さて、アメリカン・リーグの遊撃手四人衆とうたわれたジーター、ガルシアパーラ、テハダ、アレックス・ロドリゲスが登場して、もう二〇年がたつ。四人のうちガルシアパーラとテハダは引退し、[3] ロドリゲスはショートからコンバートされた。

最後までショートとしてプレーしたのはジーターだけで、毎年のように、輝かしい数字を積み重ねていった。たとえば二〇一二年シーズン終了時点では、つぎのような記録がある。

・ヤンキースの選手として、ホームラン数が、グレイグ・ネトルズ、ドン・マッティングリー、ロジャー・マリス、ビル・ディッキー、ティノ・マルティネス、ポール・オニール、チャーリー・ケラー、トミー・ヘンリック、ボビー・マーサーを超えた。

・ヤンキースの選手として、通算打率が、ボブ・ミューゼル、マッティングリー、ベン・チャップマン、ミッキー・マントル、バーニー・ウィリアムズ、ルー・ピネラ、ウィリー・キーラーを抜いた。[4]

▼4　引退時にはミューゼル（.311）よりひとつ下がって歴代8位（ジーターは.310）。ウィリー・キーラーのヤンキース（というか、その前身のニューヨーク・ハイランダーズ）時代の通算打率は.294だが、メジャー通算では.341。なお、キーラーは、イチローが9年連続200安打を達成するまで、8年連続のメジャー記録を持っていたことでも知られる。

・二塁打数は、ルー・ゲーリッグに次いでヤンキース歴代二位。[5]
・得点数は、ベーブ・ルース、ゲーリッグに次いでヤンキース歴代三位。[6]
・ヤンキースの選手としての打点は、ディッキー、トニー・ラゼリより多い。[7]
・出場試合数、安打数、打数、盗塁数は、ヤンキース歴代一位。

▼5　引退時にはゲーリッグを抜いてチーム歴代トップ。
▼6　引退時にはゲーリッグを抜いて2位。
▼7　引退時にはバーニー・ウィリアムズも抜いて歴代6位。

第14章　成功か、失敗か

五年連続地区優勝を果たせば、たいていのメジャーリーグのチームなら大喜びすることだろう。しかし、ニューヨーク・ヤンキースは、ちがう。

ヤンキースにとっては、ワールドシリーズ優勝を果たせなければ、実りあるシーズンだったことにならない。

だから、二〇〇二年から〇六年にかけての五年間は、四九七勝三一二敗、勝率六割一分四厘という成績をあげながらも、ヤンキースとしては、不首尾に終わったということになる。

二〇〇一年のワールドシリーズでアリゾナ・ダイヤモンドバックスに負けたことで——それも、世に並びなきクローザー、マリアノ・リベラをマウンドに送りながら——ヤンキースは、深い失望を味わった。ヤンキースは、失望にひたりながら泰然自若としているようなチームではない。二度と同じ屈辱を味わわぬよう、オフになるとすぐさまチームの刷新に取りかかった。最優先課題は、すでに強力な打線をさらにパワーアップすることだ。ヤンキースは、大枚をはたいてこれを実現させた。まずは、わずか二年前にアメリカン・リーグのＭＶＰを受賞したジェイソン・ジアンビと七年総額一億二〇〇〇万ドルの大型契約を結び、つぎに同じ街のライバル、メッツと珍しくトレードに合意して、外野手、デイビッド・ジャスティスを放出し、三塁手、ロビン・ベンチュラを獲得した。

ファーストにジアンビ、サードにベテランのベンチュラを加えた二〇〇二年ヤンキースの内野陣は、ショート、ジーターのホームラン一八本、打点七五、セカンド、アルフォンソ・ソリアーノのホームラン三九本、打点一〇二を合わせて、全部でホームラン一二五本、打点三九二という数字をたたき出す。さらにバーニー・ウィリアムズがホームラン一九本、打点一〇二、ホルヘ・ポサダがホームラン二〇本、打点九九を記録し、一方の投手陣は、デイビッド・ウェルズが一九勝、マイク・ムシーナが一八勝、アンディー・ペティットとロジャー・クレメンスがそれぞれ一三勝をあげて、最後には二八セーブのリベラが控えるという布陣だ。二〇〇二年のヤンキースが前年より八勝多い一〇三勝をあげ、二位のボストン・レッドソックスに一〇・五ゲーム差をつけて地区優勝を果たしたのもむべなるかな。ヤンキースがふたたび頂点に立って、〈キャニオン・オブ・ヒーローズ〉をパレードするだろうと、人々が期待したのも無理はない。

しかしまもなくヤンキースは、二〇〇二年ともなると、一億二〇〇〇万ドルを出した補強にも昔ほどの効果がないと思い知らされることになる。アナハイム・エンジェルスとの地区シリーズの初戦では、リベラがアリゾナでのまさかの失敗から復活して九回表を無失点に抑え、ポストシーズン二六度めのセーブ機会で二五個めのセーブをあげた。ところがつづく三戦は、ワイルドカードでポストシーズンに進出してきたアナハイム・エンジェルスに完敗し、あっという間にワールドチャンピオンを目指す戦いから脱落してしまった。

チーム作りはまた再出発を余儀なくされ、またまた大金が投じられた。こんどは、二九歳になる日本のスーパースター、松井秀喜との三年総額二一〇〇万ドルのＦＡ契約だ。松井は、ホームランを量産するそのパワーにちなんで、日本では〝ゴジラ〟のニックネームで呼ばれていた。誇り高く、謙虚で、労を惜しまず、徹底したプロ意識を持つ松井は、この年、全試合出場を果たし、ホームラン一六本、一〇六打点でチームに貢献する。結局この年ヤンキースは一〇一勝をあげ、アメリカン・リーグ東地区で六年連続の優勝を果たした。

ミネソタ・ツインズとの地区シリーズは、三勝一敗でらくらくと勝ち抜いた。レギュラーシーズンでチームトップの二一勝をあげたペティットが第二戦に勝ち、リベラが二戦目と三戦目にセーブをあげて、ジーターは打率四割二分九厘を記録した。つぎに待ちかまえていたのは、ボストン・レッドソックスとの七戦に及ぶ、手に汗握るリーグ優勝決定シリーズだ。またしてもペティットが第二戦に勝利し、リベラが第三戦と第五戦でセーブをあげた。そして勝負は、一〇月一六日火曜日、ヤンキー・スタジアムでの最終第七戦に持ち越された。

八回表を終えて五対二とリードされたヤンキースは、手ごわいペドロ・マルティネスに抑えこまれ、八回裏もワンアウト。あと五つアウトを重ねたら、またしても早々と敗退することになる。ここで打席に立ったジーターは、その輝かしい野球人生を通じて何度も繰り返してきたように、ツーベースで攻撃の口火を切る。これでチームは、見ちがえるほど活気づいた。つづくバーニー・ウィリアムズのタイムリーヒットでジーターが生還し、松井のツーベースでウィリアムズはサードへ。そしてポサダのセンター前にぽとりと落ちるツーベースで、ウィリアムズと松井がホームイン[▼1]。ついに試合は五対五の同点になった。

▼1　めったに感情をあらわにしない松井が、渾身のガッツポーズをした、日本のファンにも印象深いシーン。

九回表、マリアノ・リベラがマウンドに上がり、一アウトからジェイソン・バリテックにヒットを許すものの、つづく二人を凡打に抑える。

一〇回には、デイビッド・オルティーズが二アウトから二塁打を放つが、リベラは、つづくケビン・ミラーを内野フライにしとめた。

一一回表、リベラは、レッドソックス打線を三者凡退に抑えた。これに先立つツインズとの地区シリーズで、リベラは第二戦で二イニングをパーフェクトに抑えてセーブをあげ、第三戦でも同じく二イニングを完璧に抑えてセーブをあげている。レッドソックスとのリーグ優勝決定シリーズでは、第二戦で一イニング投げると（四点差でセーブつかず）、第三戦では二イニングを完璧に抑えてセーブをあげ、第五戦でも二イニングを一失点にまとめてセーブをあげている。そしてこの第七戦では三イニング。つまりリベラは、すさまじいプレッシャーを背負いながら一五日間で一二イニングを投げ、一点しか許していないのだ。しかも一一回を終えて、試合は五対五の同点。のちにリベラは、もし一二回に突入すれば、投げるつもりだったと語っている。

一一回裏、レッドソックスのマウンドには、一〇回から登板してヤンキースを三者凡退にしりぞけたベテランのナックルボーラー、ティム・ウェイクフィールドがあがった。この回、ヤンキースの先頭は、三代にわたるメジャーリーガーの血筋を持つアーロン・ブーン。▼2 祖父はオールスター・ゲームに二回出場した内野手のレイ・ブーン、父はオールスターに四回出場した捕手、ボブ・ブーンで、兄のブレット・ブーンも、オールスターに三回出場している。アーロン・ブーンは、ほんの七週間前にシンシナティ・レッズからマイナーリーガー二人および金銭と引き替えにトレードされてきたばかりだ。ヤンキースでの五四試合、一八九打席で、ホームランはわずか六

▼2　この試合、8回裏にルーベン・シエラの代走で出て、そのままサードの守備についていた。自身も、この年（2003年）レッズの選手としてオールスター初出場を果たしている。

本しか打っていない。しかしこのときウェイクフィールドの初球を振りぬくと、打球は夜空に高々と舞いあがり、レフトスタンド上段に突き刺さった。チームの一〇一年の歴史上でも、五本の指に入るほどドラマチックで、記憶に残るこのホームランによって、ヤンキースは三九度めのワールドシリーズ進出を果たしたのだった。

ワールドシリーズの相手はフロリダ・マーリンズ。ヤンキースにとっては、ずらりとならぶ優勝トロフィーのコレクションをさらに拡大するまたとないチャンスだ。

シリーズの火ぶたは、ヤンキー・スタジアムで、一〇月一八日土曜日に切って落とされた。初戦はブラッド・ペニー▼3がヤンキース先発のデイビッド・ウェルズに投げ勝って、マーリンズが三対二と先勝した。

第二戦は、松井秀喜が初回にスリーランホームランを放ち、二回にはファアン・リベラのタイムリーツーベース、四回にはアルフォンソ・ソリアーノのツーランホームランで追加点をあげ、ヤンキースが六対〇とリードして、アンディ・ペティットを援護した。ペティットにとって、ポストシーズンのシリーズ第二戦に先発するのは、最も得意とするところ。八回まで四安打（すべてシングルヒット）、四球一、七奪三振、無失点で、六点のリードを守った。

九回にマーリンズが二本のシングルヒットと、そのあいだの、三塁手アーロン・ブーンのエラー（だれがブーンを責められようか？　レッドソックス戦でのブーンのホームランがなかったら、ヤンキースはこの場にいなかったかもしれない）で一点を返すと、ペティットに代わってホセ・コントレラスがマウンドに上がり、最後の打者をサードゴロに仕留めた。ブーンも、こんどはしっかりとゴロをさばいて二塁へ送り、一塁ランナーをフォースアウトにした。これでペティットは、二〇〇三

▼3　メジャー14年間で121勝101敗の右腕。2006年にはドジャースで16勝９敗の成績をあげ、リーグ最多勝を獲得している。2012年には来日し、鳴り物入りで福岡ソフトバンク・ホークスに入団したが、１試合に登板しただけで肩痛を訴え、５月に退団してしまった。

年のポストシーズンで負けなしの三勝目をあげた。

第三戦から第五戦までは、陽光あふれるフロリダが舞台だ。第三戦は、ヤンキースが第二戦と同じ六対一のスコアで勝利をおさめた。ただし今回は、緊迫したロースコアの試合で、九回にバーニー・ウィリアムズのスリーランホームランと、リーグ優勝決定シリーズで活躍したブーンのソロホームランで一挙四点を取って試合を決めるという展開だった。これでヤンキースは、対戦成績を二勝一敗とした。

だが、マーリンズもつぎの二戦を取って、望みをつないだ。第四戦は、三対三の延長一二回裏マーリンズの攻撃、この回先頭の八番バッター、アレックス・ゴンザレスが、ジェフ・ウィーバーからホームランを放って、四対三とサヨナラ勝ち。第五戦は、六対四でマーリンズが逃げ切り勝ち。気がつけばヤンキースは、球団拡張で新しくつくられた、まだ創設一一年目のマーリンズに、二勝三敗と王手をかけられていた。しかし残りの二試合はヤンキー・スタジアムで行われる。おまけに第六戦の先発は、頼りになるアンディ・ペティットだ。ペティットは、ポストシーズン三連勝中。中五日と休養十分で、準備も整っている。

一方、マーリンズ監督のジャック・マッケオン――シーズン途中の五月一一日にジェフ・トーボーグから監督をひきついだ七二歳の野球人――は、大胆にも第三戦の先発ジョシュ・ベケット[▼4]を、中三日で第六戦の先発に指名した。

ペティットは、第二戦と同様すばらしい投球で、七回を投げて三振七つを奪い、マーリンズ打線を二点に抑えた。五回にはシングルヒット三本で一点を許したが、六回の一失点はノーヒットで奪われたもので、自責点ではなかった[▼5]。

▼4　メジャー14年、138勝106敗、通算防御率3.88。2003年のワールドシリーズではMVPに輝く。2006年にレッドソックスに移籍し、翌年、自身2度目のワールドチャンピオンに。2014年10月、引退を発表。

▼5　ショート、ジーターのエラーを足がかりに、四球、バント、犠牲フライで失点した。

しかしマーリンズの先発、二三歳の速球派ジョシュ・ベケットは、ペティットよりさらにすばらしかった。ヤンキース打線を五安打無失点、四球二、九奪三振とねじふせ、なんと二対〇で完封勝利を飾って、ヤンキー・スタジアムの観客をあっといわせたのだ。

ヤンキースは、二七度めのワールドチャンピオンは逃したが、ともあれ、過去八年間で六度めのワールドシリーズに駒を進めることはできた。また来年、がんばればいい。

しかし、このメンバーに〝来年〟は、訪れるのか？

column

アーロン・ブーン

アーロン・ブーンがいなければ、アレックス・ロドリゲスが、ヤンキースに入団することもなかったかもしれない。

どういうことか？

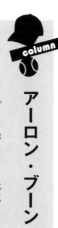

二〇〇三年の七月末に、ヤンキースは三塁手のロビン・ベンチュラをロサンジェルス・ドジャースにトレードし、その穴埋めとして、シンシナティ・レッズからアーロン・ブーンをトレードで獲得した。ブーンは五四試合で二割五分四厘、ホームラン六本、打点三一をあげ、サードの守備も十二分に満足のいくものだった。だがブーンが、真にヤンキースの伝説の一部になり、バッキー・デント、クリス・チャンブリス、レジー・ジャクソン、ティノ・マルティネス、スコット・ブローシャス、ジム・レイリッツらと並び称されるようになったのは、ポストシーズンでの活躍があってこそだった。

リーグ優勝決定シリーズの第七戦、延長一一回にブーンがサヨナラホームランを放って、仇敵ボストン・レッドソックスを撃破し、ヤンキースのワールドシリーズ進出を決めたシーンは、野球の歴史のなかでも指折りのドラマチックな場面だった。

このシリーズで、ブーンは決して好調ではなかった。それまでの一六打席ではわずか二安打で、どちらもシングルヒット。しかしあのホームランがすべてを帳消しにした。アーロン・ブーンは、こつこつとポイントをかせぐことはせず、一足飛びにヤンキースの伝説に名を連ね、いつまでも語りつがれるヒーローになったのだ。だがヤンキースにおけるアーロン・ブーンの物語は、ハッピーエンドにはならなかった。

その冬、ブーンは、遊びでバスケットボールをしていた。彼のメジャー契約に記された禁止事項だ。相手のマークを振り切ろうとしたとき、膝で何かがパチンとはじけた。靭帯断裂だった。手術が必要で、二〇〇四年シーズンの出場は絶望になった。二月一六日、ヤンキースはテキサス・レンジャーズからトレードでアレックス・ロドリゲスを、ショートからサードにコンバートするという合意を取りつけたうえで、獲得した。

三月一日、ヤンキースはアーロン・ブーンを解雇した。

第15章 コア・フォー、解体

二〇〇三年一二月一六日、アンディ・ペティットが、テキサスの自宅から遠いこと、妻と三人の小さい子どもとずっと離ればなれであること、そしてチームから必要とされていると感じられないことに嫌気がさしてFA権を行使し、故郷のチーム、ヒューストン・アストロズと三年三一五〇万ドルの契約を結んだ。

その三四日後、こんどはロジャー・クレメンスが、テキサスの自宅から遠いこと、そして妻と四人の小さい子どもとずっと離ればなれであることに嫌気がさしてFA権を行使し、故郷のチーム、ヒューストン・アストロズと一年五〇〇万ドルの契約を結んだ。

誰も、この二つのできごとが偶然だとは思わなかった。

一九九九年二月一八日、ヤンキースは、トロント・ブルージェイズと大型トレードをまとめた。内野手ホーマー・ブッシュと、グラム・ロイド、デイビッド・ウェルズという二人の左腕投手を放出して、将来の殿堂入り投手と目されるロジャー・クレメンスを獲得したのだ。クレメンスは、当時すでに二三三勝を積み重ね、五度のサイ・ヤング賞を受賞していた。

アンディ・ペティットは大喜びだった。少年時代のあこがれの選手がチームメートになるのだから。

クレメンスとペティットには、共通点がたくさんあった。二人ともテキサス出身で――生まれは、クレメンスがオハイオ、ペティットはルイジアナだが、少年時代に引っ越した――ふたりともサンジャシント短大に通い、ヒューストン郊外の、たがいに目と鼻の先というところに自宅がある。

クレメンスはペティットの助言者であり、お手本で、相談役で、投球術の師でもあった。当時、クレメンスが三六歳、ペティットが二七歳と、歳は離れていたがふたりは親友であり、また兄のいないアンディにとっては、クレメンスが兄のような存在でもあった。シーズン中もオフシーズンも、ふたりはつねに一緒に行動し、絶えずピッチングについて語り合った。ペティットはクレメンスからトレーニングや投球術、精神的な強さ、準備の仕方、闘志と情熱を持つことを学んだ。人生でも仕事でもふたりの道は分かちがたく、それゆえにひとりが移籍すれば、もうひとりがついていくのは当然だった。

二〇〇三年にペティットとクレメンスは合わせて三八勝したが、それでもヤンキースはワールドシリーズに勝てなかった。これで三年連続してキャニオン・オブ・ヒーローズでのパレードを逃しており、オーナーのジョージ・スタインブレナーは、チームの突然の失速がお気に召さなかった。行動が必要だ。何かを変えなければならない。

ペティットとクレメンスがいなくなり、三八勝分が消えたので、投手陣の補強が急務になった。そのせいで、ヤンキースがアリゾナ・ダイヤモンドバックスからビッグ・ユニットことランディ・ジョンソンをトレードで獲得するのではないかという噂が持ちあがった。それとひきかえにダイヤモンドバックスが、ホルヘ・ポサダをはじめとした複数の選手を獲得するというのだ。

だが結局そのトレードは実行されず、ヤンキースは別の方向に矛先を向けた。まずは三人の選手を放出して、モントリオール・エキスポズから先発投手のハビエル・バスケスを獲得、もうあと三人を放出して、ロサンジェルス・ドジャースからやはり先発投手のケビン・ブラウンを獲得した。さらにFAでも投手のジョン・リーバーと〝エル・デュケ（公爵）〟ことオーランド・ヘルナンデス、そして外野手のゲーリー・シェフィールドと契約した。

だが、このオフ最大の補強は、二〇〇四年二月一六日に合意したテキサス・レンジャーズとのトレードだった。二塁手、アルフォンソ・ソリアーノを放出して、スーパースター、アレックス・ロドリゲスを獲得したのだ。ロドリゲスは、二〇〇三年にアメリカン・リーグのMVPを獲得したばかりで、二〇〇一年にレンジャーズと交わした総額二億五二〇〇万ドルの超大型契約が、まだ七年残っていた。

新たに加入したバスケス、ブラウン、リーバー、ヘルナンデスが、合わせて四八勝し、シェフィールドとロドリゲス（合わせてホームラン七二本、二二七打点）が打線を増強して、ヤンキースは二〇〇四年シーズンに一〇一勝をあげる。だがもちろん、クレメンスとペティットの抜けた穴を感じなかったわけではない。とくにポストシーズンでは、ふたりの不在がひびいた。

地区シリーズで、ミネソタ・ツインズを三勝一敗でしりぞけたヤンキースは、リーグ優勝決定シリーズでは、二年連続で仇敵ボストン・レッドソックスと相まみえることになった。ヤンキースは、いきなり三連勝する。一〇対七、三対一、そして一九対八。由緒あるフェンウェイ・パークで、〝レッドソックス・ネーション〟と呼ばれる熱狂的なファンを前にしてのこの大敗は、レッドソックスにとっては致命傷であり、現代のボストン大虐殺[▼1]だと誰もが思った。

二〇〇四年リーグ優勝決定シリーズの結果は、決まったも同然に見えたが、レッドソックスも、このまま死んでなるものかとあがきはじめた。

第四戦、ホーム球場であっさり敗退するという屈辱を目前に、レッドソックスは二対〇とリードされた五回、三点を取って逆転するが、直後の六回表、ヤンキースは二点を取り返して、四対三と再逆転する。そして九回、マウンドには八回から投げている不動のクローザー、リベラがひきつづき上がった。レッドソックスは、先頭のケビン・ミラーが四球を選び、デイブ・ロバーツが代走に出る。

どんな選手にも、一つぐらい弱点はあるものだ。かのベーブ・ルースは、通算一三三〇個の三振を積み重ねた。リベラの弱点は、牽制が苦手なことだ。代走のロバーツは、その弱点をついて大胆にも二盗を敢行。つぎのビル・ミラーのセンター前ヒットで生還し、四対四の同点にした。

そのあとリベラは満塁のピンチを切り抜け、試合は延長戦に入った。レッドソックスのシーズンもわずかながら延長され、避けられそうにない運命も、ひとまず先送りになった。

一二回裏、ヤンキースの投手は、ベテランのポール・クワンドリル。すると先頭のマニー・ラミレスがヒットで出塁。つづくデイビッド・オルティーズが、ライト後方のブルペンにツーランホームランをたたきこんで試合を決めた。六対四。これでレッドソックスは、息を吹き返した。

第五戦は、翌日、やはりフェンウェイ・パークで行われた。こんどはレッドソックスが初回に二点を先制すると、ヤンキースも二回にすぐさま一点取り返し、六回には三点を奪って四対二と

▼1　1770年3月5日にボストンで起こったイギリス軍と市民の衝突。

逆転した。だがレッドソックスはまたも、八回に逆襲する。オルティーズがトム・ゴードンからホームランを打って、四対三と一点差に迫ると、ケビン・ミラーが四球で歩き、デイブ・ロバーツが代走に出る（「見たことのあるデジャヴ」か？）。こんどは盗塁を試みることはなかったが、つぎのトロット・ニクソンのシングルヒットで、ロバーツは一気に三塁を陥れた。

レッドソックスは、同点のランナーが三塁に、逆転のランナーが一塁に出た。しかもノーアウト。ここでジョー・トーリ監督は、トム・ゴードンに替えてリベラをマウンドに送る。リベラは、二夜連続で八回のマウンドに立つことになった。トーリ監督のチームは、今ワールドシリーズで、まだ優位に立っている――前夜の段階では三勝〇敗だったし、今もまだ三勝一敗だ。それでも、パニックが忍び寄っていた。

すかさずレッドソックスのジェイソン・バリテックがリベラから犠牲フライを打ち、試合は四対四の同点になった。リベラは、ポストシーズンの最初の五一試合では、六勝〇敗二四セーブだった。しかし最近一八試合では、負けが一つと、セーブ失敗が四回ある。[2]

試合はまたしても延長戦に入り、迎えた一四回裏、ヤンキースは、一一回途中にマウンドに上がったエステバン・ロワイザが、投げつづけていた。ロワイザは、一アウトからジョニー・デイモンを歩かせ、二アウトからマニー・ラミレスを歩かせる。するとつぎのオルティーズがセンター前タイムリーヒット。デイモンが生還して、試合を決めた。こうしてレッドソックスは、また一日延命した。だが残りは、敵愾心《てきがいしん》あふれる喧噪《けんそう》の地、ヤンキー・スタジアムで連勝しなければならない。

何の心配もない！

▼2　その間、セーブも8つ記録している。

第六戦では、レッドソックスのカート・シリングが、足首の腱鞘《けんしょう》を断裂して、白いソックスを血に染めながら、敢然と七イニングを投げきった。ヤンキースを四安打、四奪三振、一失点（七回裏のバーニー・ウィリアムズのホームランによるもの）に抑えこむ力投で、四対二とチームを勝利に導いた。

第七戦は、一方的な試合になった。レッドソックスが四本のホームラン——ジョニー・デイモンが二本、〝ビッグ・パピ〟ことデイビッド・オルティーズと、マーク・ベルホーンが一本ずつ——で、ヤンキースを粉砕したのだ。ヤンキー・スタジアムの五万六一二九人の観衆は、ただただ呆然とするばかりだった。

第六戦に登板しなかったリベラは、第七戦の九回表二アウトから登板し、打者一人とだけ対戦した。だが、すでにレッドソックスが一〇対三とリードしていた。

ワールドシリーズに駒を進めたレッドソックスは、セントルイス・カージナルスを四連勝で圧倒し、ついに八九年ぶりに〝バンビーノの呪い〟を打ち破った。レッドソックスは、球団創設後最初の一八年間に五度のワールドシリーズ制覇を成し遂げる強豪だったにもかかわらず、〝バンビーノ（赤ん坊）〟ことベーブ・ルースをヤンキースに金銭トレードしてから、ぱたりとワールドシリーズで勝てなくなったので、こう呼ばれていたのだ。

一方、ヒューストン・アストロズに移籍したロジャー・クレメンスとアンディ・ペティットは、エースのロイ・オズワルトとともに、二〇〇四年から〇六年までの三シーズンで、合計一三〇個の白星を積み重ねた。二〇〇四年のクレメンスの成績は一八勝四敗。アストロズはナショナル・リーグ中地区で二位に終わったものの、ワイルドカードでプレーオフに進出した。クレメンスは、地区シリーズとリーグ優勝決定シリーズで、それぞれ一勝ずつあげている。

もしもクレメンスがまだヤンキースで投げていたら、一九九六年シーズンのあと自分をすてたレッドソックス（一三年間働いて一九二勝したクレメンスに、レッドソックスはFA契約を提示しなかった）に対し、必ずや闘志を燃やして、最後の一勝をもぎとっていたことだろう。

ペティットは、ひじの手術をしたため、二〇〇四年は六勝四敗で終えた。しかし翌二〇〇五年には一七勝と復活し、アストロズは、当然のように、球団創設以来四四年目にして初めてワールドシリーズに進出した。だがシリーズでは、シカゴ・ホワイトソックスに四連敗で敗退[▼3]。ペティットは第二戦に先発し、六回二失点で、四対二とリードを保ってマウンドをおりたが、ホワイトソックスが巻き返してシーソーゲームになり、最後は九回裏にホワイトソックスが一点取ってサヨナラ勝ちをおさめた。

こうしてペティットは二〇〇四年から〇六年までヤンキースに不在だったが、コア・フォーの残りの三人は、活躍をつづけた。

マリアノ・リベラは、二〇〇一年と〇四年のポストシーズンでセーブ失敗はあったものの、二〇〇四年から〇六年までの三年間のレギュラーシーズンで一三〇セーブをあげ、通算のセーブ数を四一三にまで伸ばした。デニス・エカーズリーを抜き、トレバー・ホフマン、リー・スミス、ジョン・フランコにつづく、歴代四位の数字だ。

ホルヘ・ポサダは、三年間でホームラン六三本、二四五打点を記録し、二〇〇六年までの通算ホームランを一九八本（チーム歴代一二位）、打点を七七一（同一七位）に伸ばした。

デレク・ジーターは、三割九分二厘、三割九厘、三割四分三厘と打ちつづけ、三年間合計で六

▼3　このワールドシリーズにはホワイトソックスの一員として井口資仁が出場して、4試合すべてに先発メンバーとして名をつらね、18打数3安打1打点。日本人野手として初めて世界一に輝いている。

〇四安打、ホームラン五六本、打点二四五を積み重ねて、通算では二一五〇安打（チーム歴代七位）、ホームラン一八三本（同一七位）、八六〇打点（同一一位）と、チーム歴代の上位へと階段をのぼりつづけた。

ペティット抜きでも、ヤンキースは二〇〇五年、〇六年とつづけてアメリカン・リーグ東地区で優勝し、九年連続地区優勝を果たしたが、ポストシーズンでは二年連続、地区シリーズで敗退してしまった。二〇〇五年には、ロサンジェルス・エンジェルスに五戦目でやぶれ（負け投手は、マイク・ムシーナ、王建民、アーロン・スモール）二〇〇六年にはデトロイト・タイガースに四戦目でやぶれた（負け投手は、ムシーナ、ランディ・ジョンソン、ジャレット・ライト）。

ペティットのいなかった三シーズンのあいだ、ヤンキースがワールドシリーズの舞台に立つことすらできなかったという事実は無視できないし、偶然として片づけることもできない。絶対的に大舞台に強いペティットがいた九年間、ヤンキースはワールドシリーズに六回出場して、そのうち四回優勝したのだから。

ペティットの、ヤンキースにおけるポストシーズン一八勝一〇敗という通算成績を見ても、彼がいれば二〇〇四年のレッドソックスとのリーグ優勝決定シリーズや、二〇〇五年、〇六年の地区シリーズの結果が変わっていたかもしれないと思うのは、さほど突飛な考えではあるまい。かくして野球狂たちは、もしアンディ・ペティットがいたら、ヤンキースはもう二、三回、リーグ優勝とワールドシリーズ制覇を果たしていたのではあるまいかと、夢をはせるのだ。

column

ゲーリー・シェフィールド

ゲーリー・シェフィールド（“ドク”ことドワイト・グッテンの甥）は、メジャーリーグで二二年間、そのうちヤンキースで三年間プレーし、生涯通算打率二割九分二厘、二六八九安打、ホームラン五〇九本、打点一六七六、オールスター出場九回、そしてナショナル・リーグ首位打者一回（一九九二年、サンディエゴ・パドレス時代に、打率三割三分で）と、殿堂入りしてもおかしくない数字を残している。

二〇〇四年にFAでヤンキースと契約したときには、すでに五チームを渡り歩いた、三五歳のベテランだった。新天地ヤンキースで、シェフィールドは、すぐさま二年つづけてすばらしい成績をあげる。二〇〇四年には二割九分ちょうど、ホームラン三六本、一二一打点。二〇〇五年には、二割九分一厘、ホームラン三四本、一二三打点。翌二〇〇六年も好調なスタートを切ったが、四月二九日にトロント・ブルージェイズのシェイ・ヒレンブランドと衝突して手首をいため、手術を受けたため、その年は全部で三九試合にしか出場できなかった。シーズン後、シェフィールドは、デトロイト・タイガースにトレードされた。

選手生活を通じて歯に衣着せぬ物言いをし、やたらとかみつき、けんかを吹っかけることで知られる問題児だったシェフィールド。殿堂入りの投票では、二〇一四年から候補になれるが、選出はされないだろう。薬物疑惑を告発する「ミッチェル報告書」で名前があがり、ステロイドを入手、使用したと指摘されているからだ。

第16章　論議を呼ぶ男、A・ロッド

すでにバーニー・ウィリアムズ、ジェイソン・ジアンビ、松井秀喜、デレク・ジーター、そしてホルヘ・ポサダがいる打線に、アレックス・ロドリゲス（と、ゲーリー・シェフィールド）を加えたのは、ヤンキースにとっては快挙だった。そんな金があるのは、ヤンキースだけだ。なにせジョージ・スタインブレナーが、さらさらと小切手にサインするのは、ヤンキースだけなのだから。スタインブレナーは、人集めになる人気者や、バリバリの自信家が大好きだし、ベンチに綺《き》羅《ら》星《ほし》のごとくスター選手をならべるのも大好きだった。それも、できるだけたくさん。

ロドリゲスが加入すれば、ヤンキースにとっては鬼に金棒だ。だがいいことづくめではない。たしかにロドリゲスはスーパースターであり、大きな得点源であり、毎年ＭＶＰ候補に名を連ねる実力者であり、メジャーリーグの歴代ホームラン記録にも挑もうというスラッガーだ。

しかし同時にロドリゲスは、つねに論議を呼ぶ男であり、もろもろの前歴と、それに見合うだけのすさまじい自負と、我の強さを持った男だ。また、ロドリゲスはもともと遊撃手で、自分はショートでプレーしてこそ輝けるのだと信じている。

A・ロッドとデレク・ジーターが共存することなんてできるのか、と、人々は首をひねった。ロドリゲス同様、ジーターにも自負があるし、派手にさらけ出しはしないものの、自分の能力に対する自信もある。そしてロドリゲス同様ジーターも遊撃手で、ショートでのプレーを愛しており、自分の才能を信じてもいる。ポジションをゆずる気など毛頭ない。

A・ロッドは、ジーターに敬意を表して（うわべのポーズにすぎないと難じる者もあったが）サードに移ると表明し、ジーターも表向きはロドリゲスに対して丁重に接した。だが実際には、意地の張り合いや、互いへの不信感、嫉妬心が、二人の間にはつねに潜んでいた。それに、雑誌記事の一件もあった。

ロドリゲスがまだテキサス・レンジャーズにいたころ、「エスクァイア」誌の長いインタビュー記事[▼1]で、ロドリゲスはメジャーリーグの遊撃手同士のライバル関係を語り、ジーターについてはつぎのように述べた。「ジーターは、まわりにすごい選手がいてラッキーだね。自分が先頭に立ってひっぱらなくてもすむんだから。ただ楽しく野球をすればいい。おまけに打順が二番だろう――三番や四番を打つのとはぜんぜんちがうよ。ヤンキースとやるときは、バーニーやオニールに打たせないようにとは考えるけど、『ジーターに打たれるなよ』とはならない。あいつのことなんか、だれも心配してない」

ジーターは、その記事の内容を人づてにきいたか、あるいは実際に読んだかして、ひそかに怒りをたぎらせた。記事についてはひとことも語らなかったが、忘れることもなかった。二人は、ずっと前から知り合いだった。そして、昔はいい友達だったが、今はただのチームメート。ジーターにとっても、それなりに感じるところはあった。

▼1　2001年4月号。

ジーターは、一九九二年のドラフト全体六位指名だ。翌年、ロドリゲスが全体一位で指名され、ジーターにアドバイスを求めた。ふたりはオフにフロリダでともに時間をすごし、互いの家に泊まりにいったこともある。メジャーに昇格したてのころ、とくにシーズン当初は、しじゅう連絡を取り合っていたと、ジーターはいう。「ふたりとも、いいスタートを切らないと、すぐに送り返されるとわかっていたからね」。

だが雑誌でのA・ロッドのコメントのせいで、友情はかなり冷えこんでしまった。

もっともヤンキースのスター同士がいがみあうのは、今に始まったことではない。ベーブ・ルースとルー・ゲーリッグは、夫人同士の仲違いか何かが原因で、何年ものあいだ口もきかなかった。ジョー・ディマジオは、ほとんどのチームメートと仲が悪く（例外は、レフティ・ゴメスとビリー・マーティンだけ）、一九五一年にミッキー・マントルが新人として昇格してきたときも、冷淡に接した。

雑誌記事をきっかけとした仲違いも、ロドリゲスとジーターが最初ではない。よく似ているのが、一九七七年のレジー・ジャクソンとサーマン・マンソンの確執だ。ジャクソンはロドリゲスと同様、ヤンキースにやってきたばかりの新顔で、いわば〝よそ者のくせに態度のでかい男〟だった。一方のマンソンは、ジーターと同じく、チームのスターであり、キャプテンであり、リーダーでもあるという存在だった。

「スポーツ」誌の、すっかり有名になった記事で、ジャクソンは記者にこう語ったという。「ヤンキースというカクテルを混ぜ合わせるマドラーは、おれだ。マンソンは、自分がマドラーだと思ってるみたいだが、あいつは混ぜるのがへたくそだ」

その後ジャクソンは、マンソンこそがスターだと気づかされるのだが、それと同様ロドリゲスも、チームメートに尊敬され、賞賛され、愛されているのはジーターであり、ショートはジーターのポジションで、ヤンキースはジーターのチームで、ジーターが引退するまでそれは変わらないということに気づく。

レジー・ジャクソンはその後二年間、サーマン・マンソンとのあいだに生じた亀裂を修復しようと懸命につとめたが、マンソンは一九七九年の夏に、飛行機事故で悲劇的な死を遂げてしまった。

ジャクソンと同様、ロドリゲスも、ジーターと仲直りしようと必死につとめた。雑誌でのコメントが波紋を広げたとき、A・ロッドがまず最初にしたのは、「あのコメントは、前後関係を無視してそこだけ抜き出されたもの」という、よくあるいいわけだった。

「おれがデレク・ジーターをこきおろすわけがないだろう？　そんなことはあり得ない。けなすネタがないんだから。ジーターは、守備もバッティングもすばらしい。今、野球界のトップスリーに入る選手で、しかも野球界一のチームでプレーしているんだからね。口にしたのは自分だから、悪いのは自分で、記者のせいじゃない。ただ、野球の話をするのに、一般論で話したのがよくなかったんだろう。もっと具体的にいわないと。ヤンキースとやるとき、ジーターに打たせるな、とはいわないっていうのは、むしろヤンキースっていうチームに対するほめ言葉のつもりだったんだ。たとえばテキサスとやるときにイヴァン（ロドリゲス）に打たせるな、とか、おれやラファィ（ラファエル・パルメイロ）に打たせるな、なんていわないだろう。『一番から九番までみんな危険だから、気を抜かないようにしよう』っていうはずだ」

しかし、Ａ・ロッドのジーターがらみの失言は、これにとどまらなかった。二〇〇七年にヤンキースと二億五二〇〇万ドルの一〇年契約を交わした直後には、ジーターでさえもこの契約は抜けないだろうと豪語した。

「ジーターには、この金額は抜けないだろうね。長打が少ないし、守備もそれほどじゃないから」

ジーター自身は、Ａ・ロッドとの確執については口を閉ざしていたが、ヤンキースのチームメートや友人たちがジーターのために声をあげた。Ａ・ロッドがブロンクスにやってくる前の一〇年間で、ジーターを擁するヤンキースは、アメリカン・リーグのペナントを六回取り、ワールドシリーズを四回制覇したが、その同じ一〇年間に、アレックス・ロドリゲスのいたシアトル・マリナーズも、テキサス・レンジャーズも、一度もペナントを取っていないではないか、と指摘したのだ。

ジーターとロドリゲスの不仲が報道されると、ファンも当然のようにジーターに肩入れし、Ａ・ロッドにブーイングを浴びせるようになった。皮肉めかして「ブロンクスの声援」とも呼ばれたこのブーイングを終わらせるには、ジーターが公にコメントして、チームメートであるロドリゲスへの支持を表明するしかない、という声があがると、Ａ・ロッドは、ありがたいけど、それには及ばない、といった。

「おれは大人だからさ、自分のことは自分でなんとかするよ」

やがて、大人の対応と時の流れで、亀裂はそれなりに修復された。もうお泊まり会は開かれないが、Ａ・ロッドもジーターも、気まずさを残したまま矛をおさめたのだ。メディアが、ヤンキースの両雄はいまだに反目し合っていると報じると、A・ロッドは語った。ジーターと、昔も今も固い友情で結ばれているというふりをしてきたのは、まやかしだった。ジーターとは今でも親密だというふりをしてきたが、ほんとうはちがうし、親友だといいつづけてきたけど、それもちがう。二人の仲は最高だ、といっていたが、そこまでじゃない。実際には、ほっこりと心温まる関係でもなければ、氷のように冷え切っているわけでもなく、そのあいだのどこかなんだ、と。

「世間では、見た目よりはるかに悪いんじゃないかと思われているけど、そんなことはない」ロドリゲスは、報道陣に語った。「けど、もちろん昔ほどうまくいってるわけでもない。昔は、ちぎりを交わした兄弟みたいだったからね。でも、週に四回も五回も一緒にメシを食いにいかなくても、仕事はできる。実際には、みんなが思ってるよりずっとましだよ。ただ、ほんとうのことを知ってもらいたかっただけだ。だから、取引しようじゃないか。もうおれにデレクのことをきくのは、やめてくれ。そうすればおれも、みんなに嘘をつかないですむから」

　こんどもジーターは無言をつらぬいたが、チームのためを思ってか、打撃練習用のケージのそばや、ベンチで、あるいはクラブハウスで、A・ロッドに話しかける姿がよく見られるようになった。そしてA・ロッドが二〇一〇年八月四日のブルージェイズ戦で通算六〇〇号ホームランを打ったときには、ホームプレートで誰よりも先にA・ロッドをむかえた。

　その前夜の、ブルージェイズに負けた試合では、ロドリゲスは三打数ノーヒットで、通算では一七打数ノーヒット、四六打数ホームランなしという不振のなかにあった。試合後、ジーターはロドリゲスのもとへいって、腰をおろし、はげましの言葉をかけた。

「ヒットでいい、という気持ちでやってみろよ。セーフティバントをしたっていいし」

翌日ジーターは、一回裏に先頭打者としてレフト前ヒットを打った。そしてニック・スイッシャーとマーク・テシェイラが凡退したあと、ロドリゲスが、センター最深部にとてつもない打球を打ちこんだのだ。通算六〇〇号ホームラン。ジーターが先にホームインする（偶然にも、ちょうど三年前のこの日、A・ロッドは五〇〇号ホームランを打ったが、そのときも塁上にジーターがいた）。

そしてロドリゲスがホームインすると、ジーターは温かく抱擁し、にっこり笑っていった。

「バントでいいっていったのに」

のちにジーターはこう語った。

「チームメートとして、彼の記念のホームランを見届けられたのはうれしかった。しかもヤンキー・スタジアムで達成できてよかった。特別な瞬間だよ。彼にふさわしいホームランだった」

第17章　アンディー・ペティットの帰還

ヒューストン・アストロズで三シーズンをすごしてみて、アンディ・ペティットはどうやら、家で食事をするだけでは、世間でいわれるほどの満足感は得られないと気づいたらしい。また、三年間離れてみて、自分がどれだけニューヨークに、ヤンキースに、そしてかつてのチームメートたちに愛着を持っているか、気づかされたようだ。二〇〇六年一二月八日、ふたたびFAとなったペティットは、ヤンキースと一年一六〇〇万ドルの契約を結んだ。

するとと五か月後、二〇〇七年五月に、ロジャー・クレメンスも親友のあとを追って、ヤンキースへ舞い戻った。

ペティットとクレメンスは、凱旋した勇者のように歓迎されたが、同時に、今さら戻ってきても、ヤンキースの――かつてボストン・レッドソックスCEO、ラリー・ルキーノに「悪の帝国」と呼ばれたヤンキースの――衰退はとどめようがないというのが、大方の見方だった。また、トーリの命運もそろそろ尽きかけていると思われた。二〇〇五年、〇六年と立てつづけに地区シリーズで敗退したため、掌握力が落ちているのではないかと批判する向きもあったのだ。

トーリが窮地に立たされたのは、二〇〇六年のデトロイト・タイガースとの地区シリーズ第四戦のことだった。初戦を八対四で勝ったあと、ヤンキースはつづく二試合を三対四と〇対六で落として、二年連続地区シリーズ敗退まであと一敗というところへ追いつめられた。なんとかチームを立て直そうと、トーリは、不振の原因をアレックス・ロドリゲスに求めた。地区シリーズの最初の三戦で、A・ロッドは一一打数一安打（三振四つで、この間に九人のランナーを塁上に残した）に抑えられていて、プレーオフでは二〇〇四年から一一試合にわたって打点がなかった。

トーリは第四戦で、ロドリゲスの打順を四番から八番に下げた。しかしプライドが高く、我の強いロドリゲスには、この打順変更は屈辱だった。こんなに打順が下がるのは、一九九六年五月七日以来、すなわち、ロドリゲスがシアトル・マリナーズの、二〇歳の遊撃手だったころ以来のことだ。

「メンバー票で名前を見てがっかりしたよ」とロドリゲスはいった。「自分が恥ずかしくなった。けど、四の五のいったり、意見を述べたりするのは、おれの仕事じゃない。ただ、鏡をのぞきこんで『なんでこんな羽目になっちまったんだ？』と自問自答するだけだ。ジョーのせいじゃない。自分がいけないのさ」

A・ロッドは口をつぐみ、レジー・ジャクソンだけに思いを打ち明けた。ジャクソンも、一九七七年のリーグ優勝決定シリーズの最終戦（第五戦）で、当時の監督ビリー・マーティンにスタメンをはずされ、切歯扼腕《せっしやくわん》した経験がある。カンザスシティ・ロイヤルズと対戦したその試合で、ジャクソンはベンチから試合を見まもったが、終盤にチャンスがめぐってきた。ヤンキースが三対一とリードされていた八回、ジャクソンは代打に出てタイムリーヒットを打ち、ヤンキースの二点目をたたき出したのだ。その後ヤンキースは九回に三点を入れて逆転し、ワールドシリーズに進出した。

そして九日後、ジャクソンはワールドシリーズ史上に残る大活躍を見せる。ロサンジェルス・ドジャースとのワールドシリーズ第六戦で、三本の初球ホームランを放ち、ヤンキースに二一度めのワールドシリーズ制覇をもたらすとともに、〝一〇月の男《ミスター・オクトーバー》〟という称号を我が物としたのだ。

それから二九年後、ジャクソンは、経験に裏打ちされた知恵をロドリゲスにさずけた。

「あれこれ気にするなといったよ。とにかくグラウンドに出てプレーしろと。ラインナップに名前があるだけでも幸せだし、チームのために働くチャンスがあるんだから」

しかし、二〇〇六年のタイガースとの地区シリーズ第四戦で、ロドリゲスを八番に下げるという決断は結局、トーリにとってもヤンキースにとっても、打開策にはならなかった。Ａ・ロッドはこの日も不振から抜け出せずに、三打数ノーヒット。シリーズ全体では、一四打数一安打、打率七分一厘、三振四、打点なしに終わり、ヤンキースは八対三で敗れて、ひっそりとオフシーズンを迎えることになった。

翌二〇〇七年シーズン、ペティットは、すんなりと元のさやにおさまって、一五勝をあげた。これは、台湾出身の右腕、王建民が二年連続で一九勝をあげたのに次ぐ、チーム二位の勝ち星だ。

投手陣の二枚看板、ペティットと王建民がふたり合わせて三四勝し、リベラが三〇セーブ、ジーターが打率三割三分八厘、ホームラン一二本、七三打点、ポサダが三割三分八厘、ホームラン二〇本、九〇打点、そしてよみがえったアレックス・ロドリゲスが三割一分四厘、ホームラン五四本、一五六打点という図抜けた数字でＭＶＰを獲得し、そのうえ松井秀喜と、ボビー・アブレイユと、若きロビンソン・カノーの三人でホームラン六〇本、三〇一打点をあげて、チームとしては九四勝したにもかかわらず、ヤンキースはアメリカン・リーグ東地区で、レッドソックス▼1に二ゲーム差をつけられて二位になった。

レッドソックスの後塵を拝したことは、ボス、スタインブレナーにとっては、腹にすえかねることだった。ブロンクス情勢が、不安定になってきた。ヤンキースは、ワイルドカードでどうにかプレーオフに進出したが、そんななか、トーリ監督の窮状に追い打ちをかけたのが、地区シリーズの相手がクリーブランド・インディアンズであるということだった。スタインブレナーはこのクリーブランドで、〈アメリカ造船社〉の社主として、富と名声を築いた。クリーブランドの郊外で育ち、今でもこの町に数多くの投資先があり、友人がいる。だからインディアンズに負けることは許されないし、とうてい看過できるものではなかった。

にもかかわらず、ヤンキースは一勝三敗であっさりとインディアンズに敗れ去る。アンディ・ペティットが戻ってきても、ヤンキースを救うことはできなかった。

第一戦、インディアンズは、ヤンキースの四投手に一四安打を浴びせて、一二対四と圧勝した。第二戦は、トーリが例のごとくアンディ・ペティットに託した。アンディは好調だった。いや、それどころか絶好調で、インディアンズ打線に得点を許さず、七回一アウトで一対〇とリードしたまま、マウンドをジョバ・チェンバレンにゆずった。しかしインディアンズは八回に、チェンバレンのワイルドピッチで同点に追いつく。この回、ユスリカと呼ばれる小さな羽虫の大群にまとわりつかれて、チェンバレンはマウンド上で平常心を失ってしまったのだ。

結局インディアンズは、延長一一回に二対一でサヨナラ勝ちを果たし、対戦成績を二勝〇敗と

▼1　2007年のレッドソックスではメジャー移籍1年目の松坂大輔が、15勝をあげて地区優勝に貢献。その後ワールドシリーズでも日本人として初の勝利投手となった。

した。試合後の会見では、監督のジョー・トーリと捕手のホルヘ・ポサダが、無数の羽虫にまとわりつかれていらいらしているチェンバレンになぜ声をかけにいかなかったのかと、つるし上げを食らった。

少なくとも二人のうちどちらかがマウンドにかけつけるか、タイムを取るかして、二十歳の若い投手を落ち着かせるべきだったのに、どちらも何もしなかった、とメディアはいいつのった。

ヤンキースは早々と王手をかけられてホームに戻った。三連勝しなくては、リーグ優勝決定シリーズに進出できない。第三戦を八対四で取ると、ほのかな希望が生まれた。あと一勝すれば、のるかそるかの第五戦にまたペティットを送りこめる。だが、アンディ・ペティットの出番はまわってこなかった。第四戦でインディアンズが、一回に二点、二回にも二点を奪って先発の王建民をノックアウトし、六対四で勝利をものにしたのだ。ヤンキースのシーズンは終わり、トーリ監督の命運も尽きようとしていた。

ポサダは、そのくやしさととまどいに輪をかけるように、地区シリーズの最後のバッターとしてシーズンを終えた。

ワールドシリーズが終わると、ポサダは正式にフリーエージェントになり、一生裕福に暮らせるだけの富を手にするチャンスを得た。ヤンキースの同じ街のライバル、ニューヨーク・メッツが五年契約を提示して激しくアタックしたが、ポサダは、これまでプレーしてきた唯一のチームで選手生活を終えることを選んで、メッツの誘いをことわり、ヤンキースと四年五二〇〇万ドルの契約を結んだ。

インディアンズとの地区シリーズで、ジーターは打率一割七分六厘、一打点、ポサダは一割三分三厘で、打点なしに終わった。リベラは三試合に出場し、四回三分の二を二安打、無失点に抑え、六つの三振を奪ったが、勝ちやセーブはつかなかった。

ヤンキースもトーリも、ひとつの区切りを迎えることになった。トーリは、監督に就任してからの一二年間で、地区優勝一〇回、リーグ優勝六回、ワールドシリーズ優勝四回という輝かしい成績をあげた。だが最後にワールドチャンピオンになってからは、すでに七年が経過している。それは許されないことだった。

このころ健康をそこねていたジョージ・スタインブレナーは、もはや「ボス」としてヤンキースをとりしきってはいなかった。すでに球団の経営権は、ハンクとハルという二人の息子（ハルが執行役員）と、社長のランディ・レバイン、そして副社長兼GMのブライアン・キャッシュマンに譲り渡していた。

そのヤンキースのフロントも、トーリ擁護派と反対派、すなわちトーリが留任にふさわしい働きをしていると考える者と、交代させるべきだと考える者とに二分されていた。また、幅広い人気のあるトーリをやめさせたら、ファンから猛反発がくるのではないかと恐れる者もおおぜいいた。いずれにせよ、トーリの去就については、タンパにあるスタインブレナーの自宅で話し合われることになった。

ミーティングではトーリ監督に、五〇〇万ドルプラス出来高で、最大八〇〇万ドルの一年契約を提示することが決まった。これを飲めば、トーリはこれまでと同様、メジャーリーグ最高給の監督になるが、前年に比べると給与カットは屈辱的なまでに大きい。トーリは、減給されるいわれはないと訴えたが、ヤンキースは譲らず、ついに両者は袂《たもと》を分かつことになった。

▼2　2006年のマーリンズは78勝84敗と負け越して4位だったが、ルーキー22人を擁して、100敗確実と予想されながら、9月半ばまでプレーオフ争いに踏みとどまったことが高く評価されて受賞につながった。

トーリの後任として、ヤンキースはジョー・ジラルディを選択した。ジラルディは一九九六年から九九年までヤンキースの捕手をつとめたあと、シカゴ・カブスで三年、セントルイス・カージナルスで一年現役をつづけた。引退後はテレビ解説者としてヤンキースに戻り、その後、トーリ監督のもとでベンチコーチ兼バッテリーコーチをつとめたこともある。二〇〇六年にはフロリダ・マーリンズの監督に任命され、ナショナル・リーグ東地区で四位に終わりながらも、リーグの最優秀監督賞を受賞した。▼2

ところがオーナーと方針が合わずに、ジラルディは一年でマーリンズ監督を辞任。ふたたびヤンキースの放送席で一年を過ごしてから、トーリの後釜として、三年契約を結んだのだった。

column

ロビンソン・カノー

ロビンソン・カノーは、二〇〇五年にメジャーデビューを果たすと、マイナーリーグの有望株からメジャーリーグのスーパースターへと一気に階段をかけあがった。まさに、ルースからゲーリッグへ、ディマジオへ、マントルへ、そしてジーターへというヤンキースのスーパースターの系譜を継ぐ男だ。▼3 二〇〇五年から一二年までの八シーズンに、カノーは一年も欠かさずホームラン一四本以上と八九打点以上を記録し、その間通算で打率三割八厘を記録している。

ロビンソン・カノーは、ドミニカ共和国のサン・ペドロ・マコリスで生まれたが、ロビンソンの少年時代に家族は三年間アメリカで暮らした。だから七年生から九年生までの三年間を、ロビン

▼3　カノーは2013年オフにFAとなり、マリナーズと総額2億4000万ドルの10年契約を結んで移籍した。

ソンはニュージャージー州ニューアークの学校ですごしている。ロビンソンの父、ホセも野球選手で、一九八九年にヒューストン・アストロズで六試合だけ投手として出場した。ホセは、ジャッキー・ロビンソンにちなんで、自分の息子をロビンソンと名づけ、カノーもジャッキー・ロビンソンに敬意を表し、その背番号42番を逆にして、ヤンキースでは24番をつけた。

二〇一一年、カノーは、オールスター・ゲームのホームラン・ダービーに出場したとき、父を投手に指名してみごと優勝を果たした。親子の姿は、『フィールド・オブ・ドリームス』を彷彿とさせるものだった。

第18章　引っ越しの日

二〇〇八年は、ニューヨーク・ヤンキースの長い栄光の歴史のなかで、一つの時代が終わり、一つの時代が始まる年になった。翌年には真新しい、壮麗な新ヤンキースタジアムが、〝ルースの建てた家〟、すなわち八五年前に当時のオーナー、ジェイコブ・ルパート大佐が作りあげた旧ヤンキースタジアムの隣の空き地に偉容を現すことになっている。そんな旧スタジアム最後の一年に、グラウンドでは新監督が采配を振るうことになった。

ジョー・ジラルディ時代は、おぼつかない足取りでスタートを切った。序盤は一つ勝っては一つ負けるといった具合。五月中盤になると、ジョージ・スタインブレナーの住むタンパベイで四連戦を一勝三敗、ホームに帰って仇敵メッツに二連敗、さらにはオリオールズ戦の初戦も落として、ついに五月二〇日には、二〇勝二五敗で首位から七・五ゲーム離され、アメリカン・リーグ東地区の最下位に落ちてしまった。

ボス、スタインブレナーがまだ手綱を握っていたら、過去に何度かあったように、その場で監督を首にしていたかもしれない。そうなっていたら、ジラルディ監督の二年目はなかった。しかし新しいヤンキースを仕切るのは、かつての、無茶で、こらえ性がなく、衝動的かつ直情径行、一触即発のボスではない。若くて忍耐力に富み、金の使い方も慎重な、息子のハルだ。ハルは、ジラルディにもう少し時間を与えるのにやぶさかではなかった。

七月一二日から一九日にかけてヤンキースは七連勝し、四〇勝三三敗と勝ち越して、首位から五ゲーム差の三位にまで上昇する。しかしこの年は結局三位が最高で、一六年ぶりの低い順位のままシーズンを終えた。

〝旧〟ヤンキー・スタジアムでの最後の試合は、九月二一日日曜日のボルティモア・オリオールズ戦だった。野球を楽しみ、懐旧の情にひたるにはまたとない晩夏の宵、年古りたスタジアムは五万四六一〇人のファンで埋まり、シーズン通算での入場者数も、チーム歴代一位の四二九万八六五五人に達した。

試合前のセレモニーは、ヤンキースの過去と現在、死者も生者も含めたすべてのＯＢに捧げられた。連絡のつくかぎりのヤンキースＯＢがスタジアムに招かれた。ひとりずつ観客に紹介されると、走ったり、歩いたり、あるいは小走りしたりして、現役時代のポジションへと向かう。各ポジションには、あとから、亡くなったＯＢの妻や子、孫たちも加わった。

現役選手のなかでは、ヤンキース在籍年数の最も長いコア・フォーに特別な役割が与えられた。ホルへ・ポサダは、七月に肩の内視鏡手術を受けてシーズン後半の六五試合を棒に振り、出場五一試合、打率二割六分八厘、ホームラン三本、二二打点にとどまったが、この日は始球式の捕手をつとめて、九一歳になるベーブ・ルースの娘、ジュリア・ルース・スティーブンズの球を受けた。

アンディ・ペティットは、スタジアム最後の試合に先発する栄誉を得た。五イニングを投げて、二回には通算二〇〇〇奪三振を記録。勝ち投手にもなり、このシーズンの勝敗を一四勝一四敗の五分に戻した。

マリアノ・リベラは、旧スタジアムに流れる最後の「エンター・サンドマン」の調べに乗ってマウンドへ向かった。この二〇〇八年シーズンには三九セーブをあげ、通算セーブ数も四八二まで伸ばすことになるが、この日はセーブのつかない四点差での登板で、オリオールズを内野ゴロ三つの三者凡退に抑えた。

デレク・ジーターの二〇〇八年の成績は、打率三割ちょうど、ホームラン一一本、打点六九。この日は、九回二アウトでベンチに下げられた。ライトスタンドの熱狂的なファン、いわゆる〝ブリーチャー・クリーチャーズ〟▼1の巻きおこす「デーレク・ジーター！」という声を最後にもう一度きかせようという粋なはからいだ。大観衆の唱和する声に送られてベンチにかけもどったジーターは、しばらくするとカーテンコールに応えてひょっこり頭を突き出し、もう一度手を振った。

試合後ジーターは、キャプテンとしてチームを代表し、超満員の観客に向かって語りかけた。原稿も見ずに（「まあ、即興でしゃべったから」と、のちにジーターは語った）話すジーターの言葉は、明快で、簡潔で、温かく、雄弁でありながら飾らないものだった。

「ここにいるぼくたち全員にとって、このユニフォームに毎日袖を通し、このグラウンドでプレーすることは、大変名誉なことです。このチームのすべてのメンバー、過去も現在も含めたすべてのメンバーが、八五年ものあいだ、この場所をホームと呼んできました。ここには多くの伝統

▼1　ヤンキー・スタジアムの外野席（ブリーチャー）に陣取る筋金入りのファンの通称。1回表に、守備につく選手たちの名を大声で唱和する「ロール・コール」の儀式で知られる。

と、長い歴史と、たくさんの思い出があります。思い出のすばらしいところは、世代から世代へと受け継いでいけることです。来年には変化が訪れ、ぼくらは通りの向こう側へと引っ越しますが、ニューヨーク・ヤンキースには、決して変わらないものがあります。それは、誇りと、伝統と、そして何よりも、世界一のファンがいるということです。ファンのみなさん、どうかこれからも力を貸してください。そしてこのスタジアムの思い出を新しいヤンキー・スタジアムで生まれる思い出につなげ、それをまた世代から世代へと受け渡していってください。ヤンキース球団全体を代表し、この場を借りて、世界一のファンのみなさんに、感謝をささげます」

そういうと、ジーターは帽子を取り、それを高々とかかげて観客にあいさつした。うしろに居並ぶチームメートたちも、それにならった。

このあとヤンキースは、二〇〇八年シーズンの残り六試合をトロントとボストンで戦い、八九勝七三敗で全日程を終えた。これは前年度、すなわちジョー・トーリのラストシーズンよりも五勝少なく、八年ぶりの八〇勝台だった。▼2 順位は、タンパベイ・レイズ、ボストン・レッドソックスについで、首位から八ゲーム差の三位。ポストシーズン出場を逃したのは一四年ぶりだった。

デレク・ジーターは三割ちょうどの打率を残した（シーズン三割に届いたのは通算一〇度めだ）が、辛口の評論家は、これが四年ぶりの低打率であること、六九打点とホームラン一一本も五年ぶりの低い数字であることを指摘した。さらに守備面で、ジーターの守備範囲が一歩（か、二歩）せばまったから、ショートからセンターにコンバートすべきだという者さえいた。二〇年前にミルウォーキー・ブルワーズの名選手、ロビン・ヨーント▼3が使った手だ。

コンバートという言葉が出たことに対してジーターは憤慨し、オフにはコンディショニングに

▼2　8年前の2000年は、87勝74敗でさらに勝ち星が少なかったが、ワールドチャンピオンになっている。

▼3　メジャー20年。デビュー時は遊撃手。後半10年は外野手をつとめ、通算打率.285、251本塁打。MVPを2回獲得。1999年野球殿堂入り。

厳しく取り組み、スピードと敏捷性を高めようと心に誓った。新しいホームができ、新しいスタートを切る翌年は、必ずや文句のない数字をたたき出して、評論家連中をぎゃふんといわせてやるつもりだった。

第19章 過去のコア・フォー

ヤンキー・スタジアムが閉鎖されるにあたって、ヤンキースファンも研究者も、輝かしい過去の歴史に目を向けるようになった。マリアノ・リベラ、アンディ・ペティット、ホルへ・ポサダ、デレク・ジーターは、決してヤンキースの歴史上、唯一の〝コア・フォー〟だったわけではない。最も成績がよく、最も長いあいだ一緒にいた四人だったということだ。

一九二〇年代から七〇年代にかけて、ヤンキースは、どの一〇年代にも一度以上ワールドシリーズ優勝を果たしている。そこで、各年代を代表するコア・フォーを選出してみた。選出の基準には、グラウンド上での成績だけでなく、四人組としてどれだけ長続きしたかも加味してある。

二〇年代

ベーブ・ルース、ボブ・ミューゼル、ルー・ゲーリッグ、ウェイト・ホイト
ヤンキースでチームメートだった年数：七年間（一九二三〜二九）
その間に勝ち取ったリーグ優勝：四回

その間のワールドシリーズ優勝：三回

ヤンキースは、前身のハイランダーズの時代もふくめて、最初の一七年間はまったく優勝に手が届かなかったが、一九二〇年一月三日にボストン・レッドソックスからベーブ・ルースを買い取ったときを境に流れが変わった。その年、ヤンキースは前年の八〇勝から九五勝に勝ち星を増やすものの、当時八チームが所属していたアメリカン・リーグの三位に終わった。だがつづく一二シーズンのあいだに、ルースはチームの先頭に立って、リーグ優勝七回とワールドチャンピオン四回を勝ち取る。なかでも一九二七年には、いわゆる〝殺人打線〟を率いて、みずからもホームラン六〇本を放ち、ワールドシリーズを制覇した。その年、ヤンキースのレギュラーシーズンでの成績は、一一〇勝四四敗、勝率七割一分四厘。この勝率は、ルースの生涯通算ホームラン数七一四本と同じ数字の並びだった。

ボブ・ミューゼルは、へそ曲がりで、意固地で、短気な外野手で、ヤンキースには二〇年代の初めから終わりまで在籍した。一八九六年七月一九日にカリフォルニア州サンノゼで生まれたミューゼルは、一九二〇年にパシフィックコースト・リーグのバーノン・タイガース▼1から金銭トレードでヤンキースに入団し、ベーブ・ルースと交互にライトとレフトをつとめた。一九二九年シーズン後にヤンキースを退団し、翌年シンシナティ・レッズでプレーしたのを最後に、メジャーリーグからは引退した。兄のアイリッシュ・ミューゼルは、ナショナル・リーグのスター選手だ。ボブは、通算打率三割一分一厘でヤンキース歴代八位、打点は一〇一三で、歴代一二位にランクインしている。一九二五年、ルースがいわゆる〝腹痛《はらいた》〟▼2で五〇試合休んだ年には、ミューゼルが

▼1　現在は3Aのリーグだが、20世紀前半は独立リーグだった。
▼2　この年、ルースはたびたび意識を失って倒れ、病院にかつぎこまれた。不摂生が原因ではとささやかれたものの、真相は今に至るまで不明で、地元紙が「毎日試合前にホットドッグを食べるのが原因」と書いたため、「ルースの腹痛」として知られることになった。

ホームラン三三本と打点一三八で、アメリカン・リーグのホームラン王と打点王を獲得している。

ニューヨーク生まれの「アイアン・ホース（鉄の馬）」ことルー・ゲーリッグは、コロンビア大学で野球をしているところをヤンキースの伝説的なスカウト、ポール・クリチェルに見いだされてヤンキースと契約した。入団したのは一九二三年。その二年後のある日、一塁手のウォリー・ピップが頭痛を訴えて先発メンバーをはずれると、代わりにゲーリッグがスタメンに名をつらね、以後、二一三〇試合連続で試合に出つづけた。これは、一九九五年にボルティモア・オリオールズのカル・リプケン・ジュニアに破られるまで、連続出場のメジャーリーグ記録だった。ゲーリッグは、一九三九年五月二日、デトロイトでのタイガース戦の前にみずから監督に申し出て先発をはずれ、記録も終わりを告げた。六月二一日、ヤンキースはゲーリッグの引退を発表。その背番号4を永久欠番に指定した。そして七月四日、ダブルヘッダーの二試合目の前に、ヤンキースは「ルー・ゲーリッグ感謝デー」のセレモニーを行なった。このなかでゲーリッグは「今、わたしは、自分が世界じゅうで一番幸せな男だと思っています」とスピーチをして、観客の胸を揺さぶった。それから二年もたたぬうちに、ゲーリッグは、筋萎縮性側索硬化症（ＡＬＳ）のため死去した。今でもこの病気は、「ルー・ゲーリッグ病」と呼ばれることがある。

ウェイト・ホイトもブルックリン生まれの地元選手で、エラスムス高校の出身だ。この高校は、ほかにもフットボールのアル・デイビスとシド・ラックマン、バスケットボールのネド・アイリッシュとビリー・カニンガム、オリンピック水泳の金メダリスト、エレノア・ホルム、チェス・チャンピオンのボビー・フィッシャー、女優のメイ・ウェスト、バーバラ・スタンウィック、スーザン・ヘイワード、オペラ歌手のベバリー・シルズ、ポップ歌手のバーバラ・ストライサンドとニール・ダイアモンド、作家のミッキー・スピレインなど、数多くの人材を輩出している。ホイトはボストン・レッドソックスからトレードでヤンキースに移籍してきた。ヤンキースでは二度の二〇勝以上を含む、通算一五七勝をあげている（一九三〇年の二勝以外は、すべて二〇年代に記録したもの）。これはチーム歴代九位にあたる。ホイトは一九六九年、ベテランズ委員会の選出によって野球殿堂入りした。

三〇年代

ルー・ゲーリッグ、トニー・ラゼリ、ビル・ディッキー、レッド・ラフィング
ヤンキースでチームメートだった年数：八年間（一九三〇～三七）
その間に勝ち取ったリーグ優勝：三回
その間のワールドシリーズ優勝：三回

ベーブ・ルースに衰えが見えはじめてからは、ルー・ゲーリッグが三〇年代のヤンキースを背負って立った。この一〇年間にゲーリッグは、リーグのホームラン王と打点王を三回ずつ、首位打者を一回獲得し、シーズン四〇本塁打以上を四回、二〇〇安打以上を六回記録している。また三〇年代のすべてのシーズンで一〇〇打点以上をあげていたが、三九年に引退を余儀なくされた。

〝飛ばし屋〟という異名をとったトニー・ラゼリは、ヤンキースに何人かいるサンフランシスコ、ベイエリアの出身だ（ほかにジョー・ディマジオ、フランク・クロセッティ、レフティ・ゴメス、ピング・ボディー、ジェリー・コールマン、ビリー・マーティンもそうだ）。一九二五年、ラゼリはパシフ

ィックコースト・リーグのソルトレイクシティ・ビーズでホームラン六〇本をかっ飛ばし、シーズン後に金銭トレードでヤンキースに入団した。ヤンキースに在籍した一二年のあいだに、ラゼリは一六九本のホームランを打つ。このうち一九二七年の一八本は、チームメートのベーブ・ルース（六〇本）、ルー・ゲーリッグ（四七本）につづき、リーグ三位の成績だった。▼3 現役生活を通じ、ラゼリは七シーズンで一〇〇打点以上をあげているが、そのうちの四シーズンが三〇年代だ。ラゼリは、いわゆる「ナチュラル・サイクルヒット」を打ったことがある。メジャー史上一四人しか達成していない珍しい記録だ。一九三二年六月三日、フィラデルフィアのシャイブ・パークでのフィラデルフィア・アスレチックス戦で、▼4 二〇対一三と大勝した日に、ラゼリは、まず単打からはじめて、二塁打、三塁打、本塁打と順序よく打ち、このナチュラル・サイクルヒットを完成したのだ（しかも本塁打は満塁ホームランだった）。そして一九三六年五月二四日には、またしてもシャイブ・パークで二五対二とアスレチックスを粉砕した際、ラゼリはメジャーリーグ史上初めて一試合に二本の満塁ホームランを放ち、▼5 この試合だけで一一打点をあげた。

ビル・ディッキーは、ルイジアナ州バストロップ出身の捕手。メジャー一七年間をヤンキース一筋に過ごし、生涯打率三割一分三厘（チーム歴代七位）、ホームラン二〇二本（同一五位）、一二〇九打点（同八位）という成績を残した。体が頑丈で、一三年連続一〇〇試合以上捕手として出場するという、メジャーリーグ記録を樹立した。三〇年代には九シーズンで打率三割以上をマーク、また三六年から三九年までは、四年連続で二〇本塁打以上かつ一〇〇打点以上をマークしている。一九四六年にジョー・マッカーシーが突然ヤンキースの監督を辞任すると、ディッキーは、プレイング・マネージャーとして一〇五試合を戦った。そのシーズンで現役は引退したが、一九

▼3 上2人が図抜けているが、数字の間違いではなく18本。
▼4 現在のオークランド・アスレチックスの前身。
▼5 今日まで13人のみ。

四九年にはコーチとして戻ってきた。次代のヤンキースの捕手、ヨギ・ベラを教育する役目だった。後年、ベラは「ビル・ディッキーが、知ってることを何もかも教えてくれた」と述懐している。

レッド・ラフィングは、一九三〇年五月六日にレッドソックスからヤンキースにトレードされ、つづく一五年間、ヤンキース投手陣のエースとして活躍した。ヤンキースでの通算勝利数は二三一（チーム歴代二位）、奪三振が一五二六個（同四位）、完投二六一回（同一位）完封四〇回（メル・ストットルマイヤーと同数で二位）。一九三六年から三九年にかけては、四年連続で二〇勝以上をあげている。ラフィングはまた、メジャー史上指折りの強打の投手で、ヤンキース、レッドソックス、ホワイトソックスでの二二年で、通算打率二割六分九厘、二七三打点という記録を残している。ホームランは三四本で、投手のなかでは歴代四位。代打ホームランも二本放っている。

四〇年代

ジョー・ディマジオ、チャーリー・ケラー、トミー・ヘンリック、フィル・リズート
ヤンキースでチームメートだった年数：六年間（一九四一～四二、四六～四九）
その間に勝ち取ったリーグ優勝：四回
その間のワールドシリーズ優勝：三回

ルー・ゲーリッグが一九三九年に引退すると、ジョー・ディマジオが、ヤンキースのリーダーとしてバトンを引き継いだ。メジャーリーガー三兄弟の二男であるジョー・ディマジオ（兄はヴ

ィンス、弟がドム）は、パシフィックコースト・リーグのサンフランシスコ・シールズでプレーしており、一九三三年には、六一試合連続安打という記録も作った。一九三四年シーズンのあと、ヤンキースは、ディマジオの獲得についてシールズと合意した。その内容は、シールズに二万五〇〇〇ドルを払ったうえ、ヤンキースから五人の選手を放出し、さらに翌一九三五年までは、ディマジオがシールズにとどまることを許すというものだ。この一九三五年シーズン、ディマジオは三割九分八厘、ホームラン三四本、一五四打点という成績で、パシフィックコースト・リーグの最優秀選手に選出された。ヤンキースへの移籍初年度の一九三六年、ディマジオは、ルーキーとしてメジャーリーグ史上に残るめざましい活躍を見せた。打率三割二分三厘、二〇六安打、二塁打四四本。三塁打一五本はリーグ一位。ホームラン二九本、打点一二五。つづく五シーズン、ディマジオは、三割四分六厘、三割二分四厘、三割八分一厘、三割五分二厘、三割五分七厘という高打率を残しつづけ、ホームランは五年間で合計一六九本、打点六九一をあげた。一九四一年には、今も破られていないメジャーリーグ記録、五六試合連続安打を記録する。しかしそれよりもさらにすごいのは、この年、六二二打席でわずか一三回しか三振していないことだろう。ディマジオの生涯通算打率は、三割二分五厘。ホームラン三六一本、打点一五三七、そして三振は、わずか三六九個だ。それ以上の数字を残すことができたかもしれないが、立て続けに負った足のけがと、一九四三年から四五年にわたって、働き盛りの三年間（二八歳から三〇歳）を第二次大戦の兵役に費やさねばならなかったことのせいで、メジャーへの在籍は一三シーズンにとどまった。

チャーリー・ケラーは怪力の持ち主で、「キングコング」の異名をもらっていたが、面と向かってそう呼ばれることはなかった。ケラー自身はそのあだ名が大嫌いで、呼ばれても決して返事をしなかったからだ。ケラーは、熊のように頑健な、向こうっ気と腕っ節の強いスラッガーで、ヤンキース打線のなかではディマジオのうしろをがっちりと固めていた。一九三九年のシンシナティ・レッズとのワールドシリーズ第三戦では、ルーキーとして史上初めて、ワールドシリーズで一試合二本のホームランを放った。レギュラーシーズンでもホームラン三〇本以上を三回、一〇〇打点以上を三回記録している。引退後はメリーランド州に「ヤンキーランド農場」という牧場をひらき、輓馬《ばんば》のブリーダーとして大成功をおさめた。

一九三七年四月一四日、メジャーリーグ事務局はクリーブランド・インディアンズに、マイナーにいる若い外野手、トミー・ヘンリックを自由契約にするよう通達した。▼6 五日後、ヘンリックはヤンキースと契約を結び、その二二日後、メジャーデビューを果たした。一一シーズンに及ぶすばらしいメジャー人生の始まりだった（一九三七年から五〇年まで。途中に三年間の兵役をはさむ）。センター、ジョー・ディマジオ、レフト、チャーリー・ケラー、ライト、トミー・ヘンリックというトリオは、当時のメジャーリーグでも指折りの強打を誇る外野陣だった。ヘンリックは通算で、打率二割八分二厘、ホームラン一八三本、打点七九五という成績を残したが、〝頼れる男〟というニックネームを得たのは、四回出場したワールドシリーズでの活躍のおかげだった。一九四九年のブルックリン・ドジャースとのワールドシリーズ第一戦では、〇対〇の九回裏、先頭打者として打席に立ち、ドン・ニューコムの二ボールからの三球めをヤンキー・スタジアムのライトスタンドにたたきこんで、一対〇の勝利を呼びこんだ。これが、ワールドシリーズでは、史上初のサヨナラホームランだった。また一九四一年のブルックリン・ドジャースとのワールドシリ

▼6　ヘンリックはその前の3年間、インディアンズのマイナーで好成績を残しつづけたが、メジャーのキャンプにも招待されず、自らコミッショナーに手紙を書いて苦境を訴えた。

ーズ第四戦では、シリーズ史上に残る逆転劇の口火を切った。このシリーズで、ヤンキースは二勝一敗と優位に立っていたものの、第四戦ではドジャースが四対三とリードしたまま、九回表のヤンキースの攻撃を迎えた。二アウトランナーなしで打席に立ったヘンリックは、フルカウントからヒュー・ケイシーの投じた一球を空振りする。ところがキャッチャーのミッキー・オウエンがこれを後逸。ヘンリックは振り逃げで一塁に到達した。するとヤンキースはたちまち猛攻を始め、なんと二アウトから四点をもぎとって七対四と逆転したのだ。この試合を取ったヤンキースは、そのまま四勝一敗でワールドシリーズを制覇した。

　ブルックリン生まれの「スクーター」ことフィル・リズートは、一六八センチ、六八キロの体軀では小柄すぎると、ニューヨーク・ジャイアンツとブルックリン・ドジャースから入団をことわられ、ニューヨーク・ヤンキースと契約した。一九五〇年にはアメリカン・リーグのＭＶＰに選ばれ、引退後は、野球殿堂入り選手として選出された。また、ヤンキース戦の実況中継でも人気を博し、グラウンドと放送席を合わせたヤンキースとの関わりは、半世紀以上にも及んだ。史上屈指のバントの名手ともたたえられるリズートは、メジャー一三年間で、通算打率二割七分三厘、一五八八安打を記録した。遊撃手としてオールスターゲームに五回出場した守備は絶品で、ヤンキースの九度のリーグ制覇と七度のワールドチャンピオン獲得に貢献した。レッドソックスのテッド・ウィリアムズは、リズートがうちのショートだったら、ヤンキースではなくレッドソックスが毎年優勝していただろうに、と語ったことがある。実況アナウンサーとしては、愉快ないいまちがいや、ファン、友人、レストランなど、誰彼なく誕生日の祝いの言葉をかけることで知られていた。「このトンチキ《ユー・ハックルベリー》」、「なんてこった《ホーリー・カウ》！」という決まり文句も有名だった。あるときリズートのスコアブックをのぞいた人が「WW」というメモに気づいて、これはどういうプレーですか、とたずねたことがあった。リズートの答えは「見てなかった（Wasn't Watching）ってことだ」というものだった。

五〇年代

ミッキー・マントル、ホワイティ・フォード、ヨギ・ベラ、ハンク・バウアー
ヤンキースでチームメートだった年数：七年間（一九五三〜五九）
その間に勝ち取ったリーグ優勝：五回
その間のワールドシリーズ優勝：三回

ヤンキースのスーパースターの系譜は、一九五一年、スイッチヒッター、ミッキー・マントルによって受け継がれた。メジャーリーグ史上最も偉大で、最もパワーがあり、最高に人気があって、このうえなく尊敬されたプレーヤーのひとりだ。トレードマークのひとつが特大ホームランで、一九五三年四月一七日にワシントンDCのグリフィス・スタジアムでワシントン・セネタースのチャック・ストッブズから打ったホームランは一七二メートル飛んだといわれ、特大弾を指す「巻き尺《テープメジャー》ホームラン」という新たな野球用語を生んだ。一九六三年五月二二日には、あわやヤンキー・スタジアム初の場外弾になるかという打球を放っているし[7]、一九六〇年九月一〇日には、デトロイトのタイガー・スタジアムで、スタジアムの屋根を越えるホームランを打った。これはのちの計算で、一九六メートル飛んだと推測されている。ヤンキース一筋一八年間のメジャー生

▼7　3階席にあたってはねかえったという。

活で、マントルは通算打率二割九分八厘、ホームラン五三六本、打点一五〇九をたたき出し、MVPを三回受賞している。一九五六年には、打率三割五分三厘、ホームラン五二本、一三〇打点で三冠王に輝いた。だがさまざまな足のけがに悩まされ、出場が一三〇試合に満たなかった年も六シーズンあった。それがなければ、さらにすばらしい数字を残していたかもしれない。

長年の女房役、エルストン・ハワードから「委員長」と呼ばれた左腕投手、ホワイティ・フォードは、やはりニューヨークの出身で、生まれ故郷のチームでスターダムにのしあがり、現役生活の最後までヤンキースでプレーした。フォードはヤンキースの投手部門であらゆる歴代記録の上位に名をつらねている。通算勝利（二三六勝）、奪三振（一九五六個）、先発試合数（四三八試合）、投球回（三一七〇イニング）、完封（四五回）が、歴代一位。勝率（六割九分）が三位、完投（一五六試合）が、同数の六位だ。フォードは一九五〇年シーズンの半ばに昇格し、七月一日にメジャーデビューを果たすと、九勝一敗の成績をあげてチームのリーグ優勝に貢献し、フィラデルフィア・フィリーズとのワールドシリーズでは、優勝を決める試合の勝ち投手になった。翌五一年と五二年は兵役のためチームを離れたが、一九五三年にヤンキースに復帰すると、一三シーズン連続でふた桁勝利をあげた。そのなかでも、一九六一年には二五勝、六三年には二四勝をあげている。ワールドシリーズでの連続無失点イニングの記録も更新した。一九一八年にベーブ・ルースがボストン・レッドソックスで作った二九回三分の二を破り、三三回三分の二まで伸ばしたのだ。

世の中に、サラ・リー[8]とヨギ・ベラが嫌いな人はいないだろう。サラにカーブが打てたかどうかは知らないが、ベラはカーブ打ちが得意だった。史上最も愛された野球選手のひとりであるヨギ・ベラは、メジャー一九年間の通算打率が二割八分五厘、出場二一二〇試合でホームラン三五

▼8　米の大手食品会社。サラは創業者の娘の名。

八本、打点一四三〇と、実績もすばらしかった。ベラは、海軍の兵士として第二次大戦に従軍したあと、一九四六年にメジャー昇格を果たし、七試合に出場した。ベラは選手として一八シーズンプレーし、MVPを三回受賞した史上四人めの選手になった▼9（一九五一年、五四年、五五年）。ワンバウンドの球や頭上の球をもひっぱたく「悪球打ち」で有名だが、特筆すべきは、彼がヤンキースに在籍した一八年のあいだに、チームがリーグ優勝一四回、ワールドシリーズ優勝一〇回を果たしているということだ。一九四九年から六〇年にかけてヤンキースの監督をつとめたケイシー・ステンゲルは、ベラのことを「うちの助監督」と呼んでいた。一九六三年に引退すると、ベラは、ヤンキースのコーチを二期九年間、そして監督をやはり二期三年間つとめた。ほかにニューヨーク・メッツでも監督をつとめており、両リーグでリーグ優勝を経験した、わずか七人の監督のうちの一人になった。母校であるニュージャージー州のモントクレア州立大学に設けられたヨギ・ベラ博物館には、ベラの野球人生にまつわるあらゆるものがおさめられているが、記念の品々に混じって、いわゆる「ベライズム」と呼ばれるユニークなせりふの数々も掲げられている。「あの店にはもう誰もいかないよ。あまりにも混んでるからな」とか、「よく見れば、観察できる」とか、「きょうはうれしいことに、みなさんのせいでこのセレモニーに参加するはめになりました」など。そして有名なこのせりふ、「終わるまでは、おしまいじゃない」▼10

ハンク・バウアーは、いかつく、荒々しい、元海兵隊員で、「握りこぶしのような顔立ち」と評されることもあった。そんな評判や野太いガラガラ声とは裏腹に、本来はいたってやさしく、おとなしい人物なのだが、グラウンドでは話が別だ。何が何でも勝つと思い定めて猛然とプレーする、負けず嫌いの荒くれ者は、ちゃらちゃらしたルーキーに向かって、「おれの金をどぶに捨

▼9　MVPを3回以上獲得したのは、現在までに10人。最多はバリー・ボンズの7回。
▼10　ベラは2015年9月22日、老衰のため、90歳で死去した。

てるようなマネはよせ」と苦言を呈することもあった。

海兵隊に四年間従軍し、第二次大戦の太平洋戦争で、一一の従軍記章と二つの名誉負傷章を受けたバウアーは、一九四六年に外野手としてヤンキースと契約を結び、二年後にメジャーに昇格した。ヨギ・ベラをはじめとした同時代のチームメートと同様、バウアーは、勝つことしか頭になかった。バウアーがヤンキースに在籍した一二年のあいだに、チームはリーグ優勝九回、ワールドシリーズ制覇七回を成し遂げている。また、ワールドシリーズでの連続試合ヒット（一七試合）の記録も樹立した。引退後、バウアーはカンザスシティ・アスレチックスと、移転後のオークランド・アスレチックス、それにボルティモア・オリオールズで監督をつとめた。オリオールズでは一九六六年にワールドシリーズに進出し、ロサンジェルス・ドジャースを四勝〇敗で下してワールドチャンピオンに輝いている。

六〇年代

ミッキー・マントル、ロジャー・マリス、エルストン・ハワード、ボビー・リチャードソン
ヤンキースでチームメートだった年数：七年間（一九六〇〜六六）
その間に勝ち取ったリーグ優勝：五回
その間のワールドシリーズ優勝：三回

一九六〇年代に入るころには、ミッキー・マントルは、後世に語り伝えられる大選手として、グラウンド上ばかりでなく、クラブハウスでもヤンキースのリーダーになっていた。ファンに愛

され、チームメートに慕われ、相手チームからも敬われる存在だ。三〇代にさしかかって、ひんぱんに故障するようになってきたため、そろそろ下り坂にさしかかると予想されたが、六〇年代前半には、まだ全盛期の力が残っていた。一九六〇年には、四〇本塁打でホームラン王を獲得。一九六一年には、ベーブ・ルースの六〇本塁打に挑んだが、五四本、一二八打点でシーズンを終えた。つづく六二年、六三年の二シーズンは、けがのため、計一八八試合、ホームラン四五本、一二四打点に終わる。▼11 好調時なら一シーズンでたたき出す数字だ。一九六四年にはホームラン三五本、一一一打点と復活するが、六五年、六六年にはまたしても故障に悩まされ、二シーズン合計で出場二三〇試合、ホームラン四二本、打点一〇二にとどまった。終わりが近づいているのは、明かだった。一九六七年、六八年のマントルには、もうかつての面影はなかった。どちらのシーズンも一四四試合に出場したものの、打率は二割四分五厘と二割三分七厘、ホームランが二二本と一八本、打点が五五と五四という、マントルらしからぬ数字に終わった。その気になれば、同じ一〇万ドルでもう一年契約を結ぶこともできたが、プライドがそれを許さなかった。マントルは六八年シーズン終了後、ヤンキースのスーパースターのまま引退した。

ロジャー・マリスは、一九五七年、二二歳のときクリーブランド・インディアンズでメジャーデビューを果たし、翌五八年と二年合わせて四二本のホームランを打った。ヤンキースは、当初からこの若者に目をつけていた。パワーのある左打者で、引っぱり専門。ライトスタンドまでの距離が短いヤンキー・スタジアムなら、大きな武器になるだろう。しかしインディアンズのGM、フランク・レーンと話をまとめることができなかったので、ヤンキースは二年間待った。やがて、ヤンキースとひんぱんにトレードをするカンザスシティ・アスレチックスにマリスが移籍すると、

▼11　62年は123試合出場で、打率.321、ホームラン30本だったが、シーズンのMVPを獲得している。

一九五九年一二月一一日、七人の選手がからむ大型トレードで、ヤンキースはついにロジャー・マリスを獲得した。マリスは、ニューヨークですぐさま結果を出す。一九六〇年に、ホームラン三九本、リーグトップの一一二点を記録して、アメリカン・リーグのMVPに輝いたのだ。翌一九六一年、マリスはすばらしい大当たりの年を迎える。この年は、アメリカン・リーグで球団拡張[12]が行われ、シーズンの試合数も一五四試合から一六二試合に増加した。マリスはミッキー・マントルとタッグを組んで（〝M&Mボーイズ〟と呼ばれた）ベーブ・ルースの輝かしいシーズンホームラン記録六〇本に挑んだ。M&Mボーイズは、六月、七月、八月と、追いつ追われつしながらホームランを打ちつづけたが、九月に入ってマントルが足のけがで倒れてしまい、マリスはひとりでルースの記録に挑むことになった。マリスは、うるさい評論家に悩まされ、メディアに追いかけまわされ、ストレスに苦しんだ。ルースの記録を破ったと認められるためには、ルースの時代の試合数である一五四試合めまでに新記録を達成しなくてはならないというMLBからのお達しも、重荷となってのしかかった。円形脱毛症にもなったが、最後には無事ホームラン六一本を打つことができた（マントルは五四本）。だが不幸にして、マリスには「終わりよければすべてよし」という言葉が当てはまらなかった。無愛想で取材に非協力的というレッテルを貼られて、メディアから悪者扱いされたのだ。手の故障を大げさに訴えていると非難されたこともあった。結局、翌年は成績が大きく落ちこんで（一九六六年はホームラン一三本）マリスは、セントルイス・カージナルスにトレードされてしまった。交換相手は、三塁手のチャーリー・スミス。スミスがヤンキースに在籍したのは、トレードされた年と翌年の二シーズンだけで、メジャー実働一〇年の通算ホームラン数は六九本。マリスがあの特別なシーズンに放った六一本よりも八本多いだけ

▼12　ワシントン・セネターズ（現在のテキサス・レンジャーズの前身）と、ロサンジェルス・エンジェルスが創設された。

だった。

ヤンキースが人種の壁を越えるには、ジャッキー・ロビンソンが一九四七年にメジャー初の黒人選手としてドジャースに入団してから八年かかった。ヤンキースに入団した初の黒人選手、エルストン・ハワードは、紳士的なすばらしい人物で、闘志あふれる、すぐれた野球選手だった。ヤンキースはハワードを、ニグロリーグの名門チーム、カンザスシティ・モナークスから買い取った。彼が二一歳のときのことだ。ハワードは、二年間兵役についたのち、ヤンキースの3Aチーム、カンザスシティ・ブルーズで一年、同じく3Aのトロント・メイプルリーフスでもう一年プレーして、一九五五年、ついにヤンキースに昇格し、それ以降はもうマイナーに戻ることはなかった。初めはほとんど一塁か外野で起用されていたが、そのうちヨギ・ベラの後継者として、捕手で起用されるようになった。一九六〇年に入るとベラより多くの試合でマスクをかぶり、六一年には正捕手の座をうばったうえに、バットでも三割四分八厘という立派な成績を残した。六二年には、二割八分七厘、ホームラン二八本、打点八五で、アメリカン・リーグのMVPに選出された。やがてハワードは先輩のヨギ・ベラと親友になり、のちにビリー・マーティン監督のもと、ふたりでともにヤンキースのコーチをつとめたときには、どこへいくにも一緒だったという。

ボビー・リチャードソンは、五〇年代終盤から六〇年代中盤にかけて、ヤンキースの内野の要だった。ゴールドグラブ賞を五回受賞した名二塁手であり、打撃では、ワールドシリーズのような大舞台で力を発揮する勝負強さを持っていた。レギュラーシーズンでの生涯通算打率は二割六分六厘だが、七回出場したワールドシリーズでの通算打率は三割五厘だ。リチャードソンが最高の成績をあげたのは一九六二年。打率が三割二厘、安打数はリーグトップの二〇九、本塁打と打点も自己最多で、それぞれ八本と五九打点だった。しかしリチャードソンといって真っ先に思い出されるのは、ワールドシリーズで成し遂げた二つのことだろう。一つは、一九六二年のワールドシリーズで、サンフランシスコ・ジャイアンツのウィリー・マコービーの放ったライナーをもぎ取り、それがシリーズの最後のアウトになったこと。もう一つは、一九六〇年のワールドシリーズで、シリーズ通算一二打点というメジャー記録を樹立したことだ。[13] この年、ヤンキースは三勝四敗でピッツバーグ・パイレーツに敗れたのだが、にもかかわらずリチャードソンがシリーズMVPに選出された。負けたチームからMVPが選ばれたのは、あとにも先にもこのときだけだ。ヤンキース一筋一二シーズンの現役生活を終えると、リチャードソンは大学野球の監督になった。一九七五年にはサウスカロライナ大学の野球部〈ゲームコックス〉をカレッジ・ワールドシリーズに導いてその名をとどろかせ、その後リバティ・カレッジやコスタル・カロライナ大学でも指揮をとった。リチャードソンは、また、敬虔なクリスチャンでもあり、〈クリスチャン・アスリート協会〉の指導者としてニクソン大統領に招かれ、ホワイトハウスで説教壇に立ったこともあるし、チームメートで友人だったミッキー・マントルが一九九五年に死去したときには、その葬儀で司祭をつとめた。

七〇年代

サーマン・マンソン、ロイ・ホワイト、グレイグ・ネトルズ、スパーキー・ライル
ヤンキースでチームメートだった年数：六年間（一九七三〜七八）
その間に勝ち取ったリーグ優勝：三回

▼13　これは今も破られていない。ちなみに2位は、同じ1960年ワールドシリーズでのミッキー・マントルによる11打点。

その間のワールドシリーズ優勝：二回

一九六八年のドラフトで、ヤンキースは全体四位の指名権を持っていた。当時ヤンキースは、六位、一〇位、九位と三年連続で低迷しており、できるだけ早くチームを立て直す必要があった。ドラフトでは、コネティカット州の高校生内野手で、将来、殿堂入りするほどの選手になるといわれていたボビー・バレンタイン▼14や、強打者のグレッグ・ルツィンスキー、ゲーリー・マシューズ、ビル・バックナーらを指名する手もあった。しかしヤンキースは、オハイオ州ケント州立大学出身の、無愛想で、ずんぐりした捕手を指名した。その名はサーマン・マンソン。マンソンは、たちまちヤンキースの空気に変化をもたらす。一九七〇年に、打率三割二厘、打点五三で新人王を獲得すると、七六年には、打率三割二厘、ホームラン一七本、一〇五打点でアメリカン・リーグのMVPに輝いた。四〇年前から脈々とつづくヤンキースの名捕手の系譜（ビル・ディッキー、ヨギ・ベラ・エルストン・ハワード）をひきつぐのにふさわしい選手だ。チームメートはみなマンソンを尊敬し、オーナーのジョージ・スタインブレナーも、その闘志とリーダーシップを高く評価していた。そこで一九七六年、スタインブレナーは、マンソンを、ルー・ゲーリッグが引退してから空位になっていたキャプテンに指名した。マンソンは、プレーでチームを引っぱった。一九七五年から七七年まで三年連続で三割、一〇〇打点以上をあげ、チームを三年連続のリーグ優勝（一九七六年〜七八年）と、二度のワールドシリーズ制覇（一九七七年、七八年）に導いたのだ。ところが悲劇が起こる。一九七九年八月二日、オハイオ州のアクロン・カントン空港で、自家用セスナ機の離着陸訓練中に、マンソンは操縦ミスで木に激突し、機体が炎に包まれて命を落とし

▼14　選手としてはメジャー639試合出場、打率.260にとどまったが、引退後にレンジャーズ、メッツ、レッドソックスの監督を歴任。2000年にはメッツをリーグ優勝に導いた。日本でも千葉ロッテマリーンズの監督を2期7年務め、2005年には日本一に輝いている。

た。三二歳だった。

一九七〇年代前半の低迷期に、ヤンキースファンにはメル・ストットルマイヤーと、ボビー・マーサーと、ロイ・ホワイト[15]ぐらいしか応援する選手がいなかった。一九七六年、ようやくまた暗黒期を抜けて、リーグ優勝のペナントをかかげたとき、ストットルマイヤーとマーサーはすでにチームを去っていたが、ホワイトはまだヤンキースにいた。波が少なく、頑丈で（一五五試合以上出場したのが五シーズン）頼れるスイッチヒッター。メジャーではヤンキース一筋に一五シーズンプレーして、通算打率二割七分一厘、ホームラン一六〇本、七五八打点という数字を残し、出場試合数、打数、安打数、二塁打、盗塁、得点で、チーム歴代二〇位以内に入っている。

ニューヨーク・ヤンキースは、ボストンからすばらしい贈り物を二つもらっている。一つはベーブ・ルース、もう一つは、ルースの半世紀後にレッドソックスからトレードでやってきたリリーフ投手、スパーキー・ライルだ。一〇年以上低迷をつづけていたヤンキースにまた運がめぐってきたのは、ジョージ・スタインブレナーによるヤンキースの買収（一九七三年）と、その前年のスパーキー・ライルの獲得（一九七二年三月）が、きっかけになったと見てまちがいないだろう。野球というスポーツが変わりつつあり、リリーフ投手が鍵になってきたことを見抜いて、リリーフ専門の投手を獲得するようチームに進言したのは、当時の監督、ラルフ・ホーク[16]だった。そうしてやってきたのが、スパーキー・ライルだ。移籍初年度の一九七二年、ライルは三五セーブをあげ、アメリカン・リーグのセーブ記録を樹立する。そして五年後の一九七七年には、一三勝五敗、二六セーブと大車輪の活躍で、リリーフ投手としては初のサイ・ヤング賞を受賞した。メジャー一六年間で五チームを渡り歩き、積み重ねたセーブ数は二三八個（ヤンキースでは一四四セー

▼15　1979年にヤンキースを退団したあと、1980年から82年までの3シーズン、日本の読売ジャイアンツでプレーし、打率.283、ホームラン54本という数字を残している。
▼16　ナックルボーラーで、主にリリーフで活躍したが、先発も数年間こなしている。ライルがヤンキースに移籍した1972年シーズン後に引退。

ブ）。当時、歴代一位のセーブ数は、ホイト・ウィルヘルム[16]の二二七個で、ライルはその記録を更新したのだ。持ち球一つ（スライダーしか投げなかった）で、ライルはこれだけの成功をおさめたわけだが、彼の名をとどろかせたのは、むしろクラブハウスでの奇行（クラブハウスに送られてきたバースデーケーキの上に全裸ですわる、というのがお気に入りのいたずらだった）と、ベストセラーになった著書『ブロンクス・ズー』[17]だったかもしれない。

グレイグ・ネトルズ（母親が「クレイグ」や「グレッグ」という名前が好きではなかったので、あいだを取って「グレイグ」にした）をトレードで獲得したことは、ヨギ・ベラにいわせれば、「見たことのあるデジャヴ」になるだろう。一〇年前、ヤンキースは、ロジャー・マリスがクリーブランド・インディアンズでホームランを打つのを見て、その左打ちのスイングに惚れ込んだ。ライトスタンドまでの距離が短いヤンキー・スタジアムなら、大きな戦力になると見込んだからだ。そして今、同じ理由でヤンキースは、インディアンズの三塁手だったネトルズに目をつけた。トレードが成立したのは一九七二年一一月二七日。六人の選手がからむトレードで、ネトルズを獲得した。ネトルズは期待どおりの働きをし、さらにそれ以上のものをもたらした。ヤンキースに在籍した一一シーズンのあいだに、ネトルズは二五〇本のホームランを打ち、一九七六年には三二本でホームラン王を獲得した。（生涯通算では三九〇本。アメリカン・リーグ在籍中にかぎると三三三本で、これは三塁手としてのリーグ記録）。サードの守備もすばらしく、そのうえネトルズは、切れ味鋭いウィットの持ち主だった。スパーキー・ライルが、サイ・ヤング賞受賞の翌年にテキサス・レンジャーズへトレードされたときには、「サイ・ヤングからサヨナラへ、だな」と日本語を使ってしゃれのめした。また、七〇年代後半のヤンキースの強烈な個性のぶつかり合いについては、

▼17　1978年にワールドチャンピオンになったヤンキースの内幕を暴露したノンフィクション。日本では『ロッカールーム——ヤンキースのけんか野球日記』（後藤新弥訳、講談社）というタイトルで1980年に出版された。

こういってのけた。「大きくなったらメジャーリーガーになりたい、っていう子どももいれば、サーカスに入りたいっていう子どももいる。その点、おれはついてるよ。なにしろメジャーリーガーになったうえに、サーカスにも入れたんだから」

第20章　新スタジアム

ぜいたくな新居に引っ越したら、中身にもお金をかけようとするのが普通ではなかろうか？　そう、それが人情というものだ。

二〇〇九年のニューヨーク・ヤンキースもそうだった。豪奢な新球場に居を構え、大金を投じて調度品を整えた。二〇〇八年一二月一八日には、「まず手始めに」二つの買い物をした。一億六一〇〇万ドルで左腕のCC・サバシアと七年契約を、そして八二五〇万ドルで右腕のA・J・バーネットと五年契約を結んだのだ。その一九日後の二〇〇九年一月六日には、一億八〇〇〇万ドルの八年契約で一塁手のマーク・テシェイラと合意。三週間で合計四億二三五〇万ドルをはたいて、三つの大物を仕入れた。

一九二三年にブロンクスに建設された最初のスタジアムをヤンキー・スタジアムⅠ、一九七六年に同じ場所に建て直されたものをヤンキー・スタジアムⅡとするなら、新球場はヤンキー・スタジアムⅢということになる。その正式なこけら落としは、二〇〇九年四月一六日木曜日の昼下がりに行われたクリーブランド・インディアンズ戦だった（オープン戦では同年四月三日のシカゴ・

カブス戦で新球場が使用された。この年は、ホーム開幕戦の前にロードで九試合——ボルティモア、カンザスシティ、タンパベイで三試合ずつ——行い、五勝四敗だった）。

殿堂入りの名選手、八三歳のヨギ・ベラが始球式を行い、ヤンキースの選手たちが守備位置に散った。新加入の選手が三人、スタメンに名を連ねていた。新球場での開幕投手の栄誉に輝いたのはサバシアだ。テシェイラは三番ファーストでの先発。そして前年の一一月一三日にシカゴ・ホワイトソックスからトレードで移籍してきたニック・スウィッシャーが四番ライトで名を連ねた。

新加入の選手以外では、セカンドにカノー、ショートにジーター、サードがコディー・ランサム、キャッチャーはホルヘ・ポサダ、レフトにジョニー・デイモン、センターにブレット・ガードナー、DH松井秀喜という面々が、新球場開幕戦の先発メンバーだ。

もう一つ変化があった。デイモン一番、ジーター二番という前年度の打順に飽き足らず、ジョー・ジラルディ監督は、その二人を入れ替えたのだ。二番デイモンは、一回の裏にさっそく、新ヤンキー・スタジアムの初安打となるセンター前ヒットを打った。肩の手術から復帰したポサダは、五回裏二アウトランナーなしの場面でクリフ・リーから一号ホームランを放つ。その時点でスコアは一対一の同点になった。

サバシアは六回二アウトまで投げて、一対一の同点のままマウンドを降りた。ところが七回にインディアンズは、ヤンキースのリリーフ陣におそいかかり、九点を奪う。結局インディアンズが一〇対二で勝利し、胸ときめかせて開幕戦を見まもった四万八二七一人の観客は、がっくりと肩を落とした（観客の快適さを重視して、収容人数は、設計の段階で、前のヤンキー・スタジアムの五万

▼1　ロイヤルズのザック・グレインキーが16勝8敗、防御率2.16で受賞。以下、得票数は、ヘルナンデス、バーランダー、サバシアとつづいた。

七〇〇〇人から五万一〇〇〇人弱へと減らされた）。

新加入の選手たちは、元からいた選手たちにすんなり溶けこみ、一年を通して活躍した。サバシアはヤンキース投手陣のトップとなる一九勝をあげて、シアトル・マリナーズの〝キング〟ことフェリクス・ヘルナンデスと、デトロイト・タイガースのジャスティン・バーランダーに並び、サイ・ヤング賞の投票では四位▼1に食いこんだ。

バーネットも一三勝をあげた。

テシェイラは打率が二割九分二厘。アメリカン・リーグトップの一二二打点をあげ、ホームランは、タンパベイ・レイズのカルロス・ペーニャと並んで、これまたリーグトップの三九本を打った。ＭＶＰの投票でも、ミネソタ・ツインズのジョー・マウアーに次いで二位に入った。

ニック・スウィッシャーは、ホームラン二九本と打点八二を記録した。

元からいたメンバーのなかでは、八月一七日で三八歳になる、しかし肩のけがが癒えて健康を取り戻したポサダが一一一試合に出場（うち捕手としての出場は一〇〇試合）、二割八分五厘、二二ホーマー、八一打点という成績をあげた。

アレックス・ロドリゲスは三〇ホーマー、一〇〇打点を記録した。

二〇〇九年シーズンには、コア・フォーのメンバー二人が、区切りの記録に到達した。

まず六月二八日に、シティ・フィールドのメッツ戦で、マリアノ・リベラが一回三分の一を投げて四対二の勝利をしめくくり、シーズン一八セーブめをあげた。これがリベラの通算五〇〇セーブめとなり、この時点で歴代セーブ数トップの、そしてほかに五〇〇セーブ以上をあげている唯一の投手、トレバー・ホフマン▼2にあと七一セーブとせまった。けれども、この日リベラが一番

▼2　サンディエゴ・パドレスを中心に、メジャー18年間で61勝75敗601セーブ。オールスター出場7回。2010年まで現役をつづけたが、最終的に通算セーブ数はリベラ（652セーブ）に抜かれた。

喜んだのは、そのことではなかった。じつは九回表に二アウト満塁で打席に立ち、押し出し四球を選んで打点一をあげたのだ。これがリベラにとってはメジャーリーグで唯一の打点になった。

それから約二か月半後、ヤンキー・スタジアムでの九月一一日のボルティモア・オリオールズ戦で、三回裏の先頭バッターのデレク・ジーターが、オリオールズ先発のクリス・ティルマンからライト前ヒットを放った。これが通算二七二二安打めで、七二年ぶりにルー・ゲーリッグの記録を抜き、安打数でヤンキース歴代新記録を達成した（八月一六日には殿堂入り選手のルイス・アパリシオを抜いて、遊撃手としての安打数でメジャー歴代記録を作っていた）。

打順の一、二番を入れ替えるジラルディの作戦は大当たりで、一番打者のジーターは、三割三分四厘を打った。アメリカン・リーグでは、ジョー・マウアーとイチローに次ぐ三位の成績だ。ジーター自身にとっても、この三年で最も高い打率だった（三五歳になってから遊撃手でこれ以上の打率を残したのは、不滅の名選手ホーナス・ワグナーだけだ）[▼3]。また四球七二も過去四年間で最多なら、二一二安打はイチローの二二五安打に次いで同年のメジャー二位、一〇七得点はデイモンと並んでリーグ四位だ。そのうえホームラン一八本、打点六六、出塁率四割六厘を記録して、アメリカン・リーグMVPの投票では三位の票を得た。

一方のジョニー・デイモンも、一〇七得点に加えて一五五安打を記録し、そのうちの六三本が長打だった。四球も七一個記録している。つまりヤンキースの一、二番コンビは、四球と安打で合計五一〇回出塁し、二一四得点したのだ。この年、ジーターは三五歳になったが、オープン戦、レギュラーシーズン、ポストシーズン、オールスターゲーム、それにWBC（ワールド・ベースボール・クラシック）をすべて数えると一九三試合に出場した。そのWBCでジーターは、チームU

▼3　ワグナーは35歳の年に.339を打っている。43歳まで計21年間プレーし、通算打率は.328。

SAの監督デイブ・ジョンソン▼4から、キャプテンに指名された。

メジャーリーグのコミッショナー、バド・セリグは、ジーターがチームUSAに参加したことに感謝の意を表するため電話をかけ、その後、わざわざ手紙を送って、キャプテンに「メジャーリーグ最高の戦士にして大使」と呼びかけた。

二〇〇九年三月三〇日づけのこの手紙に、セリグはつぎのようにしたためた。

「あなたは、メジャーリーガーの鑑《かがみ》です。電話でも申しあげましたが、殿堂入りにふさわしい野球人生を送るなかで、あなたはこの野球というスポーツをみごとな形で体現してこられました。グラウンドの内でも外でも高潔な人物であるあなたに対して、わたしは心からの敬意を表します」

オフの多大な投資は実を結んだ。二〇〇九年のヤンキースは前年より一四勝多い一〇三勝をあげて前年の三位から一位へと順位を押し上げ、仇敵レッドソックスに八ゲームという大差をつけて、三年ぶりの地区優勝を果たした。地区シリーズでは、ミネソタ・ツインズを三連勝であっさりしりぞけた。

第一戦ではサバシアが六回三分の二を投げて二失点と力投し、ジーターと松井がそれぞれツーランホームランを打って、七対二と快勝した。

第二戦では延長一一回の熱戦を制した。一対三と二点リードされた九回裏にA・ロッドがツーランホームランを放って同点に持ちこみ、一一回裏に先頭のテシェイラがサヨナラホームランで試合を決めた。そして第三戦は四対一でヤンキースが取って、地区シリーズを突破。アンディ・ペティットが勝ち投手になり、リベラがセーブをあげ、A・ロッドとポサダがホームランを打っ

▼4　選手としてはメジャー13年、通算打率.261、ホームラン136本の内野手。日本では1975年、76年に巨人に在籍し、打てなかった印象が強いが、2年めはホームラン26本、打率.275を記録している。引退後は、メッツ、オリオールズ、ナショナルズなど5球団の監督を歴任。1986年にはメッツでワールドチャンピオンに輝いている。

ての完勝だった。

リーグ優勝決定シリーズの相手は、ロサンジェルス・エンジェルス・オブ・アナハイム。四戦先勝のシリーズで、一〇月一六日金曜日に幕を開けた。

ヤンキースは、一回裏に先頭ジーターがヒットで出塁していきなりチャンスを呼びこみ、四番A・ロッドの犠牲フライと、五番松井のタイムリーで二点を先制。六回裏にはジーターのタイムリーで四対一とリードを広げた。投げては、またもサバシアが、シリーズ開幕投手の栄誉をになって八回一失点と圧巻の投球を見せ、サバシアから直接バトンを引き継いだリベラがセーブをあげて、ヤンキースが四対一で快勝した。

第二戦は、延長一三回に及ぶシーソーゲームになった。九回を終えてスコアは二対二の同点。一一回の表にエンジェルスが一点勝ち越すと、すぐさまその裏、先頭のA・ロッドがホームランを打って同点に追いつく。そして延長一三回の裏、ヤンキースは、相手の送球エラーで一点をもぎとり、四対三でサヨナラ勝ちをおさめて、シリーズを二勝〇敗とした。

アナハイムに移動して行われた第三戦は、またしてもしびれるような戦いになった。ヤンキースの先発ペティットは、この日も試合をつくり、七回途中、三対三の同点の場面でマウンドをおりた。エンジェルスは七回裏に犠牲フライで一点リードするが、ヤンキースは直後の八回表にポサダのソロホームランで四対四の同点に追いつく。だが最終的にはエンジェルスが、一一回裏にジェフ・マシスのタイムリーでサヨナラ勝ちを果たした。スコアは四対五。ヤンキースの得点はすべてソロホームランで、デイモン、ロドリゲス、ジーター、ポサダが打ったものだった。

第四戦はこのシリーズ唯一の楽な試合で、ヤンキースは、デイモンとロドリゲスのホームランを含む一三安打で一〇対一と大勝した。サバシアはまたも八回一失点と相手を圧倒し、これでヤンキースに移籍してからポストシーズンに三試合先発し、三試合すべてで勝利を手にした。

　第五戦は、初回にいきなり四点を先制されたヤンキースが、七回に一挙六点を取りかえして大逆転。しかしその裏、エンジェルスも三点を取って七対六と再逆転し、そのまま逃げ切った。シリーズは、ヤンキースの三勝二敗でヤンキー・スタジアムへと帰ることになった。

　第六戦の先発ペティットは、仕事人らしく六回三分の一を一失点に抑える好投を見せ、三対一と二点のリードを保ってマウンドを降りた。八回の表からは、早くもリベラが登板。ところが二安打を打たれて失点し、三対二と一点差に詰め寄られてしまう。エンジェルスには、かすかな希望がめばえた。しかしその裏、希望ははかなく砕け散った。ヤンキースが犠牲フライなどで二点を加え、九回表はリベラがエンジェルスを三者凡退に抑えて、五対二で勝利をものにしたのだ。ペティットにとっては、このポストシーズン二試合めの勝利だった。

　いよいよワールドシリーズだ。コア・フォーがチームメートとしてワールドシリーズを戦うのは、これで六度目。四人のチームメートが一緒に六度以上のワールドシリーズに臨むのは、ほかに二例あるだけだ。その二例ともがヤンキースであるのは、驚くにはあたらないだろう。ひと組めはヨギ・ベラ、ミッキー・マントル、ホワイティ・フォード、エルストン・ハワードで、一九五五年から五八年にかけてと、一九六〇年から六三年にかけて、八度ものワールドシリーズに臨んでいる。もうひと組は、先ほどの四人からヨギ・ベラを抜いて、ボビー・リチャードソンを入れた組み合わせで、こちらは一九五七年と五八年、そして一九六〇年から六四年にかけて、七度のワールドシリーズを戦っている。

二〇〇九年ワールドシリーズの相手は、前年度ワールドチャンピオンのフィラデルフィア・フィリーズ。ライアン・ハワード（ホームラン四五本、リーグ一位の一四一打点）、ジェイソン・ワース（ホームラン三六本、九九打点）、ラウル・イバニェス（ホームラン三四本、九三打点）、チェイス・アトリー（ホームラン三一本、九三打点）らを擁する強力打線が売り物だ。

レギュラーシーズンでは、合わせて四六八本のホームランを打っている両チームの対戦だけに（フィリーズがナショナル・リーグ一位のホームラン数で、二二四本、ヤンキースはアメリカン・リーグ一位で二四四本）、こんどのワールドシリーズは打撃戦になるものと予想された。この両者がワールドシリーズで相まみえるのは、一九五〇年以来五九年ぶりのことだ。以来、フィリーズがワールドシリーズに出場したのは四回だけで、そのうち二回ワールドチャンピオンに輝いている。

二〇〇九年一〇月二八日、ヤンキースタジアムでのワールドシリーズ開幕戦に、ヤンキースは三たび身長二メートル、体重一三二キロ（か、それ以上）の巨漢、CC・サバシアをマウンドへ送った。しかし、毎度思いどおりにいくわけではなく、七回二失点ながら、サバシアはクリフ・リーに投げ負けた。リーは、ヤンキース打線を六安打（そのうち三安打がジーター）、一失点、三振一〇と抑えこみ、六対一で完投勝利をあげた。ヘビー級の打ち合いの第一ラウンドは、サバシアから二ホーマーを放ったチェイス・アトリーなどの活躍で、フィリーズに軍配があがった。

しかし第二戦では、A・J・バーネットが七回四安打一失点九奪三振という好投で勝ち投手になり、ヤンキースが三対一で勝って五分に持ち込んだ。マリアノ・リベラは二イニングを投げてセーブをあげ、テシェイラと松井がソロホームランを打って勝利に貢献した。

第三戦と第四戦はフィリーズのホームであるシチズンズ・パークで行われ、フィリーズは二戦合計でホームラン四本を放って、ヤンキースの三本を上回ったにもかかわらず、二戦とも敗れてしまった。一〇月三一日は八対五、一一月一日は七対四。ヤンキースは三勝一敗で、一気に王手をかけた。第三戦ではペティットが六回四失点と粘って勝利をつかみ、第四戦ではサバシアをリリーフしたジョバ・チェンバレンに勝ちがついた。リベラは九回裏を完璧な投球で締めくくって、セーブをあげた。

つづく第五戦はフィリーズが八対六で取って、ホームのシチズンズ・パークでヤンキースがワールドシリーズ優勝を祝うという屈辱をまぬがれ、ファンの前でかろうじて面目を保った。けれどもこれは、きたるべきものを先送りにしたにすぎなかった。二日後、ヤンキー・スタジアムで、ヤンキースは七対三で勝利をおさめ、ついに使命を果たした。

優勝を決める一戦にふさわしく、チームで三番目に年齢の高い三七歳のアンディ・ペティットが、三八歳のホルへ・ポサダとバッテリーを組んで勝ち投手になり、最高齢（三九歳）のリベラが一回三分の二を投げて試合を締めくくった。▼5 リベラは、この年のポストシーズンで一六イニングを投げ、失点はわずか一。五つのセーブをあげた。

フィリーズは、シリーズを通じて一一本のホームランを放ち（うち五本がアトリーによるもの）、ヤンキースの六本を大きく上回ったが、ヤンキースはペティットが二勝をあげ、リベラが二セーブをあげてフィリーズを抑えこんだ。オフの五億ドル近い投資が実を結び、ヤンキースは二七度目のワールドシリーズ制覇を達成したのだ。実に九年ぶりの快挙だった。

コア・フォー――マリアノ・リベラ、アンディ・ペティット、ホルへ・ポサダ、デレク・ジーター――は、五つめのワールドチャンピオン・リングを手にすることになった。そしてまた、ニ

▼5　この試合、ヤンキースの7点のうち6点は松井秀喜があげたものだった。ペドロ・マルチネスからの2ランを含む3安打6打点。シリーズの通算打率.615、ホームラン3本と大活躍し、日本人メジャーリーガーでは初めてワールドシリーズのMVPに輝いた。

ューヨークの〈キャニオン・オブ・ヒーローズ〉でのパレードを楽しんだのだった。

column

CC・サバシア

CCことカーステン・チャールズ・サバシアは、二〇〇八年一二月一八日に、フリーエージェントとしてヤンキースと七年総額一億六一〇〇万ドルという、投手としては当時史上最高額の契約を結んだ。のちにヤンキースは、一年三〇〇〇万ドルの契約をつけ足した。契約期間が半分すぎた二〇一二年の時点で、ヤンキースは、この身長二メートル、体重一三二キロのサバシアの働きぶりにすっかり満足していたからだ。サバシアは、頑丈な馬車馬のように投げつづけ、投手陣のエースとして、しっかりと給与分の働きをしていた。

とにかく安定感のある、エースを絵に描いたような投手だ。ヤンキースにきた二〇〇九年からの四年間で、先発試合数は三四試合、三四試合、三三試合、二八試合（二〇一二年は、左ひじ痛で三週間近く故障者リスト入りした）。イニング数も、順に二三〇回、二三七回三分の二、二三七回三分の一、二〇〇回をこなし、勝ち星は一九勝、二一勝、一九勝、一五勝。防御率が三・三七、三・一八、三・〇〇、三・三八。勝率が七割四分、七割五分、七割四分、七割一分四厘、奪三振が一九七、一九七、二三〇、一九七。与四球が六七、七四、六一、四四。そして完投が二試合、二試合、三試合、二試合といった具合だ。

ヤンキースでの二〇〇九年から一二年まで四年間の勝率は七割一分八厘で、スパッド・チャンドラーの七割一分七厘を抜き、チームの歴代トップに立った。▼6

▼6　その後、2013年～15年は膝の故障などもあって不振。2015年シーズン終了時点で、ヤンキースでの通算勝率は.634まで下がり、歴代10位圏外に落ちた。また同年10月には、アルコール依存症で苦しんでいることを告白。プレーオフを待たずして、治療施設に入院した。

第21章　さよならアンディ

二〇一一年二月四日、ヤンキー・スタジアムに、メディア、チーム関係者、スタッフ、そして特別に招待された友人たちが集まった。コア・フォーの解散を見届けるためだ。

アンディ・ペティットが、ヤンキースを去ることになった。またしても。ただしこんどは、別の州にある別のリーグの別のチームに移籍するのではない。妻と、学齢に達した四人の子どもたちと、もっと長い時間を一緒にすごすため、現役を引退することにしたのだ。これは最終的な、断固たる決断で、ペティットには、取り消すつもりはなかった。

去る二〇〇七年、ヒューストン・アストロズとの三年契約を終えたとき、ペティットは、アストロズとの再契約ではなく、ヤンキースに戻るという決断をした。つづく三年間でペティットは、四三勝三一敗という成績をあげた。二〇〇九年は、レギュラーシーズンで一四勝八敗。ポストシーズンでは四勝負けなしという抜群の成績をおさめた。フィリーズとのワールドシリーズでは、第三戦と、優勝を決めた第六戦で勝利投手になっている。

翌二〇一〇年は、メジャー入りしてから最高のペースで白星を重ねた。七月半ば、三八歳の誕生日を迎えた一か月後までの成績は、一一勝二敗、防御率二・七〇。七年ぶりの二〇勝も視野に入ろうかという好調ぶりだった。ところが七月一八日の登板で、ペティットは左足の内転筋をいため、二か月間戦列を離れてしまう。九月に復帰して三試合に登板したものの、もうシーズンでは勝ち星がつかなかった。それでもポストシーズンへ向けて、準備は万端だった。

ミネソタ・ツインズと対戦した地区シリーズの第二戦にチームは五対二で勝ち、ペティットは勝利投手になった。この試合では、マリアノ・リベラがセーブをあげている。ポストシーズンで、先発ペティット、抑えリベラの組みあわせで得た白星は、これが一〇個めだ（レギュラーシーズンでも、リベラは、ペティットの二〇三勝のうち六八試合でセーブをあげている。同じ先発、抑えコンビで獲得した白星としては、メジャー歴代トップだ）。

ペティットは、テキサス・レンジャーズとのリーグ優勝決定シリーズ第三戦にも先発し、ふたたび好投するが、相手先発のクリフ・リーは、さらに調子がよかった。ペティットは七回を投げ終えて、二対〇と負けている場面で降板し、結局レンジャーズが八対〇でこの試合をものにした。

内転筋痛がすっかり癒えたペティットは、ポストシーズンではいいピッチングをしたし、このまま二〇一一年シーズンに突入することも十分可能だった。しかしじっくり考えたすえに、現役引退を決断するに至ったのだ。頭のなかを整理し、将来について考えるため、ペティットは、家から車で四時間離れた、テキサスのメキシコ国境近くにある自分の牧場へ一人でおもむいた。この日の記者会見で語ったところによると、引退を決断したのは、牧場からの帰り道だったという。

「一人になって考えたとき、はじめは、やろうと思った。ファンも、ヤンキースも、ぼくを必要としている。妻も、子どもたちも応援してくれている。やっぱりつづけよう、と。でも、もっと心の奥底をのぞいて、内省したら――なんと説明すればいいのかわからないが、気力がわいてこなかった。つづけるという考えが、しっくりこなかった。自分を突き動かすのに必要な、飢えや、欲求がなかった。肩の調子はいいし、体調には問題がない。三週間半ぐらい前から、とてもきついトレーニングをしていて、必要ならすぐにでも調子は整えられる。でも、気持ちをそこへ向けることができない」

ヤンキースGMのブライアン・キャッシュマンは、代わりの先発投手をさがすはめになったが、ペティットへの賛辞は惜しまなかった。

「彼の穴を埋める選手を見つけるのは大変だ。もちろんマウンド上の穴もだが、クラブハウスでの穴のほうが大きい。まとめ役だからね。ほかのチームメートが悩んでいるとき、ペティットはそばにいて、その選手が前に進むのを助けてやる、そういう存在だった」

コア・フォーのメンバーは、誰も記者会見に参加しなかったが、メンバーのうち二人は、連絡を受けて、別れを惜しむコメントを寄せた。

リベラはこう言った。「アンディはすばらしいチームメートだし、人間的にもすばらしい。勝負師で、勝利だけをめざし、クラブハウスでもみんなから尊敬されていたよ」

また、ポサダはこのように言った。「ぼくにとってはチームメート以上の存在だったから、アンディの引退はとても悲しい。アンディは親友のひとりだった。彼がヤンキースの一員としてあげた成績はすごいけれど、アンディはいつだって、自分よりチームを優先するやつだった。引退してしまうのは、とてもさびしい」

感動的な引退会見ではあったが、野球界が払拭できずにいる薬物使用問題への関与について質問が出たのも、驚くにはあたらないだろう。ペティットは、「ミッチェル報告書」に名を連ねていたからだ。（「ミッチェル報告書」とは、メジャーリーグ・コミッショナーにあてた独立報告書で、メジャーリーガーによるステロイド及びその他の競技力向上薬物の不正使用に関する四〇九ページのレポート。メイン州出身の元合衆国上院議員、ジョージ・J・ミッチェルが委員長となり、一年九か月に及ぶ調査を経てまとめられた）

ペティットは、二〇〇二年と二〇〇四年にヒト成長ホルモン（hGH）を使用したことを認めており（競技力を伸ばそうとしたのではなく、ひじの手術後の回復を早めて、チームに貢献するためだったと、彼は述べている）、この二〇一〇年には、かつての友人でチームメートだったロジャー・クレメンスの偽証罪にまつわる裁判で、政府側証人として証言する予定になっていた。そのため、引退の決断をするうえで、裁判のことが影響を及ぼしたのかという質問が飛んだ。

「いや、まったく関係ない」と、ペティットはきっぱり否定した。「そのことは、自分と家族の人生にかかわる決断とは、完全に切りはなして考えている」

こうして、アンディ・ペティットは引退した。ニューヨーク・ヤンキースとヒューストン・アストロズでのメジャー一六年間に、二四〇勝、勝率六割三分五厘、防御率三・八八、ポストシーズン一九勝、ワールドチャンピオン五回という成績をあげ、おごそかな誓いの言葉を残して――。

「一つはっきりしているのは、二〇一一年シーズンには、もうプレーしないということだ。それは一〇〇パーセント自信を持っていえる。でも二度と投げないとはいいきれない。開幕してから胸が締めつけられる思いがして、『しまった、とんでもないまちがいをしでかした』と思いつづけるようなことがあれば、戻ってこないともいいきれない。もっとも、こうして引退したからには、戻るのも決まりが悪いだろうけどね」

第22章 ホルへの反乱

ホルへ・ポサダは一六年間にわたって、誰よりも忠実な部下であり、よき戦士であり、負けず嫌いの硬骨漢であり、究極のチームプレーヤーでありつづけた。つねに頼まれたことをこなし、上役にさからわず、自分のプライドを抑え、エゴをなだめ、疲れた体にむち打って、痛みをものともせずに戦ってきた――すべては、チームのために。

何年ものあいだ、殿堂入りの候補にもなろうかという立派な成績を残してきたというのに、ホルへ・ポサダは、今、侮辱されたと感じていた。あなどられ、軽んじられ、つけこまれ、このままでは笑い物にされて顔に泥を塗られかねないと感じていた。これまで積み重ねてきた業績を、片手の一振りとペンの走り書きで軽く受け流され、なかったことにされたと感じていた。

要するに、怒り心頭に発していたのだ。もう、がまんできない！

波乱のきざしは、二〇一〇年シーズン後のオフに現れた。二〇一〇年にポサダは、三八歳で打率二割四分八厘、ホームラン一八本、打点五七という成績を残した。前年に比べると、いずれも数字を落としている。打率で三分七厘、ホームランは四本、打点は二四の減少だ。一二〇試合に出場したものの、捕手としての出場は八三試合にとどまり、シーズンが進むにつれ、フランシスコ・セルベリが、マスクをかぶる機会が多くなっていった。

ポサダの契約は、二〇一一年シーズン後に切れることになっていた。ポサダ自身は、シーズン前の契約延長を望んでいたが、声はかからなかった。おまけに年齢は三九歳になり、前のシーズンは出場機会が減っている。こうなると、きたるべきものの予感はあったはずだ。そこに追い打ちをかけるように、ポサダはブライアン・キャッシュマンGMから、二〇一一年はDH専門でやってもらうと告げられた。よほどの緊急事態でもなければ、捕手としての出番はないと。

ポサダはいたくプライドを傷つけられたが、DHとして打ちまくれば、チームも本来のポジションである捕手に戻すしかなくなるだろうと自分にいいきかせて、ぐっと不満をこらえた。しかしこれはあくまでもポサダの希望的観測で、捕手への復帰は結局なかった。

開幕当初の調子は、悪くなかった。四試合で一四打数四安打、ホームラン三本、打点六。だが、それから成績は下降線をたどりはじめた。はじめはじりじりと、それからがくんと。

五月一四日土曜日、ヤンキースはボストンで、レッドソックスとの三連戦の二戦目に臨もうとしていた。ヤンキースは三連敗中で勝敗が二〇勝一六敗となり、首位のタンパベイ・レイズに二ゲーム差をつけられたところだった。しかも、ポサダはひどい不振にあえいでいた。打率はわずか一割六分五厘。ホームラン六本、打点一五。おまけに左腕投手に対してはここ二四打数ノーヒットで、ジョー・ジラルディ監督も、左投手に対してポサダを右打席で使う理由が見いだしにくくなってしまった。

しかし、この一四日のレッドソックスの先発は、右腕のジョシュ・ベケットと発表されていた。

だからポサダは当然のように、自分がスタメンに入っているものと信じて、いつものようにナイトゲームの数時間前に球場入りし、ジラルディの貼り出したメンバー票を見た。

自分の名前を見たとき、ポサダは愕然とした。たしかにラインナップには入っていたが、なんと打順が九番だったのだ。許しがたい侮辱だ、とポサダは思った。九番なんて、レギュラーに定着しようかという一九九九年のはじめ、まだオールスターにも選ばれていなかったころに打ったのが最後だ。

さまざまな感情が、頭のなかをかけめぐった。ひどい、軽んじられたという思いと同時に、これは仕返しなのかという疑問がわきあがった。ポサダは、ジラルディとうちとけた関係になったことがなかった。その冷ややかさは、元を正せば一九九〇年代後半、ポサダが将来のスター候補として急上昇中で、ジラルディからヤンキースの正捕手の座を奪い取ろうとしていたころに生じたものだ。

そしてこの日ポサダは、ジラルディに詰め寄って説明を求めるのではなく、別の方法で不満を表明した。つかつかと監督室に入っていき、きょうはプレーできないとジラルディに告げたのだ。

ジラルディによると、ポサダとの会話は「とても短いもの」だった。「わたしのオフィスにやってきて、一日休ませてほしい、きょうは出場できないと。それだけだよ」

ポサダの説明は、こうだ。

「きょうはプレーできないと監督に伝えた。時間が必要だと……頭のなかを整理するために。それだけだ。腰の張りもあった。ファーストでだいぶノックを受けて、トレーニングをしたからね。体調は万全じゃなかった」

腰の張りというポサダの説明を信じる者は誰もいなかった。そもそも野球界の手順として、体調に異変があれば、まずはトレーナーに伝えるのがふつうだ。そこから監督やGMに報告がいく。ポサダは、ヤンキースのトレーナーとは話をしていない。トレーナーも含め、誰にとっても、ポサダに腰の張りがあるというのは初耳だった。チームに帯同しているキャッシュマンGMも知らなかったし、ジラルディも、監督室で話をした際、ポサダは腰の張りには触れなかったといった。

要するにポサダは、九番に下げられたことが不満だった。むかついていた。憤懣《ふんまん》やるかたなく、ついに爆発したのだ。

ポサダの入っている元のメンバー票を見た報道陣から、なぜポサダははずれたのかと質問が飛び、キャッシュマンは対応をせまられた。三回途中にキャッシュマンは会見を開いて、自分の知るかぎりでは、ポサダは故障していない、と述べた。

するとこの会見に対してポサダが反応した。

「なぜ試合中にコメントを出すのか、理解できないね。あれが今の彼のやり方なのか。試合が終わるまで待ってから話すのが筋ってものだろう。あれはない。ああいうやり方はよくない」

キャッシュマンは、ポサダとそのエージェントに、会見を開くこともコメントの内容もあらかじめ伝えたと抗弁した。

しかしチームメートは当然のようにポサダの肩を持ち、相手チームの選手までもが彼に理解を示した。

ヤンキースのキャプテンで、ポサダの親友でもあるデレク・ジーターは、試合を休ませてほしいと頼むのは別にいけないことではないとかばった。

「頭のなかを整理したいから一日休ませてほしいというのは、何も謝るようなことじゃない。誰でも理解できると思う。野球をやっていれば、精神的につらい時期があるのは、みんなわかる。不振に陥ることもあるし、うまく歯車がかみあわないこともある。それでスタメンをはずれたのなら、謝る必要なんかない」

「ビッグ・パピ」ことレッドソックスのデイヴィッド・オルティーズも、ポサダの肩を持った。「それはあいつに失礼だ」ポサダ同様、DH専門になっているオルティーズはいった。「その扱いは、気の毒だ。だってそうだろう？　あいつはチームの歴史に残るような選手なんだ。それにDHはやっかいなんだよ。DHは簡単じゃない」

レッドソックスのキャプテンであり、ポサダ同様スイッチヒッターで、長年、同時代のライバル捕手として戦ってきたジェイソン・バリテックにも、ポサダの憤りをどう思うかと質問が飛んだ。

「小耳にはさんだかぎりだと、推測が多すぎてよくわからないね。あいつが捕手として何年ものあいだ成し遂げてきたことはよく知っているし、敬意を抱いている。でもそれ以外のことについては、噂に反応するんじゃなく、ちゃんと事実を確かめてからにするよ。それがぼくのやり方だから」

当のポサダは、ひと晩眠り、丸一日時間を置いたら、だいぶ頭が冷えたようだ。騒動の翌日、ポサダはジラルディの監督室にいって、謝罪めいたものを口にした。

「きのうは虫の居所が悪かったんです」と。

そのあとポサダとジラルディは対話をして、ふたりのあいだのもやもやを晴らした。ジラルディによれば、ポサダは少し涙ぐんでいたようで、「ふだんのホルへ・ポサダとは違う面持ちだった」という。

ジラルディはポサダに伝えた。

「きみには喜びを感じてほしいし、以前と同じように楽しく野球をしてほしい。わたしにとっては、謝罪より、そっちのほうが大切だ」

現役時代、自分が持ち場にしがみつこうとしているところへポサダが急上昇してきて、それをさらっていったときのことを思い返し、ジラルディはこう語った。

「彼のほうがすぐれた選手だということは、わかっていた。自分が二安打しても、翌日メンバー票を見ると彼の名前が書かれているというようなこともちょくちょくあって、自分としては不本意だったが、理解はしていた。ホルへのほうが才能があったからね。だからわたしは新天地を求めたのだし、自分より才能のある選手がいたせいで新天地を求めたのは、そのときが初めてというわけでもなかった。それが現実だったし、ホルへは以来ずっと、ヤンキースの選手としてすばらしいプレーをつづけてきた。ヤンキース球団全体のためにおおいに尽くしてきた。わたしはホルへの業績を誇らしく思っているし、みんなで成し遂げてきたことも誇らしく思っている。『きみのつらさはわかる。不振にあえぐのは苦しいものだ。だが必ず乗り越えられるよ』と彼にいったよ」

ポサダも、取材に集まった記者たちに対して、前日よりはるかに落ち着いた口調で話した。

「人は過ちから学ぶものだから、ぼくもそうするつもりだ。だれしも虫の居所の悪い日はあるものだ。きのうはそんな一日だったが、もう忘れて先に進むつもりだ」

ポサダはまた、ブライアン・キャッシュマンGMにも謝罪して、和解を申し入れた。キャッシュマンにはポサダに出場停止や罰金を科す権限があったが、どちらもせずに、もうこの件は終わったことだと述べた。

ポサダは、その日の対レッドソックス第三戦でもスタメンをはずれたが、それは懲罰ではなかった。相手の先発が左腕のジョン・レスターで、ポサダの右打席でのバットが湿っていたから、ジラルディ監督がポサダをDHからはずし、かわりにアンドリュー・ジョーンズを入れたのだ。しかし八回にレスターに代わって右腕のダニエル・バードが登板すると、ジラルディ監督はジョーンズを呼び戻してポサダを代打に送った。ポサダは四球を選んだ。

ボストンでの騒動のあと、ポサダは少し調子を戻し、打率二割三分五厘、ホームラン一四本、打点四四でシーズンを終え――打数が三四四しかなかったことを考えれば、まずまずの成績だ――この一六年間で一二度めの地区優勝に貢献した。いずれも、ポサダがヤンキースの一員になってからの優勝だ。

しかしヤンキースは、ポストシーズンではぱっとせず、第一ラウンドの地区シリーズで、デトロイト・タイガースに二勝三敗で敗れ去った。ポサダ自身はDHとして五試合すべてに先発し、一四打数六安打、打率四割二分九厘と活躍した。

これがポサダの花道になった。シーズンが終わると、つぎの二〇一二年シーズンへのオファーは、ヤンキースからも、ほかのチームからも届かなかった。

こうしてポサダは、不本意ながら引退を表明することになった。

第23章　クローザーとは？

二〇一一年九月一九日月曜日、マリアノ・リベラは、ヤンキー・スタジアムで、ミネソタ・ツインズ戦の九回を三者凡退に抑えた。二番トレバー・プルーフをロビンソン・カノーへのセカンドゴロに、三番マイケル・カダイヤーをクリス・ディカーソンへのライトライナーに、そして四番クリス・パーメリーを切れ味鋭いカッターで見逃し三振に切ってとり、ヤンキースの六対四の勝利を締めくくった。これでリベラはシーズン四三セーブ目をあげるとともに、通算セーブ数を六〇二として、前年に引退したトレバー・ホフマンの六〇一セーブを抜き、メジャー歴代トップに躍り出た。

この大きな節目に、四万〇〇四五人の観衆はいつもながら大いに沸き、また敬意を表してスタンディングオベーションを捧げた。パナマのリカルド・マルティネリ大統領からは祝福の電話がかかってきた（パナマの大統領なら、そして今後ともその職にありつづけようとするなら、マリアノ・リベラとは仲よくしておいたほうが得策だろう。リベラが自分で大統領になろうなどという気を起こさぬように）。

同時に、この偉業をきっかけとして、クローザーというものをめぐる大きな論争が巻き起こった。

よくいわれるように、リベラはメジャーリーグ史上最高のクローザーなのか？ 最高のクローザーはサイ・ヤングだという人もいる。なにしろ通算七四九試合も完投している、つまり試合を締めくくっているのだ。これは二位の選手▼1より一〇三試合も多い（なおリベラは、セーブのつかない場面でのものも含めると、試合を締めくくる登板が通算九五二試合もある。これもメジャー歴代一位だ）。

マリアノ・リベラを最高のクローザーと呼べるのは、「クローザー」という言葉が野球用語になったここ三〇年間にかぎってのことだ、という人たちもいる。それ以前は、リリーフ投手が「クローザー」と呼ばれることはなく、起用法も今日《こんにち》のクローザーとは異なっていた。

〝グース〟こと、リッチ・ゴセージは、とりわけ声を大にして、自分とリベラの時代における「クローザー」の役割の違いを強調している。ゴセージは、メジャー二二年間に、九チームで三一〇セーブをあげたリリーフ投手だ（一九七二～一九九四年まで。なお一九九〇年には、日本の福岡ダイエーホークスで一シーズンすごしている）。二〇〇八年には、野球殿堂入りを果たした。

ゴセージが基本的な違いとして指摘するのは、今日のクローザーにとっては、リードが三点以内のとき、九回の頭からノーアウトランナーなしの状態で登板するのがふつうだということだ。ゴセージの時代、もしくはそれ以前には、リリーフ投手は九回はおろか、八回、七回、ときには六回に、ランナーが出てから登板するのがあたりまえだった。過去の偉大なリリーフ投手何人かの登板記録をリベラのそれと比較してみれば、ゴセージの主張がよくわかるし、またリリーフ投

▼1　1880～90年代に活躍したパド・ギャルビン。通算365勝310敗。1965年、ベテランズ委員会の選出により野球殿堂入り。

投手名	年度	セーブ数	登板試合数	投球回数	投球回数／試合
ジョニー・マーフィー	1939	19	38	61 1/3	1.6
ジョー・ペイジ	1949	27	60	135 1/3	2.3
ライン・デューレン	1958	20	44	75 2/3	1.7
ルイス・アロヨ	1961	29	65	119	1.8
エルロイ・フェイス	1962	28	62	92	1.5
ホイト・ウィルヘルム	1965	20	66	144	2.2
スパーキー・ライル	1972	35	59	107 2/3	1.8
マイク・マーシャル	1974	21	106	208 1/3	1.9
ロリー・フィンガーズ	1978	28	67	107 1/3	1.6
グース・ゴセージ	1980	33	64	99	1.5
ブルース・サッター	1984	45	71	122 2/3	1.7
デニス・エカーズリー	1992	51	69	80	1.2
マリアノ・リベラ	2011	43	64	61 1/3	0.9

セーブがメジャーリーグの正式記録になったのは1969年であるということに留意が必要だ。それ以前は、リリーフ投手が試合終盤に登場して勝ち試合を締めくくることはあっても、セーブという記録自体がなかった。したがってこの表の69年以前の記録に関しては、統計家が試合のスコアを一つ一つチェックして、今日の基準に照らし、当てはまる登板をセーブとしたものである。

手がクローザーになってゆく歴史もおさらいすることができる。

ゴセージは、「ニューヨーク・タイムズ」紙に、つぎのように語っている。

「前の投手が出したランナーを引き継いで登板するとき、打たせてとることすら許されないようなとき、そういう場面でおれは輝いたものだ。連続三振で片づけるときなんかは、ぞくぞくした。その緊張感たるや、ただごとではなかった。精神的なプレッシャーだけで、へとへとになったものだよ。逆に九回の頭から、三点リードのランナーなしで登板したりすると、うしろめたくてね。家に帰ってからも、なんだか決まり悪かった。リベラはすばらしい投手だが、やっていることは簡単さ。リベラのしていることと、われわれのしていたことは、まったく別物だ。だから今のクローザーの成績を、われわれの成績と比べるのはフェアじゃない。今どきの監督は、リリーフ投手の起用法を金科玉条のごとくかかげているだろう。やれ右対右だ、左対左だ、一人一殺だ、クローザーは一イニングまでだ、とね。そして昔は一人にやらせていたことを、セットアッパー二人とクローザーの、三人がかりでやらせている。おれなんかは、一点負けていてランナーがいるような場面でも、とにかくアウトをとってくれといって投入されたものだよ。九回で三点もリードしていたら、逆にわざわざおれを出したりしなかった。そんな状況なら、誰にだって締められる。なのに今では、クローザーが八回から登板したら新聞の見出しになってしまう。みっともない話さ」

セイバーメトリクスもコンピューターもなかったゴセージの時代には、監督も、今日のように情報に長けていたわけではなかった。だからゴセージは、自分も今日のクローザーのような起用法をされていたら、リベラやホフマンと並んで、六〇〇セーブをあげていたかもしれないと考えている。

「今みたいに、セーブを稼ぐためだけに登板してたら、あのころのピッチャーのうち四、五人は、到達していたんじゃないか」

リベラのポストシーズンでのめざましい成績にすら、文句をつける人はいる。プレーオフが拡大されたから、リベラは先人に比べてはるかに登板機会が多かったというのだ。それは事実だが（前頁の表でいえば、マーフィー、ペイジ、デューレン、アロヨ、フェイス、ウィルヘルムの時代は、ワールドシリーズしかなかった。マーシャルやサッターの時代には、リーグ優勝決定シリーズと、ワールドシリーズだけだった）、ポストシーズンのすさまじい緊張感のなかで、リベラが積みあげた成績を見てほしい。最後の出場となった二〇一一年まで、ポストシーズン九六試合、一四一イニングに登板して、八勝四二セーブ、三振一一〇、四球二一、被安打八六、失点一三、防御率〇・七〇だ。その九六試合、一四一イニングで許した本塁打はわずか二本。一九九七年の、クリーブランド・インディアンズとのリーグ優勝決定シリーズ第四戦で、サンディ・アロマー・ジュニアに打たれた同点ソロホームランと、二〇〇〇年のニューヨーク・メッツとのワールドシリーズ第二戦で、ジェイ・ペイトンに打たれた三ラン[▼2]だけだ。つまりそのペイトンのホームラン以降、ポストシーズンでは五七試合、八一イニング三分の一のあいだ、打者三〇四人に一一四〇球を投げて、ホームランを一本も打たれなかったということになる。

しかもポストシーズンにおけるリベラの四二セーブのうち、三〇セーブが、回またぎの登板によるものだった。そのなかには二回と三分の一を投げ、七つのアウトを取ったものが四度あるが、引き継いだランナーを一度も帰さず、みずからも失点していない。二イニングの登板は二九度あり、四勝一四セーブ、ホールド三という成績を残している。

しかしマリアノ・リベラの真に非凡なところは、たった一つの球種しか投げずに、これだけのことを成し遂げた能力にある。その球種とは、カット・ファストボール（カッター）。ファストボール（直球）と同じようなモーションと速度で投げ込まれながら、ホームに近づくにつれ、左打者の懐をぐいぐいえぐり、右打者の場合はぐんぐん外へ逃げていくという球だ。このカッターの前に、折れたバットが山をなした。誰が数えていたのか知らないが、リベラは二〇〇一年だけでも、四四本のバットをへし折ったという。

▼2　6-0と大量リードの9回、クレメンスのあとを受けて登板したネルソンが2ランを打たれて2失点。さらに安打を打たれたところでリベラが登板。2アウトを取ったものの、もう1人ランナーを出してからペイトンに3ランを打たれ、6-5と詰め寄られた。しかし最後のバッターを三振にとって試合終了。シリーズは4勝1敗でヤンキースがものにしている。

ヤンキースの打撃コーチだったケビン・ロングは、リベラのカッターについて「ニューヨーク・タイムズ」紙でつぎのように語っている。

「あのカッターは、ここ（ホームプレートの真ん中を指して）にくるだろうと思ってバットを振りはじめると、最後にはここまで（と、左打者のグリップのあたりを指して）食いこんでくる。一五センチから二〇センチも動くんだ。しかも食いこんでくると頭ではわかっていても、ほんとうに手元にくるまで見きわめられない。最後の最後にぐいっと曲がるからね」

エリック・チャベスは、オークランド・アスレチックスの一員としてリベラのカッターと対戦してから、こんどはチームメートとして、三塁という最高の場所からリベラのカッターをつぶさに見るという貴重な体験をしている。

「あの一つの球種でどれだけのことを成し遂げてきたのか考えると、これ以上すごいことはないと思うよ。メジャーリーグの打者を、これだけ長年にわたってねじ伏せてきたんだから、ほんとうに偉大だ。みんな、これがどれだけ大変なことか、わかっていないと思う。こんな選手はもう二度と現れないだろう」

マリアノ・リベラのカッター。通算ホームラン六〇〇本を記録している強打者ジム・ソーミは、「メジャーリーグで最高の決め球だ」という。一方、アトランタ・ブレーブス一筋一九年でホームラン四六八本を放ち、将来の殿堂入りが確実視されるチッパー・ジョーンズは、「バットをへし折る電ノコみたいなものだ」という。メジャー一六年間でオールスター出場五回、通算打率二割九分七厘を誇るマイク・スウィーニーは、「ホラー映画みたいなものだよ。くるとわかってるのに、やっぱりやられる」とたとえてみせる。

打者を徹底的にねじ伏せて、尊敬と畏《おそ》れの的となり、一人の投手によって磨きあげられたがゆえに、その人と分かちがたく結びついた魔球。いずれ遠からぬ未来に、監督、コーチ、投手、アナウンサー、野球記者といった人たちが、この球を「カッター」ではなく「マリアノ」とか「モーボール」とか「リベラ」と呼ぶようになってもふしぎではない。ちょうどひじの側副靭帯再建手術が「トミー・ジョン手術」と呼ばれるようになったのと同じように。

リベラのすごさは、ほかにもある。精密なコントロール、身長一八八センチの、細くて敏捷な体から放たれる球の速さ、そしてなめらかで流れるような投球モーション。このモーションのおかげで、リベラは同じフォームで何球でも投げこむことができ、また故障なく、長年プレーしつづけることができた。

一九九六年にメジャーに定着してから二〇一二年の五月三日、すなわち四二歳の誕生日の五か月と四日後まで、リベラの登板試合が年間六〇試合に満たなかったのは、わずか二シーズン、五〇試合に満たなかったのは、一シーズンだけだ（二〇一二年の五月三日に、リベラはカンザスシティでの試合前練習中に、右膝の前十字靭帯を断裂する。第28章で詳述）。

それに比して、先ほどの表に登場したジョー・ペイジは三二歳で引退し、四年後に復帰を試みるも、パイレーツで七試合に投げただけに終わった。ブルース・サッターとライン・デューレンは三五歳で引退、ルイス・アロヨは三六歳、スパーキー・ライルは三七歳、ジョニー・マーフィー、マイク・マーシャル、ロリー・フィンガーズは三八歳で引退している。

エルロイ・フェイスは一九六九年、四一歳のシーズンまで現役をつづけ、モントリオール・エキスポズで四勝五セーブという成績をあげた。一方リベラは、四一歳のシーズンに一勝四四セーブをあげた。

グース・ゴセージも四二歳まで投げたが、一セーブをあげるのがやっとで、三七歳のシーズン以降は、通算で八セーブしか記録していない▼3。

ホイト・ウィルヘルムは、超人的な選手寿命を誇り、四七歳で一三セーブをあげた。四九歳のシーズンにもロサンジェルス・ドジャースで〇勝一敗一セーブという成績を残しており、最後の登板は、五〇歳の誕生日の一六日前だった。ウィルヘルムの長命は、ナックルボーラーだったこととも関係があるだろう。打者を惑わせるこの球は、投手の肩やひじに与えるダメージがほかの球種より少ないといわれている。

先ほどの表のなかで、投球の支配力でも選手寿命の長さでも、リベラに対抗できるのは、デニス・エカーズリーだけだろう。表のなかでは唯一、リベラと現役時代が重なる選手でもある。エカーズリーは、四二歳のシーズンに三六セーブをあげ、四三歳のとき、レッドソックスで五〇試合に登板、四勝一敗一セーブという成績を残して引退している（なお今日まで、リリーフ投手のなかで野球殿堂入りしているのは、エカーズリー、ゴセージ、サッター、ウィルヘルム、フィンガーズの五人だけだ）。

注目すべきは、というか誰の目にも明らかなのだが、先にあげた投手たちのほとんどが、現役生活の最後には、かろうじてメジャーにしがみつき、チームを転々としながら、一年か二年どうにか契約を得るという状態だったことだ。しかしマリアノ・リベラには、しがみつくという言葉は無縁だった。チームを転々とすることもなければ、かろうじて契約を手にするということもなかった。先の表のなかで、生涯一チームで通したのは、リベラだけである。

▼3　1990年の福岡ダイエーホークスでの8セーブを除く。

当のリベラはリベラらしく、過去の投手と現代のクローザーとの違いにまつわる論争には、一貫して距離を置いてきた。コメントすらしていない。つまるところ、リベラが史上最高のクローザーだというのは、リベラ本人がいいだしたことではないし、セーブのルールもリベラが作ったものではない。自分の起用法も自分ではどうにもならない。クローザーの使い方を決めるのは、監督であって投手本人ではないのだから。

もちろんグース・ゴセージが、現代のような条件と考え方のもとで起用されていたら、マリアノ・リベラと同じだけセーブをあげていたはずだと考える人たちもいる。あり得ないことではない。

column

マリアノ・リベラを語る

ジョー・トーリ（リベラが右膝前十字靭帯を断裂した翌日、ESPNのラジオで）

「シーズン中は、毎日出場するレギュラーの選手のほうが大切かもしれないが、ポストシーズンになると、最後の一イニング、最後の三つのアウトがとてつもなく貴重になる。きょうラジオをきいていて笑ってしまったのだが、リベラは最高のリリーフ投手というだけでなく、最高の投手の一人ではないかと誰かがいったとき、『一イニングしか投げないのに、どうしてそんなことがいえるんですか』とききかえした者がいた。あの最後の三つのアウトは、黄金のごとく貴重なものだよ。実際にダグアウトにすわってみるか、何年も見つづけるかしないとわからないだろうがね。リベラはまちがいなくすばらしい投手だし、ポストシーズンに入れば、誰よりも大切な選手だ」
ミネソタ・ツインズの元監督、トム・ケリー
「リベラには、もっと上のリーグで投げてもらいたいね、そんなものがあればだが。野球から締めだしてほしいくらいだよ。ありゃあルール違反だ」
殿堂入りした元クローザー、デニス・エカーズリー
「リベラは史上最高だ。まちがいない」
通算セーブ記録をリベラに抜かれたトレバー・ホフマン
「リベラは、最高のリリーフ投手として、メジャーリーグの歴史で語りつがれるだろう」
ふたたびジョー・トーリ
「わたしが見たなかでは最高の選手だよ。投手としての力量や、プレッシャーのなかで結果を出す能力だけでなく、チームに落ち着きをもたらす力がすばらしい」
アレックス・ロドリゲス

「クラブハウスやブルペンにすわっていても、試合中の両チームに影響を及ぼせるのはあいつぐらいだよ。早ければ五回ぐらいに、相手はもうそわそわしはじめる。あいつがいるとわかってるからね。あんな形で試合を左右する選手は見たことがない。今の野球では最高の武器だね。今までに見たなかでも、相手として戦ったなかでも最高だ」
マイケル・ヤング
「ぼくは、野球界のだれよりも、モーを尊敬している。モーはマウンドに立って、アウトを三つ取り、ポサダと握手をする。野球に対して、それからチームメートや相手に対して、あれだけの敬意を持っている人のことは、自然と尊敬するよ。残している結果も立派なものだ」
ジョー・ジラルディ
「彼の球は、不意をついてくる。細身だし、フォームが楽で力みがなくスムーズだから、あんなに速い球がくるようには見えないんだ。なのにあっと思うと、もう通りすぎている」
マーク・テシェイラ

「前々からいっているように、彼は史上最高の投手だよ。最高のリリーフ投手ではなく、最高の投手だ」

テキサス・レンジャーズのクローザー、ジョー・ネイサン▼4

「ぼくは、フィールド内外での彼のふるまいから学んできた。彼が相手に対して挑発的な態度をとったりするのは見たことがない。とても野球というスポーツを大切にしている。ぼくはいつも彼のことを尊敬してきたから、同じ文脈で自分の名前を出してもらえるのは、それだけでうれしいよ」

デレク・ジーター

「最高の選手だ。（ほかのクローザーに）いくつセーブがあろうと関係ない。なんといってもあいつが一番だよ。一生に一度しか出会えないような選手だし、これまで一緒にプレーしたなかで、あれほど精神的に強い選手はほかにいない」

マリアノ・リベラ

「ボールを受けとって、投げる。終わったらシャワーを浴びる」

▼4　2014年にFAでレンジャーズからデトロイト・タイガースに移籍。2015年は1試合に登板したのみで、トミー・ジョン手術により残りを全休。故障前までの通算セーブ数は377。

第24章　三〇〇〇本安打

二〇〇九年に、ジーターが二七二二本めの安打を放って、ルー・ゲーリッグのヤンキース歴代最多安打記録を更新してから、つぎは三〇〇〇本という節目の記録へ向けて、カウントダウンが始まった。三〇〇〇本安打は、メジャーリーグ史上、わずか二七人しか達成していなかった。

ヤンキースの歴代最多安打記録保持者になったこの二〇〇九年、ジーターのシーズン打率三割三分四厘と、二一二安打という数字は、どちらも三年ぶりの高水準だった。しかし、これを日没前の輝きととらえる向きも多かった。

果たせるかな、二〇一〇年にジーターの打率は六分四厘も落ちて、二割七分に下がってしまう。これは一九九五年の終盤に昇格して一五試合に出場し、打率二割五分に終わったときをのぞけば、生涯最低の打率だ。メジャー昇格以来三番目に多い一五七試合に出場しながら、安打数はわずか一七九本と、七年ぶりの低水準。ホームランも一〇本で、一九九五年をのぞけば、メジャー昇格以来最も少なかった。

三〇〇〇本安打の重圧のせいだという見方もあったが、より現実的な説明もあった。「歳」だ。

この年の六月二六日に、ジーターは三六歳になった。たいていの選手が、肉体的にも数字的にも下り坂にさしかかる年齢だ。ジーターが守備についたことのある唯一のポジションはショートだが、遊撃手はとりわけ衰えが顕著に出る（それまでジーターが出場した二二九五試合のうち、二二七六試合が遊撃手としての出場。残りの一九試合はDH）。

手きびしい連中は、ジーターの打撃のみならず守備も批判した。守備範囲が二、三歩せばまったというのだ。ジーターはもはやシルバー・スラッガー賞（各ポジションの最高の打者に与えられる賞）を四回獲得した強打者でもなければ、ゴールドグラブ賞を四回受賞した、しなやかで敏捷な遊撃手でもないと（その年、ジーターは五度めのゴールドグラブ賞を獲得するのだが）。打順を下げろと彼らはいいつのった。いっそ別のポジションにコンバートしたほうがいいと。

ジーターは、年齢的な衰えにまつわる批判をすべて承知していた。ラジオのトークショーでの司会者や、電話をかけてくるリスナーの発言も知っていたし、守備範囲が一歩か二歩、あるいは三歩せばまった、という記事も、長打が減ったという記事も読んでいた。それに、たとえ批判に耳をふさごうと、ラジオを消そうと、新聞記事をやりすごそうとも、契約延長交渉のさなかの報道は、否応なく耳に入ってきたことだろう。チームのフロントのなかにも、ジーターの衰えを懸念して、契約をせずFAにしたほうがいいとすすめる声があったという。

こういう交渉は、往々にして泥沼に陥りやすいものだが、人気者のキャプテンを他チームに取られたら、ファンから大変な反発がくるのではないかと恐れて、ヤンキースは結局ジーターと三年五一〇〇万ドルの延長で、しぶしぶ手を打った。新たな契約は、二〇一三年シーズンの終了時までつづく。ジーターはさっそく、「彼はもうおしまいだ」という類の報道を葬り去るべく、トレーニングに取りかかった。

しかしその決意とは裏腹に、二〇一一年シーズンのジーターは、恐ろしいほどエンジンがかからなかった。三〇〇〇本安打をめざす途上で、四月二〇日までに、アル・シモンズ（二九二七本）、ロジャース・ホーンズビー（二九三〇本）、ウィリー・キーラー（二九三二本）、ジェイク・ベックリー（二九三四本）、バリー・ボンズ（二九三五本）らを追いぬきはしたものの、打率はわずか二割一分九厘。ヤンキースのキャプテンが、老兵のごとくただ消え去ろうとしているのではないかという見方を、裏づけるような数字だった。

それでも三〇〇〇本安打への挑戦は、たゆみなくつづいた。四月二四日にはフランク・ロビンソン（二九四三本）を抜き、五月一〇日にはサム・クロフォード（二九六一本）を、六月七日にはサム・ライス（二九八七本）を抜いた。

六月一三日には打率も、まだジーターらしいとはいえないものの、そう恥ずかしくもない二割六分まで上げ、通算二九九四安打でメジャー歴代二八位につけていた。ところがここでジーターはふくらはぎをいため、八年ぶりに故障者リスト入りしてしまう。三〇〇〇本安打への挑戦は、しばしお預けになった。

キャンプ地タンパでの治療とリハビリは、欠場がきらいで、少々の怪我をおしてでも出場するのが当たり前だったジーターにしてみれば、なかなかじれったいものだった。だがある意味では天の恵みだったのかもしれない。ジーターはタンパで、プロ生活最初の監督であるゲーリー・デンボーと再会した。二人は、ジーターがこれだけの成績を残す元になったバッティングフォームをもう一度取り戻そうと、毎日何時間も地道に取り組んだ。戦列からはずれることは、また、精神的にもいい効果をもたらした。ジーターはしばし、三〇〇〇本安打挑戦という重圧を逃れて心身をゆっくり休め、気持ちも新たにチームに合流することができた。

七月四日、クリーブランドでのインディアンズ戦で復帰を果たしたジーターは、まるで別人のようだった――いや、むしろ、二〇一〇年までの、昔のジーターが帰ってきたというべきか。一か月実戦を離れていたので復帰初戦こそ四打数無安打だったが、翌日は二安打、そのまた翌日にも一安打を放って、三〇〇〇本まであと三本とせまった。これでヤンキー・スタジアムでの対タンパベイ・レイズ四連戦のあいだに記録を達成する確率がぐっと高まった。最高だ！

裏を返せば、ジーターにとってこの四連戦が、本拠地のファンの前で三〇〇〇本安打を達成する最後のチャンスだ。このあとヤンキースは、トロントとタンパベイでそれぞれ四試合、計八試合の遠征に出ることになっていた。

二九九八安打めは、七月七日木曜日夜、レイズ戦の初戦に放った。初回先頭バッターとして、二メートル六センチという長身の右腕、ジェフ・ニーマンの初球をとらえ、左中間にはじきかえした二塁打だ。この日はあと四回打順がまわってきたが、この二塁打のみに終わった。

翌七月八日金曜日、ニューヨークは滝のような大雨に見舞われ、試合は順延になった。四連戦が三連戦になると、ジーターがヤンキー・スタジアムのファンの前で三〇〇〇本安打を達成するための機会が減ると恐れて、ヤンキースはレイズに翌日をダブルヘッダーにさせてほしいと申し入れたが、レイズはこれを断った。メジャーリーグでは、オーナーと選手会の労働協約により、ビジターチームにダブルヘッダーを断る権利がある。

レイズの監督ジョー・マドンは、四試合なくともジーターは三〇〇〇本に到達するだろうと語った。

「今、しゃきっとしているからね。故障のあと十分休んだからだろう。やってやろうという気持ちが出ていて、調子がよさそうだ。かなり状態はいいんじゃないか。一両日中に達成するだろう」

ジョー・マドンの眼力は確かだった。

七月九日土曜日の対レイズ戦は、陽射しがさんさんとふりそそぐ、蒸し暑いなかでのデーゲームになった。ヤンキー・スタジアムには期待感が満ち満ち、ざわめきがうずまいていた。一回裏、先頭バッターのデレク・ジーターは、打率こそまだ二割五分七厘ながら、レイズのエースである左腕のデイビッド・プライスを相手に粘ってフルカウントに持ちこみ、八球めに三遊間をゴロで抜けるヒットを記録した。二九九九安打めだ。

このヒットで楽になった、とジーターはいう。

「すごく大きかった。たとえプライスが、ベンチに飛びこむようなとんでもないボール球を投げたとしても、ぼくはスイングしただろうね。四球を選ぶ気なんか、さらさらなかった」

三回にふたたびジーターの打席がまわってきた。試合はレイズが二回に先制し、一対〇とリードしていた。三回裏ヤンキースの攻撃、先頭の九番ブレット・ガードナーが、セカンドゴロで一アウト。つぎのジーターは、またしてもフルカウントまで粘った。投手のプライスは、直球の球速がときおり一六〇キロを計測していたが、ジーターが直球に的をしぼっていると感じて、カーブを投じた。ジーターのバットが一閃する。カツンという打球音がスタジアム中に響き、ボールはレフトに向かって高々と舞いあがると、そのままスタンドに飛びこんだ。

デレク・ジーターは、この年ここまでのホームランがわずか二本。一〇〇打席にわたって一本も打っていなかった。それなのに、三〇〇〇本安打という、かぎられた人しか入れないサークルのとびらをホームランでこじあけたのだ。

ヤンキー・スタジアムの時計は、ちょうど午後二時を指していた。

試合はこれで一対一の同点。

四万八一〇三人の大観衆が、「デーレク・ジーター、デーレク・ジーター！」と唱和する。

親友のホルヘ・ポサダが真っ先にベンチを飛び出すと、あとの選手たちもそれにつづいて、キャプテンを、凱旋する英雄をわっと取りかこみ、つぎつぎと抱きしめては背中をたたいた。

気がついたらホームに向かって駆けだしていた、とポサダはいう。

「みんなが走っていって、あいつを抱きしめた。やったな、と声をかけたとき、少しぐっときてしまったよ。ほんとうにうれしかった」

相手チーム、タンパベイ・レイズの選手たちも、かつてのチームメート、ジョニー・デイモンが率いる形でベンチ前に出てきて、三〇〇〇本安打のジーターに敬意を表した。

人々の大歓声が鳴りやまず、ジーターはカーテンコールのためベンチを飛び出して、両手を高々とつきあげた。試合は四分間中断した。

デレク・ジーターは、三〇〇〇本安打を達成した史上二八人めの選手になった。二〇〇七年に、ヒューストン・アストロズのクレイグ・ビジオ[▼1]が三〇〇〇本を打って以来、四年ぶりのことだ。

三〇〇〇本すべてを同じチームで打ったのは、史上一一人め。

ヤンキースの選手としては、初の三〇〇〇本安打達成者だ。

▼1　メジャー20年で、通算3026安打。打率.281、ホームラン291本。二塁手としてゴールドグラブ賞4回、シルバースラッガー賞5回（ただし最初の受賞時は捕手）。2015年野球殿堂入り。

新旧含めて、ヤンキー・スタジアムで達成した最初の選手でもある。

そして三〇〇〇本めをホームランで飾ったのは、ウェイド・ボッグズについで史上二人めのことだった。▼2

三七歳と一三日での三〇〇〇本到達は、タイ・カッブ（三四歳八か月と一日）、ハンク・アーロン（三六歳三か月と一二日）、ロビン・ヨーント（三六歳一一か月と二四日）につぐ史上四番目の若さ、二三六二試合めでの達成は、史上七番めの早さ、そして九六〇四打数での達成は、史上一〇番めの早さだった。

三〇〇〇本安打の達成は「すごいことだと思う」とジーターは語った。「メジャーリーグ史上でも、それほどたくさんの人が成し遂げているわけではないから、大きな意味のある数字だ。ヤンキースの選手として初めてというのも……ヤンキース史上初というのは、なんであってもすごいことだよ」

ジーターはこの日のできごとを「特別な一日だった」といい、ここに至るまで、だいぶ強がりを口にしてきたことを認めた。

「三〇〇〇本のことは気にしていないし、プレッシャーもないと強がっていたけど、ホームで達成しなくちゃいけないというプレッシャーは、すごく感じていた。考えまいと思っても、無理な相談だ。行く先々で、誰かが必ずその話題を持ち出すんだから」

打たれたデイビッド・プライスは、こう語る。「三〇〇〇本めを打たれても、打点を献上したり、塁に出して得点されたりしなければいいと思っていたのに、一発でそれを全部やられてしまった。さすがだよ」

▼2　ウェイド・ボッグズは、メジャー18年、通算3010安打、打率.328。3000本安打達成時は、デビルレイズに所属。三塁手としてシルバースラッガー賞8回、ゴールドグラブ賞2回。2005年野球殿堂入り。なお、2015年6月19日にA・ロッドも3000本安打をホームランで達成した。

こうしてジーターは、この日の大きな目標を達成したが、まだ終わりではなかった。まだするべきことがある。試合をつづけ、勝利をつかむのだ。この日の試合前の段階で、ヤンキースは、首位のレッドソックスまで一ゲーム差につけていた。きょうはどうしても勝たなくてはならない。

四回にレイズに三対二と逆転を許して迎えた五回裏、この回先頭のジーターは、プライスの初球をたたいて、レフト線にツーベースを放った。三〇〇一本め。これをきっかけに、ヤンキースはこの回二点をとり、四対三とふたたび試合をひっくりかえした。

六回には、二アウトランナー一塁の場面で、レイズのリリーバー、ブランドン・ゴームズの一ボールからの二球めを、トレードマークともいえる、腕をたたんだ「インサイド・アウト」のスイングでライトにはじき返し、シングルヒットにした。三〇〇二安打。

そのあとまたまたレイズが四対四と追いついて迎えた八回裏、レイズのセットアッパー、ジョエル・ペラルタから、ヤンキースこの回先頭の八番エドワルド・ヌネスが、ツーベースで出塁する。九番ガードナーがバントで送って、一アウト三塁。ここでジーターが、なんとこの日五安打め、通算三〇〇三本めとなるセンター前ヒットを放った。三〇〇〇本安打を達成した日に五安打を放つのは、クレイグ・ビジオについで史上二人めだ。これで三塁からヌネスが帰って五対四。最後はリベラが三人で試合を締め、ジーターの打点でヤンキースは勝利をおさめた。

完璧な一日の、完璧な締めくくり。

マリアノ・リベラは、ジーターが、シングルヒット、ツーベース、ホームランを打ったのに、スリーベースを打ってサイクルヒットにしなかったなんて驚きだ、とおどけてから、つぎのようにコメントした。

「でも何よりすばらしいのは、彼が、くる日もくる日も地道に準備を重ねていることだよ。それを何年もつづけている。だからほんとうにうれしい。これだけのすばらしい成果にふさわしい人だし、これからまた一〇〇〇本、二〇〇〇本と打ちつづけてほしい」

「これ以上のシナリオはないんじゃないか?」と、ジョー・ジラルディ監督は語った。「三〇〇〇本安打をホームランで達成して同点にし、三〇〇三安打めで試合を決めるなんて、そのまま映画になりそうだ。みんな『うわあ、さすがにやり方を心得てる』とあらためて思っただろう」

チームメートやOB、オーナー、そして政治家からも賛辞がふりそそいだ。

殿堂入り選手で、かつてのチームメートでもあるウェイド・ボッグズは、ジーターが自分と同様、三〇〇〇本安打の大台に到達したことを寿《ことほ》いだ。「三〇〇〇本打つということは、自分で作った山のてっぺんに旗を立てるようなものだ。これもまた、デレクが自分で築きあげた財産だよ」

やはり殿堂入り選手で、多くのヤンキースファンや選手に愛されるヨギ・ベラもコメントを寄せた。ヨギ・ベラ自身は、通算二一五〇安打で現役を終えている。「思い切り抱きしめてやりたいよ。まったくもって、大変な偉業だ」

オーナーのハル・スタインブレナーは、ジーターの「あくなきチーム優先の姿勢」をたたえた。

そしてニューヨーク市長、マイケル・R・ブルームバーグはつぎのように述べた。

「ニューヨークには、どこの街よりもすぐれた野球の伝統があるが、一人の選手が、ニューヨークのユニフォームだけに袖を通して三〇〇〇本安打を打ったことは、きょうまで一度もなかった。おめでとう、デレク。きみは、ニューヨークに住むすべての者を、誇らしい気持ちにさせてくれたよ」

第25章 ジーターの真の姿

彼は二〇年間にわたり、われわれのど真ん中で存在感を発揮しつづけてきた。ありとあらゆるテレビコマーシャルに登場し、その顔はパパラッチの格好のターゲットとして新聞や大衆紙のページを飾り、その名前はたえずゴシップ記事に登場してきた。

だがわれわれはデレク・ジーターについて、ガムのおまけの野球カードに記されたこと以外に、いったい何を知っているだろう？

たしかなのは、ジーターがニュージャージー州ペクアノックという発音のおぼえにくい、そしてつづりはもっとおぼえにくい（Pequannock）町で生まれたということ。これはニュージャージー州モリス郡の東端、ニューヨークのブロンクスから三〇キロほど西にいったところに位置し、二〇一〇年の調査では人口一万五五四〇人という小さな町だ。そして育ったのは、グレン・ミラーの曲（「ＡＢＣＤＥＦＧ、ぼくの彼女はカラマズーっ娘《こ》」）にもあるミシガン州カラマズーだ。

それ以外は？

ジーターの母親のドロシーはドイツ系アイルランド人のカトリック教徒で、父親のチャールズはアフリカ系アメリカ人だ。父はアラバマ州出身で、シングルマザーに育てられた。

ジーターの両親は、ともに陸軍で勤務しているときドイツで出会い、息子のデレクとその妹のシャーリーを愛情たっぷりに、しかしきちんとした価値観を持ってきびしく育てた。子どもたちが小さいころ、両親は毎年八月になると、二人に誓約書を見せて署名させた。その誓約書には、勉強時間、門限、必要な成績、人を尊重すること、ドラッグとアルコールに手を出さないこと、といった行動規範が記されていた。

ジーターがいずれは結婚して子どもを持ちたいと思っていることも、われわれは知っている（本人がそういうからなのだが、実のところ、一九九六年にルーキーとしてメジャー昇格を果たしたころから、その目標にはさっぱり近づいている気配がない）。[▼1] ジーターのデート相手が、世界的に有名な、とてつもない美女ばかりで、カレンダーが一年分埋まりそうなくらいいることも（新聞や雑誌を介して）知っている。マライア・キャリー、ジョイ・エンリケス、ミス・ユニバースのララ・ダッタ、テレビ司会者のバネッサ・ミニーロ、女優のジョーダナ・ブリュースター、ジェシカ・ビール、ミンカ・ケリー……。

またジーターは、数多くのCMに出演して、フォードの乗用車やトラックから、ナイキ、ゲータレード、フリート銀行、VISAカード、ディスカバーカード、フローシャイムの靴、ジレットそしてスキッピーのピーナッツバターにいたるまで、さまざまな商品に太鼓判を押している。

二〇〇六年には、ジーターが、メジャーリーガーのCM出演料ランキングで第二位だった（ちなみにこの年のトップは、日本全土を掌握しているイチローだ）。二〇〇三年、〇五年、一〇年の「スポーツビジネス・サーベイ」では、最も市場価値の高い野球選手に輝き、また二〇一一年のニー

▼1　2015年11月、ジーターは2012年から交際していたスーパーモデル、ハンナ・デイビスとの婚約を発表した。

ルセンの市場調査でも、「まじめさ、親しみやすさ、経験の豊富さ、影響力の強さ」などの理由で、最も市場価値の高い野球選手と評価された。

ジーターは、野球選手としては高齢とみなされる歳になっても、リトルリーグの選手のように生き生きと、楽しそうにプレーする。打球がゴロになろうとフライになろうと、スコアやイニング、相手チーム、その試合の重要性などまったくおかまいなしに、必ず全力疾走する。

ジーターが〈ターン2財団〉という慈善事業を立ちあげ、幼い子どもや青少年がドラッグ中毒やアルコール中毒にならないよう手をさしのべ、学業成績優秀者を表彰し、発足以来ミシガン州西部とニューヨーク、それにタンパベイ地区の青少年育成事業に一六〇〇万ドル以上の寄付を行っていることも、われわれは知っている。

だがわれわれは、デレク・ジーターの真の姿を知っているといえるのだろうか？　知っている者はいるのだろうか？　ジーターは、どんな本が好きなのだろう（そもそも本を読むのだろうか？）。どんな音楽をきき、どんな映画を好むのだろう？　好きな映画俳優は誰だろう（デート相手は別として）。舞台を楽しんだことはあるのだろうか？　そういえば、ジーターがブロードウェイの舞台裏を訪ねた写真など見たことがないし、オペラやコンサートや演劇を見にいったという話も、ほとんどきいたことがない。

政治的信条はどうなのだろう？　政治に興味はあるのだろうか。誰に投票するのだろう。そもそも票を投じたことはあるのか。そういえば、投票所に足を踏み入れるジーターや、投票所から出てくるジーターの写真は、見たことがない。

どこの教会に通っているのだろう？　ジーターが教会にいくのかどうかすら、われわれは知らない。母親と同じくカトリックだといわれていて、打席に入るとき、たまに十字を切る仕草を見かけることはあるのだが。

デレク・ジーターは、息子としても、友人としても、チームメートとしても、対戦相手としても、ヤンキースの選手としても、そして野球選手としても模範的で、バド・セリグコミッショナーの言葉を借りれば、「野球界の顔」であると見なされてきた。そして、ジーターのそういう面に異を唱える者は誰もいない。禁止薬物の使用がはびこり、メディアがプロスポーツ選手の一挙手一投足をあげつらう現代にあっても、ジーターは疑惑を招くようなことは一切なく、スキャンダルとは無縁の人生を送ってきた。ジーターは、多くを語らない男だ。イメージを大切に守るためつねに気を遣っている。ほんのささいな失敗も見すごしにされないこの時代に、デレク・ジーターはいつでもいうべきことをいい、するべきことをしてきた。だが、そんなジーターが、一度だけ物議をかもしたことがあった。

息子として、友人として、チームメートとして、対戦相手として、ヤンキースの選手として、そして野球選手としての模範生にも、模範的でないときがある。ジーターがそんな瞬間を垣間見せたのは、二〇一一年のことだった（模範生だって、一度ぐらい失敗してもいいではないか？）。

この年ジーターは、ファンに──自分のファンに──投票で選ばれて、一二度めのオールスターに名を連ねた。ファン投票で選ばれ、アメリカン・リーグの遊撃手として八度めの先発出場をするはずだった。ところが、三〇〇〇本安打達成までの「肉体的、精神的疲労」と、ふくらはぎの故障から復帰して間もないことを理由に、この真夏の祭典の出場を辞退すると発表したのだ。

オールスターゲームは、ジーターが三〇〇〇本安打を達成した三日後に、アリゾナ州フェニックスのチェイス・フィールドでひらかれることになっていた。

この出場辞退はジーターらしからぬ行動で、らしからぬゆえに賛否両論の嵐が巻き起こった。ほかの選手なら、これほどの複雑な反応が押し寄せることなど、なかったにちがいない。

メジャーリーグのとある匿名の幹部によれば、オールスターゲームの舞台でジーターの三〇〇〇本安打達成を祝う式典が計画されていたため、関係者は、ジーターの出場辞退に不快感をいだいたという。

「デレク・ジーターは、選手生活を通じてあらゆることを正しく行ってきたが、こんどばかりはしくじったね」

フェニックスにきてくれるだけでよかったのにと、その幹部は語った。選手紹介のときグラウンドに出て、帽子を振ってあいさつさえしてくれれば、あとはそのまま立ち去って、ニューヨークなりどこなり好きなところで、数日間の休みをすごしてもらってかまわなかったのだと。

「彼の三〇〇〇本安打のお祝いをするつもりだったのだから。べつに試合に出なくてもいいんだよ」

これに対してヤンキースの球団社長、ランディ・レバインは、当然ながらジーターの肩を持って、匿名の幹部に反論した。

「これは、デレク・ジーター本人が決めたことだ。彼は三週間故障で欠場していて、少し休みが必要だと感じた。だからその気持ちを尊重したい。メジャーリーグの幹部で、ジーターのことを批判している人などいないだろう。もし批判したいのなら、堂々と名乗ってから意見をいうべきだ」

フィラデルフィア・フィリーズの会長で、ナショナル・リーグの名誉会長でもあるビル・ジャイルズは、堂々と名乗ってから意見を述べた。

「せっかく先週末に三〇〇〇本安打を達成したのに、当のジーターがきていないというのは残念だね。これは問題だと思う。MLBとして調査をすべきではないかな」

ヤンキースの捕手、ラッセル・マーティンはいう。

「故障者リストから復帰したばかりだからね。もちろんファンは、彼の姿を見たかっただろう。ちょうど三〇〇〇本を打ったばかりだし、しかもど派手な達成のしかただったからね。でも体のケアをして、また故障しないよう気を配るのも大切なことだよ。それを尊重したい」

「ほかの人のことをあれこれいいたくはないが」と、カージナルスの外野手、ランス・バークマンはいう。バークマンは、前年度二〇一〇年シーズンの後半数か月間、ジーターのチームメートだった。「でも自分自身は、オールスターに選ばれたら出場する義務があると思ってる。プレーできる状態なら、出ないとね」

シカゴ・ホワイトソックスの一塁手、ポール・コネルコの考えはこうだ。

「たまには休ませてあげればいいと思うよ。ジーターは、ずっと長いことオールスターやらWBCやらに出て、野球界代表のつとめを立派に果たしてきた。いつもいつもみんなのために何もかもやってもらっているんだから、一度ぐらい休ませてあげてもいいんじゃないか」

メッツの外野手カルロス・ベルトラン▼2は、出場辞退に反対だ。

「野球選手として、故障がなければオールスターには出場するべきだと思っている。ファンが投票してくれたのだし、出場する姿を見たがっているだろうからね」

▼2　このオールスターの二週間後に、サンフランシスコ・ジャイアンツにトレード。その後カージナルスを経て、2014年からはヤンキース。ジーターの現役最終年にはチームメートだった。

コロラド・ロッキーズの遊撃手、トロイ・トゥロイツキーは、こう語る。

「ここにくればきたで、みんな放ってはおかないだろうからね。たまには、静かな時間を過ごすことも必要だよ。ぼくはジーターの大ファンだから、何も悪いことはいわない」

最後にはバド・セリグコミッショナーが、一件落着の判断を下した。

「デレク・ジーターの件は、もうこれでおしまいにしよう。この一五年間、わたしはジーターのことを、だれよりも誇らしく思ってきた。ジーターは、あるべき形で野球をプレーしつづけてきたし、グラウンドを離れても、立派な人間として行動してきた。いろいろな意見が耳に入ってはくるが、わたしはジーターの出場辞退の理由をちゃんと理解しているし、それを尊重したいと思う。わたしがジーターの立場にいても、同じことをしただろう。デレク・ジーターは、野球というスポーツに大いなる誇りをもたらし、野球人の鑑《かがみ》になってくれた。これまでの働きを考えれば、それは当然の称号だよ。だからわたしやほかの誰かが彼の辞退を不満に思っているというのは、事実ではない」

欠場問題がこれだけの騒動になったのは、ひとえにジーターが、つねに正しい道を歩んできたせいだ。これまでにもオールスター出場を辞退した選手はいるが、批判などひとかけらも出なかった。それなのにジーターがただ一度休むと発表したとたん、上を下への大騒ぎになった。なぜか？　それは、彼がデレク・ジーターだから。息子としても、友人としても、チームメートとしても、対戦相手としても、ヤンキースの選手としても、そして野球選手としても模範的な選手だからだとしかいいようがない。

ジーターは、友人を大切にする。親友には、一九九二年に1Aグリーンズボロ・ホーネッツで初めて出会ったホルヘ・ポサダや、一九九五年にメジャー昇格したとき出会ったジェラルド・ウィリアムズ[▼3]らがいる。またジーターは、周囲への敬意を忘れない。長年ヤンキー・スタジアムの場内アナウンスを担当し、レジー・ジャクソンから「神の声」と呼ばれたボブ・シェパードが引退するときには、球団に、自分を紹介するシェパードの声――「つぎは背番号2、デレク・ジーター、背番号2」――を録音してもらい、ヤンキースの選手でいるかぎりは、これを流してほしいと頼んだ。ジーターはヤンキースの伝統を大切にし、そのなかでの自分の役割を心得ている。旧ヤンキー・スタジアムのベンチに向かうときは、クラブハウスとベンチを結ぶ通路の天井から下がっているジョー・ディマジオの有名な言葉――「神よ、ヤンキースの選手にしてくださったことを感謝します」――をしるした看板に手を触れるのを忘れなかった。気さくで人なつこい面もある。ウェイティング・サークルで打順がまわってくるのを待つあいだ、よくスタンドのファンと言葉を交わしていたし、打席に立つときは、バットの先で相手の捕手に軽く触れながらあいさつしていた。相手チームの選手が二塁に到達すると、そこでもよく言葉を交わした。

「若いころ、ぼくはデレク・ジーターのことをすごく敵視していた」。そう語るのは、将来の殿堂入りが確実だといわれる、アトランタ・ブレーブスのチッパー・ジョーンズだ。「ワールドシリーズで二度やられたし（一九九六年、一九九九年）、個人的にはつき合いがなかったから。ただ、相手方のベンチにすわったことは何度もあって、彼があらゆる栄光を手にするのを見ていて、くやしくてしょうがなかった。そんなとき、二〇〇六年のWBCで、アメリカ代表としてともにプレーする機会があった。同じクラブハウス、同じベンチですごし、グラウンド外で一緒に食事をしてみて、こんなにいいやつだったのか、と初めて知った。彼があれだけの栄光を手にするのは

▼3　メジャー14年、6球団をわたりあるいた外野手。通算打率.255。2005年現役引退。

当然だよ」

メディアに対しては、ジーターは往々にして、あたりさわりのない受け答えでするりと身をかわすのが得意なのだが、だからといって取っつきにくいわけではない。取材に非協力的だなどといわれないよう、いつも気を配っているし、キャプテンとしてチームを代表する立場であることをよく理解して、きちんと応じる。ただし、それはあくまでも自分の決めた範囲内のこと。協力的でありながらも自分のことはほとんど明かさず、私生活については固く口をとざしている。話をするのはグラウンド上で起きることについてのみ。スポーツキャスターのジョー・バックがいみじくもいったように、「デレク・ジーターは、マスコミと話をしながらも、何も語らない術《すべ》を心得ている」のだ。

ジーターは、正規の教育は高校までしか受けていないが、世知に長けていて頭の回転が速い。その頭のよさをどう分類してもいいが、とにかくジーターは、口をひらくべきときと、とざすべきとき、話すことがらと、話してはいけないことがらを、しっかりわきまえている。そしてキャプテンとして、リーダーとして、ヤンキースの選手代表として、公衆の前で話をしなくてはならないときには、旧ヤンキー・スタジアム最後の日に見せたように、スピーチの才能も発揮するのだ。

▼4　主にシカゴ・ホワイトソックスなどで活躍した三塁手。メジャー16年間で、打率.267、ホームラン294本。2002年から2003年途中までヤンキースに在籍している。2012年からホワイトソックス監督。第14章も参照。

column

デレク・ジーターを語る

ジョー・トーリ

「デレク・ジーターは、わたしが監督として接したなかでも、最高の選手だ。疑問の余地はないだろう。単に能力がすぐれているというだけじゃない。ニューヨークの街と、ニューヨーク・ヤンキースへの献身ぶりが、ほんとうにすばらしい。この街も、チームも、ジーターにとっては、いつまでたっても特別なものなのだ。ジーターを誰かになぞらえることは、できそうにない。能力にかぎっていえば、もっとすごい連中もいるだろう。なにしろわたしは、ウィリー・メイズがニューヨークのスターだった時代に育っているし、ハンク・アーロンとも八年間チームメートだった。だがジーターが二一歳でメジャーに昇格し、この街でずっと成し遂げてきたことを考えると……しかも、今でも自分のかかげた目標や、チームの伝統を汚さぬようがんばっているのを見ると、多少意見がかたよっているかもしれないが、やはりデレクは、わたしが接したなかでも一番の選手だと思う」

ロビン・ベンチュラ[4]

「ヤンキースのなかでも、歴代最高の選手だと思う。ポジションや時代も勘案するとね。ジーターの世代は、もうすべてのプレーが録画されているだろう。その前の選手たちの場合は、失敗したところなんて、誰も見たことがない。いい場面しか残っていないんだ。でもデレクの試合は、すべてテレビで放送されるから、ヤンキース史上の名選手たちと比べて、誰よりたくさん批判も受けている。監督としての視点でいうと、ランナーがいるとき彼を打者として迎えたくないし、同点で出塁が必要なときもいやだし、試合終盤の試合を決める場面で出てこられるのもいやだ。ジーターは、いまだにそういう存在だよ」

ジェシー・オロスコ[5]

「どれだけインコースに投げても、ジーターは詰まりながらボールをはじきかえすし、それではと

▼5　メッツ、オリオールズなどで活躍した左腕リリーバー。メジャー24年間で1252試合登板は、歴代最多。通算防御率3.16。

アウトローに投げると、こんどは逆方向へ強い打球を打つ。投手陣でミーティングをすると、ジーターのところではしばらく話が止まるんだ。だって、どうしようもないだろう?」
ポール・オニール
「ジーターは、わたしが一緒にプレーしたなかでも最高の選手だ。彼が引退するまでに、このヤンキースのクラブハウスでも、同じことをいう選手はたくさん出てくるんじゃないかな。なかでもすばらしいのは、いろいろな側面から試合を左右する力を持っていることだね」
レジー・ジャクソン
「大きな試合では、えてして試合のペースが速く感じてしまうものだが、ジーターの場合には、逆にペースが遅くなると感じるようだ。以前あいつにいったことがあるんだよ、『おれの過去とおまえさんの未来を取り替えっこしよう』ってね」
ビリー・ビーン
「すべてのプレーに品がある。ジーターのおかげで、ヤンキースは勝ち方を知っているのかもしれない。一つの行動ではないんだ。ディマジオが、やはりそういう存在だった」
オークランド・アスレチックスのGMであるビーンは、最盛期のジーターが、なんでもない試合の終盤に、なんでもないショートゴロを打って、一塁へ全力疾走するのを見た。アスレチックスがヤンキースをリードしている試合だった。全力疾走の印象があまりにも強烈だったので、ビーンはそのプレーのビデオを作らせて、アスレチックスのマイナーからメジャーまですべての選手たちに見せるよう指示した。
「ジーターは、その当時までにもうたっぷり稼いでいたし、ワールドシリーズのチャンピオンリングも四つ手に入れて、メジャーでも一、二を争う選手になっていた。しかも試合はもう七回で、ヤンキースが三点負けていた。それなのにあれだけの走りをする。うちの選手たちに『みんな、自分は必死に走ってると思っているだろうが、チャンピオンで、将来確実に殿堂入りするような選手がこれだけ猛然と走るんだ』ということをわからせる、格好の材料だった。もちろんうちの選手たちも手を抜いているわけではないが、ジーターの走りはそんなものをはるかに凌駕していた。デレク・ジーターが毎度毎度あれだけの全力疾走をするなら、ほかの選手はみんな胸に手をあてて、なぜ自分にもできないのかと自問するべきだね」

カート・シリング

「デレク・ジーターには、どこか超然としたところがある。おれのように、しじゅうもめごとに首を突っこんでは何百回も失言し、ろくでもないことばかりいって、もっとろくでもないやつを取り消す、なんていう生活をしてる者にとっては、ジーターは一服の清涼剤だ。あいつはメジャーに登場して、プレーして、スポーツ界でも最も過酷な環境のなかで、殿堂に一発で選ばれるような野球人生を送ってきた。おれのような人間にとっては、一〇年かそこらあいつと張り合ってきたこと自体が、メジャーリーグのメジャーリーグたるゆえんだった」

チッパー・ジョーンズ

「彼は、ほんとうにまじめで立派な男だ。すべてを正しいやりかたで成し遂げる。あれだけの栄誉を受けるのも当然だ」

ドン・ジマー

「引退したら、ヤンキースの歴史上の名選手として、語りつがれるだろうね」

マイク・トラウト（二〇一二年、ルーキーとしてオールスターゲームに出場。二日間ジーターとチームメートになることについて）

「名誉なことだよ。子どものころから夢見てきたことだから。すごいと思う。すべてを楽しみたいし、話もできるだけさせてもらうつもりだ」

ホルヘ・ポサダ

「デレク・ジーターのことなら、何があっても驚かないよ」

アンディ・ペティット

「若いころから一緒にやっているからね（コア・フォーが、最初にチームメートとしてプレーしたのは、3Aコロンバス・クリッパーズでのことだった）。でもあのころから、こいつは特別だとわかっていた」

アレックス・ロドリゲス

「五〇年後に野球ファンがジーターの野球カードの裏を見たら、三千何百安打だとか、ひょっとしたら四〇〇〇だとかいうすごい数字が並んでるんだろう。でもそんなのは、ジーターという野球選手のことを半分も表してない。おれは、あいつの隣でプレーしていて、すごくたくさんのことを学んだ。あいつは、おれをふるいたたせてくれたし、やる気にさせてくれた。ジーターは、とことん勝負にこだわる究極の勝負師だ。マシンみたいだし、ロボットのようでもある」

2001年、アリゾナ・ダイヤモンドバックスとのワールドシリーズ第4戦、延長10回裏に金炳賢（キム・ビョンヒョン）からサヨナラホームランを放ち、こぶしを突き上げるデレク・ジーター。撮影：Ezra Shaw/Getty Images Sport/Getty Images

2003年、コア・フォーにとって6度めの（ヤンキースとしては39回めの）ワールドシリーズに臨んだが、フロリダ・マーリンズに敗れた。ペティットはシーズン後、FAとしてヒューストン・アストロズに移籍した。写真左下にはこの年からヤンキースに加入した松井秀喜の姿が見える。松井はこのワールドシリーズの第2戦で、日本人選手として初となるホームランを放っている。撮影：New York Daily News Archive/New York Daily News/Getty Images

2009年のワールドシリーズでフィラデルフィア・フィリーズを破り、優勝トロフィーを受けとって
喜ぶペティット、ポサダ、ジーター、リベラ。撮影：Pool/Getty Images Sport/Getty Images

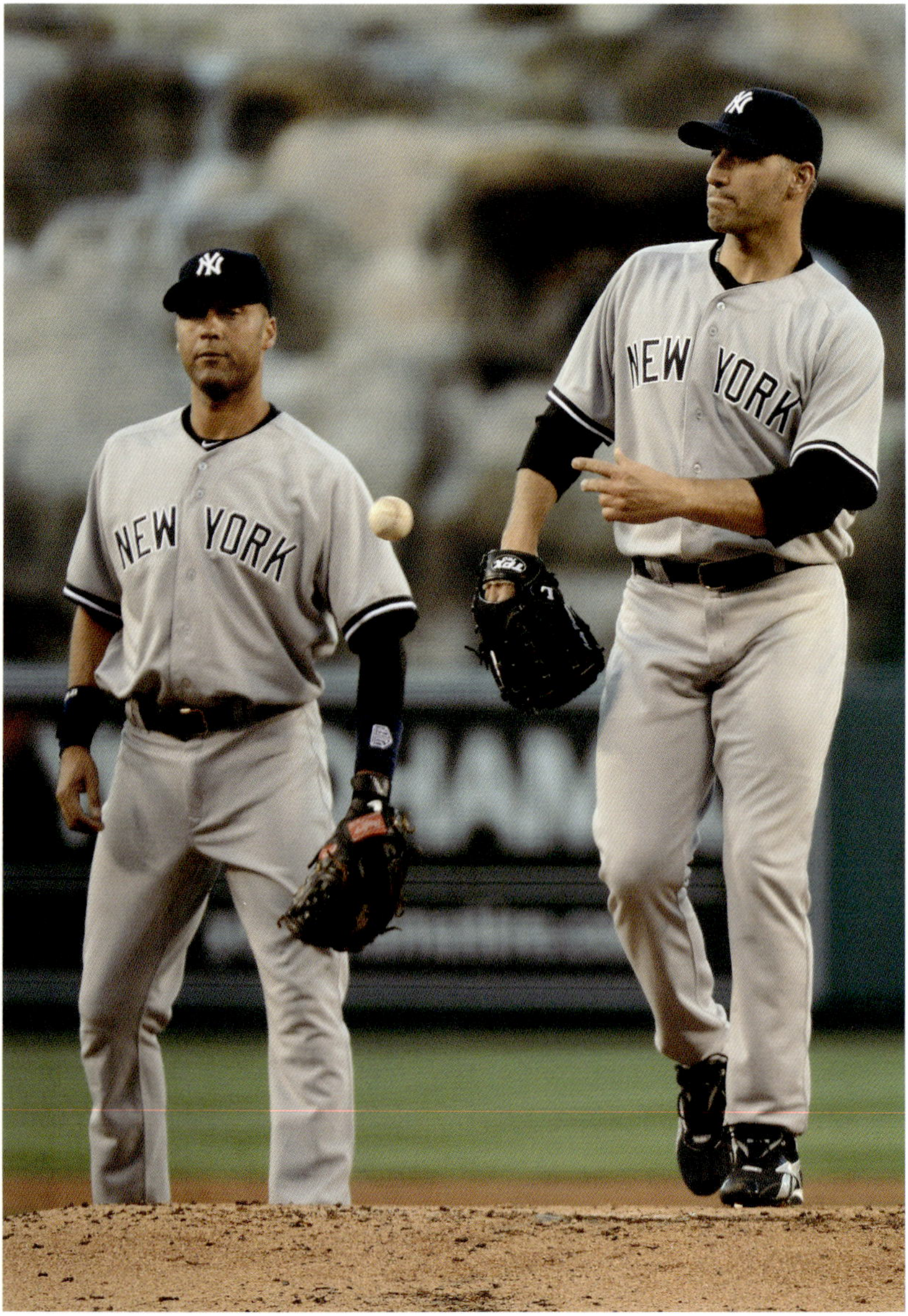

2012年、ポサダの引退とリベラの怪我のため、チームの牽引役は、38歳のジーターと40歳のペティットに託された。この年ヤンキースは、アメリカン・リーグで最高の勝率をあげた。撮影：Harry How/Getty Images Sport/Getty Images

第26章 ザ・キッド、ザ・フリップ、ザ・ダイブ

二〇年にわたる現役生活をつうじて、ジーターは、〝キャプテン〟〝ミスター・クラッチ〟〝一一月の男《ミスター・ノベンバー》〟と呼ばれ、「スポーツセンター[▼1]」でひっきりなしにハイライトが流れる野球人生をみずからの手で築きあげて、はぐくんできた。それらのハイライトのなかでも、「ザ・キッド」、「ザ・フリップ」、「ザ・ダイブ」というキーワードで知られる三つのシーンは、デレク・ジーターの魔法のような強運と、野球勘、そして大胆さを体現している。

ザ・キッド

一九九六年、デレク・ジーターは新人だった。レギュラーシーズンで打率三割一分四厘、ホームラン一〇本、打点七八という成績をあげ、満場一致でアメリカン・リーグの最優秀新人賞に選ばれた特別な新人ではあったが、それでも新人にはちがいなかった。

ポストシーズンに入ると、ヤンキースはまず地区シリーズでテキサス・レンジャーズを三勝一敗でしりぞけたが、このシリーズでジーターは、四割一分二厘と大当たりしている。そして一〇

▼1　ケーブルテレビ局ESPNのスポーツニュース番組。

月九日、こんどはボルティモア・オリオールズとのリーグ優勝決定シリーズを迎えた。その夜ヤンキー・スタジアムで行われた初戦では、ヤンキースが三対四と一点リードを許して、八回裏、ジーターを打席に迎えた。

マウンド上は、オリオールズのリリーフ投手、アーマンド・ベニテス。身長一九三センチ、体重一〇〇キロ超、ドミニカ共和国出身の二三歳の速球派投手で、ときに一六〇キロを超える球を投げこんでくる。この日は七回裏、二アウト満塁の場面でマウンドに立ち、押し出しの四球を一つ与えたものの、マリアノ・ダンカンを速球で空振り三振に取って、ピンチをしのいでいた。

八回裏、オリオールズのデイブ・ジョンソン監督は、一点のリードを守ろうと、ボビー・ボニーヤに代えてトニー・タラスコをライトの守備につかせた。マウンド上のベニテスは、まずこの回先頭の八番ジム・レイリッツを三振に取る。つぎは九番ジーター。この試合では、いずれも内野安打ながら、すでに二安打していた。

そしてこの打席でジーターが、初球を、やがてトレードマークになる「インサイド・アウト」のスイングで振りぬくと、打球は手前にせりだしたヤンキー・スタジアムのライトスタンドめがけて舞いあがった。ライトの守備固めに入ったタラスコが、フェンスいっぱいにバックする。ここで当時のNBCテレビアナウンサー、ボブ・コスタスの実況を書きおこしてみよう。

「ライトのタラスコがバック、フェンスいっぱいに……おや、どうした?（タラスコがライトの線審に抗議しはじめる）どうやらタラスコは、ファンが手を伸ばしてボールにさわったと抗議しているようです。しかし線審のリッチー・ガルシアは、これを却下。判定はホームラン！　オリオールズのデイブ・ジョンソン監督が、ベンチから飛び出してきました。一方、ジーターはベースを一周してホームイン。同点です」

テレビのリプレイや新聞の写真には、タラスコが捕球しようとグラブを構える上で、少年がライトフェンスからグラウンドに身を乗り出し、自分のグラブでジーターの打球に触れたところがはっきり写っていた。のちにこの少年は、ニュージャージー州に住むジェフリー・マイヤーという一二歳のヤンキースファンであることが判明する。マイヤー少年は何かを予感したのか、賢明にもグラブをはめて試合を観戦しており、グラウンド内にそれを差し出して、ジーターの打球をキャッチしたのだ。

「まるで魔法だ」と、タラスコは語った。「取ろうと思って構えたら、突然グラブが現れて、ボールが消えてしまった。あの子《ザ・キッド》はフェンスから身を乗り出して、グラブをこっちまで差しだしてきた。グラブ同士がぶつかりそうになったよ。おれはボールの真下にいた。もし打球がほんとうにフェンスを越えそうだったら、少なくともジャンプぐらいしたさ。ありゃあ魔法だ。魔術師マーリンがいたにちがいない。アブラカダブラ」

プレーのビデオを見た線審のリッチー・ガルシアは、誤審だったことを認めた。「たしかにあのままでは、打球はフェンスを越えなかっただろう。だがタラスコが取っていたとも思わない」

ジェフリー・マイヤー少年は、こう語った。「何も悪いことをするつもりじゃなかった。ぼくはただの一二歳の子どもで、ボールを取ろうとしただけなんだ」

やがて慣例になるように、ジーターはこの微妙な件に関しては一切口をひらかなかった。だがそのホームラン自体が、ジーターの持つ資質を、長く輝かしい彼の野球人生をずっと支える資質を見せつけるものだった。大事なところで一発を放ち、試合を同点にしたのだから。ヤンキースは、延長一一回にバーニー・ウィリアムズのサヨナラホームランでこの試合をものにし、四勝一敗でオリオールズを下す。そしてワールドシリーズでは、アトランタ・ブレーブスを四勝二敗で破り、ついに一八年ぶりのワールドチャンピオンに輝いた。これが、コア・フォーの時代における五度のワールドシリーズ制覇の第一歩になったのだ。

ザ・フリップ

これはまさにデレク・ジーターの真髄を明確に示したプレーだ。チームメートのバーニー・ウィリアムズを「あれを見ると、ほんとうにすごいプレーヤーだと思い知らされる」と感嘆させ、当時相手チームのコーチだったロン・ワシントンを「だからデレク・ジーターは、デレク・ジーターなんだ」と慨嘆させたプレーでもある。

これが飛び出したのは、二〇〇一年一〇月一三日土曜日、オークランドでのことだった。あまりにも意表を突く、鮮烈で驚異的なプレーだったので、誰もが目をうたがい、その後ジーター伝説、ジーター神話として語りつがれるようになった。人間ばなれした野球勘と、いいときにいい所に身を置く才能のなせる技で、やはりジーターにしかできないプレーだと誰もが感じ入った。

この年のレギュラーシーズンで、ヤンキースは九五勝六五敗、二位のボストン・レッドソックスに一三・五ゲーム差をつけ、圧倒的な強さでアメリカン・リーグ東地区を制していた。しかしオークランド・アスレチックスも、アメリカン・リーグ西地区でシアトル・マリナーズに一四ゲーム差をつけられて二位に甘んじたとはいえ、一〇二勝をあげている。地区シリーズでは、ヤンキースの強敵になると見られていた。

▼2　兄のジェイソンは、この試合でアスレチックスの3番、弟ジェレミーは6番を打っていた。翌2002年、ジェイソンはFAでヤンキースへ移籍。

果たせるかな、ヤンキースにとっては幸先の悪い出だしになった。第一戦で、アスレチックスの先発、マーク・マルダーがロジャー・クレメンスに投げ勝ち、第二戦ではティム・ハドソンがアンディ・ペティットに投げ勝ったのだ――それも、ヤンキー・スタジアムで。三戦先勝のシリーズで、本拠地で最初の二戦を落としてから三連勝したチームは、それまで一つもなかった。

第三戦は、またしても投手戦になった。シーズン一七勝をあげた投手同士、ヤンキースのマイク・ムシーナとアスレチックスのバリー・ジトの投げ合いだ。七回表まで、両投手とも許したヒットはわずか二本ずつ。ただ、ヤンキースの二安打のうち一本は、ホルヘ・ポサダが五回表に放ったソロホームランだったので、ムシーナとヤンキースは一対〇とわずかながら優位に立っていた。

七回裏ムシーナは、ジャメイン・ダイをショートフライ、エリック・チャベスをセンターフライにしとめて、すばやく二アウトを取った。だがジェイソン・ジアンビの弟、ジェレミー・ジアンビ[2]にライト前ヒットを許すと、テレンス・ロング[3]が打席に立った。ロングは、アラバマ州モンゴメリー出身の、二五歳の左打者だ。トレードでアスレチックスへきてから二年間、打率が二割八分八厘と二割八分三厘、ホームランは一八本と一二本、打点は八〇、八五と、よい成績を残していた。

ロングはライトのフェンス際に強烈なライナーを放ち、一塁ランナーのジアンビが勢いよく二塁をまわった。右翼手のシェーン・スペンサーがボールに追いつき、ホームめがけて返球する。ところがボールは、カットに入った一塁手、ティノ・マルティネスのはるか頭上を越えて、一塁線にバウンドした。ジアンビはすでに三塁をまわっている。送球エラーでジアンビがホームイン

▼3　1999年夏のトレードで、後の200勝投手ケニー・ロジャースの交換相手としてメッツからアスレチックスへ移籍。2004年には、またトレードでサンディエゴ・パドレスに移籍している。メジャー実働8年通算打率.269、ホームラン69本。

して同点、と誰もが思った。

そのときどこからともなく、持ち場を離れたデレク・ジーターが現れた。送球がそれてカットマンが捕球できそうにないことを見てとり、内野をまっすぐ突っ切ってきたのだ。ジーターは、一塁とホームのあいだのファウルゾーンでボールをつかむと、一瞬も迷わず、流れるような動作で、ホームめがけてバックトス。それをホルヘ・ポサダが捕球し、ホームにかけこんできたジアンビをタッチアウトにした。

もしジアンビがスライディングしていれば、おそらくセーフだっただろう。ジーターのバックトスは、ポサダの左手側、わずかに三塁寄りのところに到達したので、ポサダはミットで捕球すると一切のむだなく、かけこんでくるジアンビの足にタッチすることができた。もしジーターのトスがポサダの右手側にきていたら、捕球して振り返るあいだに、ランナーはホームインしていただろう。

そもそも遊撃手のジーターは、あそこにいるはずではなかった。打者走者で、勝ち越しのランナーになるロングを刺すべく二塁に返球がきたときにそなえて、二塁のカバーに入るのがセオリーだ。

なぜ一塁線上にいたのだろう？

はっきりした答えはない。当時、アスレチックスの三塁コーチだったロン・ワシントン[▼4]がいうように、それがジーターのジーターたるゆえんであり、生来の野球勘にまかせて、いいときにいい所に身を置いたということなのだろう。ワシントンはいう。

「デレク・ジーターは、それた返球のバックアップがいないことに気づいて、持ち場を離れ、あ

▼4　その後2007年から2014年途中までテキサス・レンジャーズ監督。2015年途中からは、ふたたびアスレチックスの守備コーチに就任している。

のプレーをした。それがデレク・ジーターだ。もしデレクがあのボールにさわらなければ、ジアンビはまちがいなくセーフだった。グラウンド上での意識の高さというのは、まさにああいうことだ。デレクは、あそこにいるはずではなかったし、いてほしくなかった。でもそれがデレク・ジーターだ。だから彼はチャンピオンなんだ」

ヤンキースは、この試合を一対〇でものにし、第四戦も九対二で勝利をおさめた。そしてヤンキー・スタジアムに戻って戦った第五戦には五対三で勝利し、ワールドシリーズに駒を進めた。

ザ・ダイブ

二〇〇四年七月一日木曜日夜のヤンキー・スタジアムでの一戦は、ペナントのかかった大一番というわけではなかった。ヤンキースは七・五ゲームという、追いつかれそうにない大差をつけて、アメリカン・リーグ東地区を独走しており、なにがなんでも勝たねばならないという状況ではなかった。だが相手は仇敵のボストン・レッドソックス。それだけでも特別な試合になろうというものだ。

試合は延長一一回まで四時間近くかかる緊迫の一戦になった。二回にホルヘ・ポサダが四球で歩き、トニー・クラークがペドロ・マルティネスから二ランホームランを放ってヤンキースが先制、その後、五回にはポサダのソロホームランで一点追加する。しかしレッドソックスも六回にマニー・ラミレスの二ランホームランで反撃し、七回にも一点加えて同点に持ちこんだ。

三対三のまま迎えた一二回表、レッドソックスは二アウト二、三塁のチャンスを迎えた。ここで代打トロット・ニクソンが、レフトの浅い位置のライン際にポップフライを打ちあげた。遊撃手デレク・ジーターが、それを猛然と追いかける。

ボールが捕球されずに落ちていたら、フェアだったのかファウルだったのかはわからない。とにかくつぎの瞬間、我々は、ジーターの新たな伝説を、その闘争心の新たな一例を、怪我をもいとわない果敢さを目の当たりにする。すべては最終目標である勝利を手にするためのことだ。危険を度外視して猛然と走ってきたジーターは、ファウルラインの直前か、わずかに外で打球をつかまえると、勢いを止めるすべもなく、頭からスタンドに飛びこんだ。しばらくして助けおこされたとき、グラブにはまだしっかりとボールがおさまっていたが、右目の下とあごの傷には血がにじんでいた。深刻な怪我につながらなかったのは、幸いだった。

ジーターはそのまま交代したが、ヤンキースは延長一三回裏に代打ジョン・フラハティーのサヨナラタイムリーで勝利をおさめた。ジーターは、近くにあるニューヨーク・プレスビテリアン病院[▼5]に連れていかれ、あごの傷を七針縫う治療を受けた。だが翌日シェイ・スタジアムで行われたニューヨーク・メッツとの交流戦には、先発メンバーとしてしっかり出場した。

健康な体と、怪我に対する強さと、幸運にも恵まれて、ジーターは一九九六年から二〇一〇年までの一五年間、メジャーリーグのどの選手よりも多くの試合に出場した。ヤンキースのこなした二四二八試合中、ジーターが出場したのは二二八〇試合。実にチームの試合の九四パーセントに出場したことになる。

▼5　コロンビア大学付属病院。ヤンキースの前身であるハイランダーズの球場跡地に建てられており、病院の敷地内に記念のプレートがある。ブロンクスに近いためヤンキースと関係が深く、2006年に松井秀喜が左手首を骨折したときも、ここで手術を受けた。

column

ディマジオとジーター

ベーブ・ルース、ルー・ゲーリッグ、ジョー・ディマジオ、ミッキー・マントル、ヨギ・ベラ、ホワイティ・フォード、レジー・ジャクソン、そして……デレク・ジーター？

まったくすごいことだ。考えるだけでも胸がふるえ、脅威の念に打たれる。

スポーツ界で最も偉大なチームの最も偉大な選手たちのあいだに、ミシガン州出身の二一世紀の若者が割って入り、当然のように居並ぼうとは誰が想像したことだろう。かつて針金のように細かった若き遊撃手が、古くは一〇〇年前にまでさかのぼる野球の神様たちと肩を並べようとは、しかもその若者がやがてチームの安打記録を破り、神様たちですら到達できなかった高みに達しようとは、誰が思ったことだろう。

ジーターは、この神殿のどのあたりに位置するのだろう？　ヤンキース史上最高の選手だろうか。あるいはベスト三といったところか？

このそうそうたるメンバーのなかで、デレク・ジーターが、タイプでもプレーでも一番似ているのは、ヤンキースの快速船《クリッパー》ことジョー・ディマジオだろう。ジーターには、ルースや、ゲーリッグ、マントル、ジャクソンのようなパワーはなかったが、ディマジオと同じく、品のよさと優美さがあった。異端のそしりを恐れずにいえば、ジーターは時として、ディマジオ以上にディマジオであった。

たしかにディマジオは、すばらしい選手だ。現役生活は一三年間にとどまったが（ジーターの現役生活は二〇年間に及んだ）、それは全盛期の三年間を第二次大戦への従軍に費やしたからだし、足の骨棘《こつきょく》に苦しめられたからでもある。

ディマジオの五六試合連続安打にジーターは遠く及ばなかった（二五試合が最長）。これは七〇年以上も前に作られた大変な記録で、おそらくもう破られることはないだろう。ディマジオの三振の少なさにもかなわなかった。ディマジオの三振は通算で三六九個、一九四一年シーズンなどは、一三九試合に出場してわずか一三個だった。[6]

だがディマジオは、三〇〇〇本安打には遠く及ばなかったし、二〇〇本以上安打を放ったシーズンも二度しかない（ジーターは八度）。[7] またディマジオには一〇個以上盗塁したシーズンが一度もないが、ジーターには一六シーズンあり、そのうちの八シーズンで二〇個以上の盗塁を記録している。

ディマジオは、一〇回のワールドシリーズでの通算打率が二割七分一厘、ジーターは七回のワールドシリーズでの通算が三割二分一厘だった。

ディマジオ対ジーターの比較をさらに進めると……

ディマジオのメジャー昇格後最初の六シーズン（一九三六年から四一年）に、ヤンキースは五九八勝し（一シーズン一五四試合で、平均九九・七勝）、その間、ワールドシリーズ制覇を逃したのは一度だけだった。

ジーターのメジャー昇格後最初の五シーズン（一九九六年から二〇〇〇年）に、ヤンキースは四八七勝し（一シーズン一六二試合で平均すると九七・四勝）、やはりワールドシリーズ制覇を逃したのは一度だけだった。

ディマジオは、最初の五シーズンに、レギュラーシーズンとワールドシリーズを含めて、九九四安打を放ち、六二五得点した。ワールドシリーズでは一九試合に出場し、チーム成績は一六勝三敗だった。

ジーターは、最初の五シーズンに、レギュラーシーズンとワールドシリーズを含めて、一〇二二安打を放ち、六一九得点した。ワールドシリーズでは、やはり一九試合に出場し、チーム成績は一六勝三敗だった。

▼6　ジーターの通算三振数は1840。1シーズン平均で109。ディマジオの1シーズン（162試合換算）平均三振数は34。
▼7　現在は1シーズン162試合だが当時は154試合。162試合平均の安打数は、ディマジオが207本、ジーターが204本。

第27章　アンディ、ふたたびヤンキースに戻る

「野球のボールをつかんで人生の大半を生きてきて、
ふと振り返ると、つかまれているのは自分のほうだと気づくのさ」
——ジム・バウトン[▼1]

アンディ・ペティットは、人生の三分の二以上のあいだ、野球のボールを握りしめて生きてきた。引退してついに悠々自適の生活を送れる身分になったのに、野球への思いが断ち切れない。こうして、退場と入場を繰り返すアンディ・ペティット劇場が幕を開けた。

戻ってくるのか？　ほんとうに？

ペティット自身は、一度はほんとうに終わりだと思った。だから二〇一一年二月四日、チーム関係者、スタッフ、新聞記者、ウェブメディア関係者、カメラマン、テレビクルー、友人、親戚などでぎっしり埋まったヤンキー・スタジアムの会見場で華々しい記者会見を開き、引退を発表したのだ。

「一つはっきりしているのは、二〇一一年シーズンには、もうプレーしないということだ。それ

▼1　ヤンキースなどでメジャー10年、62勝63敗。1970年に引退したが75年ごろからふたたびマイナーリーグでプレー。78年にアトランタ・ブレーブスでメジャー復帰を果たし、1勝3敗の成績をあげた。70年に発表した暴露本*Ball Four*（邦訳『ボール・フォア——大リーグ衝撃の内幕』〔恒文社〕）が大反響を呼び、野球界から半ば追放された時期もある。

は一〇〇パーセント自信を持っていえる。でも二度と投げないとはいいきれない」二〇一一年二月四日の会見で、ペティットはそう語った。

そして、四〇六日後の二〇一二年三月一六日、ペティットの四〇歳の誕生日の三か月前に、ヤンキースは、アンディ・ペティットの現役復帰を発表したのだ。

このニュースは、ヤンキースのキャンプ地で大いに歓迎された。チームメートは、ベテランも若手も一様にアンディの復帰を喜んだ。戦力として必要だからというより、むしろみんなに愛され、尊敬されるペティットという人間を誰もが歓迎していた。

アレックス・ロドリゲスはペティットのことを「道路地図みたいな男」だといった。「みんなの道しるべになる。影響力は計り知れないよ。投げる以上の力になる」

「グラウンド上でもグラウンド外でも、戻ってきてくれれば大きい」と、デレク・ジーターもいう。「みんな喜んでいると思うよ」

復帰計画が始まったのは、この三か月前だった。ヤンキースGMブライアン・キャッシュマンが、復帰を歓迎すると語ったのをペティットが耳にしたのだ。ペティットは、息子二人の野球の練習で打撃投手をつとめるなど、引退後も体を動かしていたが、このあと真剣に投球練習をはじめ、みずからキャッシュマンに連絡して、経過報告をすることを約束した。

やがてキャッシュマンはペティットに契約を提示した。一〇〇〇万ドルから一二〇〇万ドルの一年契約だ。しかしペティットは、まだそこまでやれるかどうかわからないと、ことわった。数週間後キャッシュマンは、二人の投手を獲得した。ベテラン右腕の黒田博樹をFAで、また若手右腕のマイケル・ピネダをシアトル・マリナーズとのトレードで獲得したのだ。

これでヤンキースは投手陣に穴がなくなり、予算も極限まで使ったので、ペティットの再契約の話はなくなったものと思われた。しかしまだ小さな可能性が残されていた。ペティットは、招待コーチとして、タンパで行われる春季トレーニングに参加することになったのだ（ヤンキースでは、引退したスター選手を、話題づくりのため春季トレーニングに招くのが慣例だ）。ペティットは、たまにバッティング練習に登板させてほしいとキャッシュマンに頼み、この願いはききとどけられた。

そしてある日、キャンプ地タンパで、ペティットはキャッシュマンに歩み寄り、かつての気力が戻ってきた、投げたいから復帰できるかどうかトライアルをさせてほしいと申し出た。キャッシュマンは同意し、ペティットが一年間のブランクを経て、まだ力のある球を投げられるかどうか見きわめるために、極秘の投球練習を行うことにした。三月一三日火曜日の早朝七時半、キャッシュマンGM、ジョー・ジラルディ監督、ラリー・ロスチャイルド投手コーチ、ジーン・マイケル特別顧問の見まもるなか、ペティットは御前投球を行い、全員からゴーサインをもらった。「あの朝マウンドに立ったら、まるでブランクなんかなかったように感じた」とペティットは語った。「朝早いのに、キャッシュマンもジーン・マイケルも、ジョー（・ジラルデイ）も、ラリー（・ロスチャイルド）もきてくれた。少しもブランクを感じなかったよ。ふしぎなものだ」

キャッシュマンは、オーナーのハル・スタインブレナーから許可を得て、予算枠をわずかに広げることにし、ペティットに契約を提示した。だが年初に示した一〇〇〇万から一二〇〇万ドルではなく、二五〇〇万ドルの一年契約が精一杯だと伝えなければならなかった。

「ちゃんと力を発揮できれば、二五〇〇万ドル以上の値打ちはある。不安な要素はないよ。彼は、悪いときでも悪いなりに投げるすべを知っている。健康であれば、かならず戦力になってくれるだろう」

「何を求めて復帰し、戦うのか。もちろん契約金が大金だということはわかっている」と、ペティットは語る。「でも一月に話が出たときからここまでは、長い道のりだった。ぼくはひたすら自分の心が命じるままに動いてきたつもりだ。やっぱり働きたかった。男として仕事がしたかった。ぼくの仕事は野球であり、投球をすることだ。それがぼくの得意なことなのだから、もう一度しっかり準備をして、やってみようと思った」

　偶然ながら、ペティットの復帰が発表されたころ、ヤンキースは、新加入の投手の一人、ピネダについて不安を抱いていた。直球の球速が、スカウトの報告にあった一五五キロ超から一五〇キロ弱にまで落ちてきていたからだ（結局ピネダは、三月三一日に右肩の炎症で故障者リスト入りし、五月一日には、右肩関節唇損傷の修復手術を受けることになる）。だからいずれにせよヤンキースは投手を探すはめになるのだが、もしそうならなかったとしてもペティットとは契約していたと、キャッシュマンは語る。

「アンディ・ペティットだよ。いくら投手がいようと、これだけの価値のある投手をどうして断れるだろう？　投手としての能力はまだある。いや、あるはずだ。だとしたら、ちょっと見てみよう、となるものだろう。話がややこしくなるか？　もちろんなる。だがアンディ・ペティットのためなら、ややこしくなるのも大歓迎だ」

　金のためでないとしたら、ペティットはなんのために復帰するのか？

「もう一度やりたいという気力がわいてきたからだ」と、ペティットは答えた。「もう一度以前のように、強い気持ちをかきたてることができると思う。精神的にしっかりしていれば、必ず勝てる、そう信じている。それは、ぼくにとっては自明の理だ。不安はない。失敗するとは思っていないし、復帰に対する不安もない。だから心配はしていない。正しいことをしていると自分の心で感じているから、それを信じていくつもりだ。すばらしい経験ができればいいと思っているし、神に祈ってもいる」

するとひとりの記者が、二〇一一年の引退会見でペティットが、もし復帰することになったら「決まりが悪いだろう」といったことを指摘した。

「たしかに復帰するのは決まりが悪い」ペティットは認めた。「でもしようがないじゃないか？いろいろなことが変わった。何より、やりたいという強い気持ちがよみがえった。一〇年後に振り返って『ああ、あのとき復帰すればよかった』と後悔するのだけはいやだ」

ペティットは、つづく二か月間で、実戦登板に向けた調整を進めた。肩の力をつけ、マイナーリーグの試合で打者と対戦し、五月なかばの復帰をめざすのだ。

二〇〇四年にペティットがFAの権利を得てヤンキースを去り、ヒューストン・アストロズと契約したとき、ロジャー・クレメンスもFAとしてヤンキースを去り、ペティットのあとを追ってアストロズに入団した。

その三年後、ペティットはふたたびFAとなって、二〇〇七年シーズンからヤンキースに復帰した。すると五か月後、二〇〇六年シーズン後に引退を発表していたクレメンスが現役復帰し、FAでヤンキースに入団した。ペティットとクレメンスは親友だった。兄弟のように親密だった。

ところがこの二〇一二年の五月一日（偶然にもマイケル・ピネダの手術日でもあった）、ワシントン

DCの連邦地裁で行われていた、かつての親友クレメンスを偽証罪に問う裁判[2]に、ペティットは、検察側の証人として出廷した。

宣誓を行い、クレメンスのいる目の前で（ペティットはクレメンスと目を合わさず、会釈もしなかった。クレメンスも同様で、ふたりは一度も言葉を交わさなかった）ペティットは、一九九九年か二〇〇〇年に、クレメンスがヒト成長ホルモン（hGH）を使用したことがあるという話を本人からきいたと証言した。

「ぼくらはロジャーの家のジムでトレーニングをしていました」とペティットは述べた。「するとロジャーが、hGHを使ったことがある。あれを使うと回復が早まるといったんです。そのときのやりとりでおぼえているのは、これくらいです」

これに対してクレメンスは、hGHを使ったという話をペティットにしたことはないと否定し、アンディの「記憶違い」だろうとコメントした。ペティットも、クレメンスの弁護士の反対尋問を受けて、「ロジャーからhGHを使ったことがあるときいた」という証言を一歩後退させた[3]。

結局クレメンスは、偽証罪の告発について無罪判決を勝ち取ったが、クレメンスとペティットのあいだの亀裂は、修復されないまま残った。

ペティットの復帰初戦は、五月一三日、ヤンキー・スタジアムでのシアトル・マリナーズ戦だった。ペティットは六回三分の一を投げ、七安打四失点（すべて自責点）、四球三、奪三振二。チームは六対二で敗れ、ペティットが敗戦投手になった。決して好調ではなかったが、ひどいできでもなかった。まず最初の一歩だ。

五日後、シンシナティ・レッズとの交流戦で、昔のアンディ・ペティットが帰ってきた。顔を

▼2　クレメンスは、2007年の「ミッチェル報告書」で禁止薬物を使用していたと指摘されたため、2008年、潔白を証明したいとしてみずから下院公聴会の開催を要求、薬物の使用を完全否定した。しかしその証言が、元トレーナーやペティットらの証言と食いちがっていたため、2010年に偽証罪で起訴された。

おおうグラブの上からのぞく無表情な目、そして氷のようなまなざし。冷ややかに相手をねめつけながら、ペティットは打てそうで打てない投球で打者を惑わせ、八回を無失点に抑えこんだ。結局この日は八回四安打無失点、四球一、奪三振九。チームは四対〇で勝ち、ペティットは復帰後初勝利をおさめた。自身通算二四一勝め、ヤンキースの選手としては二〇四勝めだ。ペティットは、つづく三登板のうち二登板で勝ち投手になった。特に六月五日のタンパベイ・レイズ戦では、七回三分の一を二安打無失点に抑え、四球二、奪三振一〇というみごとな投球を披露する。チームは七対〇で勝利をおさめた。

つぎの三試合もそれなりにいい投球だったが、勝ち星はつかなかった。そしてつぎの試合、クリーブランドで行われた六月二七日のインディアンス戦の五回裏、ペティットは、ケイシー・コッチマンの強烈なピッチャー返しを左足に受け、腓骨《ひこつ》（足首のすぐ上）を骨折してしまう。しかもリハビリを急いで痛みを再発させ、結局二か月半戦列を離れることになる。四〇歳の投手にとっては、とてつもなく長い時間だ。

戦列に復帰したのは九月一九日のトロント・ブルージェイズ戦。ペティットは五回を無失点に抑えて（四安打、四球二、奪三振三）勝ち星を手にした。最終的なスコアは四対二だった。五日後、こんどはミネソタでのツインズ戦で六回を無失点に抑え（七安打、四球一、三奪三振）、勝ち投手になった。スコアは五対三。

結局、二〇一二年終わりまでの通算で、ペティットはヤンキースの選手として二〇八勝をあげ、チームの歴代勝利数で、ホワイティ・フォード（二三六勝）、レッド・ラフィング（二三一勝）につづく第三位に位置することになった。アストロズ時代の三年間であげた三七勝をヤンキースで

▼3　被告側の弁護士マイク・アタナシオから、問題の会話を誤解していたという可能性はないかとたずねられて、ペティットは「あります」と答えた。さらに弁護士から、自分の記憶に対する自信は五分五分といったところか、と問われると「そんなものだと思います」と答えた。

あげていたら二四三勝になって、ラフィングもフォードも抜き、チーム歴代トップに立っていたはずだと考えても、さほど突飛な空想にはあたるまい。

ペティットが殿堂入りに値するかどうかは、野球殿堂入りの投票資格を持つ者[4]たちのあいだで、これから何年にもわたって問われることになるだろう。

ペティットは、このあと二〇一三年シーズンも現役をつづけ、ヤンキースとアストロズの分をすべて含めた通算勝利数を二五六とした。これは現時点でメジャー歴代四二位。勝率は六割二分六厘で歴代六一位、防御率が三・八五、投球回が三三二一六、そして奪三振が二四四八(歴代三八位)。それに加えて、ポストシーズン一九勝という歴代一位の数字もあるので、ぎりぎりではあるが殿堂入りに足る数字を残したといえるだろう。文句なしとはいいがたいが、候補として話題にはのぼるはずだ。

しかし残念ながら、ペティット自身がヒト成長ホルモンを使用したことを認めており、これらの数字は汚れたものだったことがわかっている。引退後五年たって殿堂入りの資格が生じても、米国野球記者協会の記者の多くは、投票を控えるのではないだろうか。

そんなわけでペティットは、殿堂入りの栄光に包まれて引退後の余生を送るのではなく、禁止薬物を使用したという汚名を背負って生きていくことになるのだろう。

▼4　米国野球記者協会（BBWAA）に10年以上所属している記者。

第28章 暗雲

グラスが半分空になっただけで、悲観的なファンは、不吉なしるしだと騒ぎ立てた。

二〇一二年の開幕戦、陽光あふれるフロリダ州セント・ピーターズバーグのトロピカーナ・フィールドで行われたタンパベイ・レイズ戦で、ヤンキースは初回に四点先制されながら、二回に二点、三回に四点を返して逆転し、六対五で九回裏レイズの攻撃を迎えていた。ジョー・ジラルディ監督は、無敵のクローザー、マリアノ・リベラにあとを託した。

ところがつぎに起こったのは、きわめて稀で、嘘のような、信じられない、恐ろしいできごとだった。

まず先頭のデズモンド・ジェニングズが、一ボール二ストライクからの四球めをセンターにはじきかえした。

つぎのベン・ゾブリストは、初球をたたいて右中間を深々と破る三塁打。ジェニングズが帰って六対六の同点になった。

この日三安打のエバン・ロンゴリアは敬遠。

代打のルーク・スコットも敬遠して塁を埋めた。

そして、こういう場面でふつう行うように、ジョー・ジラルディ監督は、勝ち越し点を阻止するべく、内外野に前進守備を敷いた。

次打者、ショーン・ロドリゲスは三振。

しかしつぎのカルロス・ペーニャが左中間に放った大飛球は、レフトのブレット・ガードナーとセンターのカーティス・グランダーソンの頭上をはるかに越え、ゾブリストが三塁からゆうゆうホームイン。レイズのサヨナラ勝ちだ。

シーズン最初の試合だというのに。もうあと一六一試合しか残っていない。

パニックになる理由はないけれど……世に並びなきクローザー、マリアノ・リベラがセーブを失敗した！

負け投手になってしまった！

防御率は、なんと五四・〇〇！

しかも四二歳！

ヤンキースファンは不安を抱いただろうか？

多少は抱いただろう。いや、少なからず抱いたのかもしれない。

三日後、ボルティモアでのオリオールズ戦で、六対二とヤンキースがリードして迎えた九回、リベラがふたたび登板した。四点差でセーブのつく場面ではなかったが、シーズン序盤の大切な試合だ。というのも、ヤンキースはレイズ戦で三連敗してしまったから。ここでクローザーの調子を確かめることは重要だった。

リベラは、こんどは好調だった。一アウトからロバート・アンディーノに二塁打を許したが、それ以外はぴしゃりと抑えた。

それから二一日間、リベラは七回登板し、いつものようにすばらしい成績をあげた。四月三〇日にはふたたびボルティモア・オリオールズと、こんどはヤンキー・スタジアムで対戦した。リベラは、二対一でヤンキースがリードした試合の九回を締めくくるために登板した。まずはノーラン・ライモルドを平凡なセカンドゴロに打ち取る。つぎのＪＪ・ハーディーにはきれいなセンター前ヒットを打たれたものの、ニック・マーケイキスをショートへのゆるい当たりにしとめ、デレク・ジーターから二塁へ、さらに一塁へとわたるダブルプレーで試合が終わった。ヤンキースのラジオアナウンサー、ジョー・スターリングがいつものように「ヤンキース勝利！　ダ～～、ヤンキース勝利！」と絶叫する。

開幕戦で苦杯を喫してから、リベラは八試合に登板した。その間の成績は一勝五セーブ。内容は、三安打、無失点、無四球、奪三振七だ。防御率は五四・〇〇から二・一六にまで向上した。チームも、開幕カードで三連敗したあとの一九戦で一三勝し、シーズンの成績を一三勝九敗まで上げて、首位のレイズから一・五ゲーム差につけた。

ところが好調オリオールズが、三連戦の残る二戦をものにする。五月一日火曜日のナイトゲームでは、クリス・デイビスとＪＪ・ハーディーのホームランなどで、ヤンキース先発のフィル・ヒューズをノックアウトし、七対一で勝利をおさめた。移動を控えた三戦目は、オリオールズ先発のジェイク・アリエッタが八回五安打無失点、奪三振九というめざましい投球を見せ、打ってはまたしても二本塁打でヤンキース先発のイバン・ノバをノックアウト。オリオールズが五対〇で勝利した。この連敗でヤンキースは一三勝一一敗となり、首位のレイズから三・五ゲーム差、二位のオリオールズから二・五ゲーム差、三位のトロント・ブルージェイズから〇・五ゲーム差の四位に後退してしまう。

試合後、ヤンキースはチャーター機でカンザスシティへ向かった。翌日の夜からロイヤルズとの四連戦が始まる。

五月三日木曜日の夕方、マリアノ・リベラは、スパイクシューズと練習着の長ズボン、そして胸に「ニューヨーク」と記された、ダークグレイのプルオーバー——ジッパーつきの、半袖のもの——を身につけて、ロイヤルズの本拠地カウフマン・スタジアムのセンターへ走っていった。野手がバッティング練習で打ちあげるフライを取るためだ。

フライの捕球練習などするから怪我を招くのだという人は、リベラがこれを何千回もこなしてきたということを知らないのだろう。プロの野球選手になってから二二年間、昼も夜もほとんど毎日この練習をこなして、それまで一度も怪我をしたことがなかった。二〇〇二年以来九年間、故障者リスト入りしたこともなかった。

リベラはフライを追いかけるのが大好きだった。いい運動で、足腰の鍛錬にもなるし、何より楽しい。しかもリベラはこれがうまかった。四二歳とはとても思えない、敏捷でしなやかで芯の強い、運動神経のかたまりのような身体。その巧みで優美な動きを見て、これまでにリベラに接した監督やチームメートのうち少なからぬ人々が、リベラは外野手としてもメジャーに昇格できただろうと口にした。マイナーリーグ時代の監督の一人などは、「マリアノはこのチーム一の中堅手だよ」といったほどだ。

中部夏時間の午後六時をまわったところだった。バッティング練習をしていたジェイソン・ニックスが、直球をセンター最深部に打ち上げた。リベラがいつものように、ゆったりした軽快な足取りで飛球を追う。ウォーニングゾーンの手前でリベラはボールの下に入り、ボールがフェンスに達する前に捕球しようとジャンプした。ところが着地したとき、その体重を受け止めきれずに、リベラの右膝が悲鳴をあげた。リベラはセンターのウォーニングゾーンに倒れ、右膝をかかえて痛みにもがいた。

「大変だ」センターから一二〇メートル離れたところでバッティング練習の順番を待っていたアレックス・ロドリゲスがつぶやいた。

心配した選手たちがセンターに集まり、チームメートで、友人で、あこがれの人で、チームの大黒柱でもあるリベラの怪我の様子をうかがいながら、声をかける。

無二のクローザーがグラウンドに倒れて痛みにもだえているのを見ると、ジョー・ジラルディ監督は、ブルペンコーチのマイク・ハーキーとヘッドトレーナーのスティーブ・ドナヒューをともなって、リベラのもとへかけつけた。そして慎重にリベラを助け起こして反対の足で立たせ、現場に急行してきたゴルフカートにそっとすわらせた。リベラはかすかに笑みを浮かべながら、カートでヤンキースのベンチへ向かい、心配そうなチームメートたちと軽く言葉をかわしてからそのまま、右翼フェンスにある、外の道路につながる通路へと姿を消した。グラウンドを去るときにはもう笑みは消え、最悪の事態を恐れる、不安げで深刻な表情に変わっていた。

リベラは、近くにあるカンザス大学病院へ連れていかれた。ＭＲＳを撮ったところ、右膝前十字靭帯の断裂と半月板の損傷が明らかになった。

「最悪の結果だ」とジラルディは語った。「殿堂入りするような選手を失ったのだから、何もかもが変わってくる。リリーフ陣は厚みがあるが、これでだいぶ手薄になるし、なんとかして切り抜ける方法を考えなければ」

つぎの晩、リベラは右膝を包帯で固定し、松葉杖をつきながらヤンキースのクラブハウスに姿を見せた。ときおり笑みを浮かべて、思ったよりも元気に、怪我のことや今後のことを話した。前夜は沈痛な面持ちで、もうプレーできるかどうかわからないと語っていたリベラだが、二四時間たって気持ちが変わったようだ。

春季トレーニングのあいだじゅう、この二〇一二年シーズンがリベラの最終年なのではないかという噂がさかんに取りざたされた。契約の最終年だったせいもある。本人は、契約延長にまつわる話は徹底して避けており、この年が最後だとは決して口にしなかった。

おそらく自分では身の処し方を決めていたのだろうが、結論は胸の内に秘めていた。それでも引退を匂わせることはたびたびあったので、やがて周囲も、リベラは二〇一二年シーズン後、栄光に包まれてユニフォームを脱ぎ、妻と三人の息子たちと一緒に過ごしたり、アメリカとパナマの恵まれない子どもたちのために五〇万ドル以上の支援を行っているマリアノ・リベラ財団の運営に力を注いで、子どもたちがコンピューターを使えるような、また相談相手となる大人と接することができるような環境を整えたり、クリスマスプレゼントを贈ったり、パナマに小学校や教会を建てたり、あるいは牧師になることを考えたりしながら生きていくのだろうと思うようになった。けれどもこの怪我で、リベラは気持ちが変わったらしい。

「復帰するよ」リベラはきっぱりといった。「はっきり書いてもらってかまわない。ぼくは、このまま終わりたくないんだ。野球を愛し、勝負を愛する者にとって、このままやめるのはつらすぎる。ぼくは、野球が大好きだ。だから怪我をしてやめるのは、正しい終わりかたじゃないし、自分でも納得がいかない。神に力をいただいて、なんとしてでもつづけたいと思う」

そのとき誰かが、冗談めかして、ヤンキースが契約してくれますかねとたずねた。

リベラは声をたてて笑った。

「ああ。じいさんだけど契約してくれるよ」

前夜は陰鬱な空気に包まれていたチームが、このニュースで一気に明るくなった。

「あんなにどんよりしたクラブハウスは初めて見た」と、ロドリゲスは語った。「だから復帰のニュースをきいてうれしいよ。リベラのことは大好きだ。でももう今年で終わりだと思っていたから、驚いた。モーは、どうやって引退するか真剣に考えていたから、きちんと終わらせたいという気持ちが強かったんだと思う」

「ぼくは、どっちみち戻ってくると思っていた」と、マーク・テシェイラ。「引退するとは思っていなかったんだ。だから復帰するときいてうれしいし、そのほうがリハビリのためにもいいと思う。目標があったほうが張り合いが出るだろう」

「みんな喜んでいるよ」と、ジーターもいった。「でもただぼんやりと待っているわけにはいかない。怪我は不幸だけど、防げない。それでもぼくらにはするべきことがある。復帰の日を指折り数えて待ってるわけにはいかない」

リベラは、リハビリを進めるあいだもなるべくチームのそばにいて、たとえ応援しかできないにしても、できるだけ手助けをしたいと語った。

「いつでも自分のことは二の次に考えてきたからね。ぼくは前向きな男だから大丈夫。ただ、チームメートの期待に添えないことだけが残念だ。でもそれ以外では、いたって元気だよ。チームも大丈夫だ。なるべく顔を出すようにするよ。アドバイスもするし、知っていることはなんでも話す。そして、みんなのことを頼りにしている、信じていると励ますつもりだ。彼らならできる。ちゃんとやりとげてくれるさ」

その言葉どおり、リベラはしばしばヤンキー・スタジアムに顔を出してチームメートを激励し、アドバイスをし、先生役として支え、声援を送った。リベラの穴は、ベテランのラファエル・ソリアーノが埋めた。ヤンキースの希望も、要望も、必要もすべて満たす、みごとな働きぶりだった。▼1

ただ、ソリアーノは、マリアノ・リベラではなかったが。

▼1　2012年の成績は、69試合に登板して、2勝1敗42セーブ、防御率2.26。

第29章　巻き返し

ジーターは、突然、一人になってしまった。コア・フォーのメンバーのうち、クラブハウスにいるのも、遠征に向かうチャーター機に乗るのもジーターだけ。ユニフォームを毎日身につけるのは、ジーターだけになってしまった。

親友の〝サド〟ことホルへ・ポサダ——ジーターのヤンキー・スタジアムへの行き帰りの車にたびたび同乗したポサダは、前の一一年シーズンのあと引退してしまった。

〝モー〟ことマリアノ・リベラ、ブルペンの頑丈な大黒柱であり、チームに欠かせない武器であるリベラは、松葉杖をついて歩きまわり、手術を待っているところで、少なくとも今季は絶望だ。

〝頼れるアンディ〟こと安定感のあるアンディ・ペティット、FAで移籍して復帰し、引退してまた復帰したペティットは、タンパで腓骨骨折のリハビリをしており、離脱中だ。

いまや、残されたのはデレク・ジーターだけだった。

二〇一二年シーズンが開幕したとき、ジーターの三八歳の誕生日は三か月後にせまっていた。三八歳といえば、理屈の上でも歴史的にも医学的にも、プロのアスリートが下り坂に向かう年齢だ。しかしデレク・ジーターは、生え際が多少後退したことをのぞけば、三八歳には見えなかった。身体は今も細身だし――ルーキー時代の針金のような細さではもちろんないが、二〇〇〇年にワールドシリーズMVPに輝いたころから体重はさほど増えていない――今でも少年のように楽しげに、そしてよきアスリートらしく優美かつ流麗にプレーする。

打席のジーターは、いつもと少しも変わらなかった。バッターボックスに入って、ヘルメットのつばに手をやり、アンパイアに向かって「ちょっと待って。準備ができたら知らせるから」とでもいうように、右手をうしろに伸ばす。この仕草は、ニューヨークや、ニュージャージー、コネティカットの子どもたち、いや全米の子どもたちにとって、打席に入るときの儀式になっている（リトルリーグや高校、いや大学野球でもいい。試合を見る機会があったら、いったい何人の選手がアンパイアに向かってジーターと同じようにうしろの手をさっと伸ばすか、確かめてみてほしい）。

ジーターは相変わらず、グリップを右耳のあたりまで高くかかげる。振りは相変わらず速く、おなじみの腕をたたむスイングでインコースの球をたたき、ライトのフェアゾーンにライナーを飛ばすことができる。

シーズン前の段階で、ジーターの安打数は三〇八八本。メジャー歴代二〇位まで順位を上げていた。

四月二〇日、レッドソックスに六対二で勝った試合で、ジーターは、子ども時代のあこがれの選手だったデイブ・ウィンフィールド（三一一〇本）を抜き、歴代一九位になった。

五月一三日、ヤンキースは二対六でマリナーズに敗れたが、ジーターはトニー・グウィンを抜いて一八位になる。そして翌日、ボルティモアではロビン・ヨーントを抜いて、一七位にあがった。

ヤンキースは例によって出足が悪く、五月二二日の段階で二二勝二一敗と、首位から五・五ゲーム離されていた。

五日後、ジーターはポール・ウェイナー（三一五二本）を抜いて、歴代一六位に上がった。翌日にはジョージ・ブレット（三一五四本）を抜いて歴代一五位になる。一方ヤンキースはオークランドでアスレチックスを二対〇と完封し、五連勝で巻き返しをはじめた。六月一二日にはアトランタでブレーブスを六対四で破り、アメリカン・リーグ東地区の首位に立った。

ジーターは、六月二六日、すなわち三八歳の誕生日に行われたクリーブランド・インディアンズ戦で二安打を放ち、通算安打数を三一八三本にまで伸ばした。チームも六対四で勝った。歴代トップのピート・ローズが、三八歳の誕生日までに積み重ねた安打数は三一七〇本だ。

三日後、シカゴでのホワイトソックス戦で、ヤンキースは七対一四と大敗を喫したが、ジーターは二塁打を一本放ち、カル・リプケン・ジュニアを抜いて歴代一四位まで順位を上げた。チームも五月半ば以降、四八試合中三五試合をものにし、七月一八日にはア・リーグ東地区で一〇ゲームという大差をつけて独走態勢に入っていた。

しかしひと月後の八月一四日、ヤンキースの独走態勢にかげりが見えはじめた。伏兵オリオールズの躍進▼1により、東地区での二位とのゲーム差が六ゲームまで縮んでしまったのだ。この日は黒田博樹が、ヤンキー・スタジアムでのテキサス・レンジャーズ戦で二安打完封という見事な投球を披露して、チームを三対〇の勝利に導いた。ジーターも二安打を放ち、ナップ・ラジョイ

▼1　1997年を最後に14年間勝ち越しのなかったオリオールズだが、2010年途中に就任したかつてのヤンキース監督バック・ショウォルターがチームを立て直し、この2012年に15年ぶりの勝ち越しと、ポストシーズン進出を果たした。

（三二四三本）を抜いて、歴代一三位になった。

ヤンキースの退潮とオリオールズの躍進は、八月いっぱいとどまる気配がなかった。一方ジーターは、八月二一日にエディ・マレー（三二五五本）を抜いて歴代一二位に立った。

九月四日火曜日、ヤンキースはタンパベイ・レイズに二対五で敗れ、かたやオリオールズはトロント・ブルージェイズを一二対〇で撃破して、ついに最大一〇ゲームあったヤンキースのリードが、すべて消えてしまった。東地区は、ヤンキースとオリオールズが同率首位で並び、レイズがわずか一・五ゲーム差で追走するという大混戦になったのだ。

つづく一九日間、ヤンキースとオリオールズは、一ゲーム以上差の開くことがない死闘を繰りひろげたが、その間オリオールズは、一度もヤンキースを追いこすことができなかった。唯一の例外が、九月一四日の数時間だ。ヤンキースは本拠地でのデーゲームでレイズに敗れ、二位に転落したものの、数時間後、ナイトゲームでオリオールズもオークランド・アスレチックスに敗れたため、ふたたび両者は同率で並んだ。

ヤンキースは負けたが、ジーターはさらに二本の安打を放ち、通算三二八五本として、歴代一一位に上がった。〝セイ・ヘイ・キッド〟こと、世に並びなきウィリー・メイズ▼2——今健在な歴代の名選手のなかでベスト一に選ばれたこともある男——を抜いたのだ。

ジーターに抜かれたことをきくと、メイズはにこやかにジーターへの賛辞を並べた。メイズはジーターより四三歳年上で、ジーターが生まれたのはメイズが引退した八か月後だ。二人はオールスターゲームのセレモニーでちらりと顔を合わせたことがある。

「ジーターは、野球選手というだけでなく、人間的にとてもとてもいい男だ。実際に会ってみて、

▼2　ニューヨーク・ジャイアンツを中心にメジャー22年、通算打率.302、ホームラン660本。MVP2回、盗塁王4回、ゴールドグラブ賞12回など、あらゆる面で秀でた名選手。ニックネームの“セイ・ヘイ・キッド”は、マイナーリーグ時代、周囲の選手の名前がおぼえられず「おい《セイ》、ちょっと《ヘイ》、そこの人」などと呼びかけていたところからついたといわれる。

それを一番強く感じたね。チームを第一に考えるところは、わたしと同じだ。なかにはそうじゃないやつもいるよ。デレクは、野球っていうものをわかっている。そしてまわりの選手たちにいい影響を与えるんだ」

結局ヤンキースはできすぎのオリオールズを振り切れず、シーズン最終日、オリオールズがタンパベイ・レイズに負けたときにようやく地区優勝を決めた。そのあとまもなくヤンキースは、カーティス・グランダーソンとロビンソン・カノーがそれぞれホームランを二本ずつ放って、レッドソックスを一四対二で下した。グランダーソンはレギュラーシーズンでホームラン四三本──ホームラン王に輝いたデトロイト・タイガースのミゲル・カブレラと一本差──と打点一〇六を記録し、カノーはホームラン三三本を放って、打点九四をあげた。ラファエル・ソリアーノは、リーグ三位の四二セーブをあげ、マリアノ・リベラの大きな穴を十二分に埋めた。黒田とフィル・ヒューズはそれぞれ一六勝し、CC・サバシアは一五勝をあげた。

そしてデレク・ジーターは、三八歳になっても、デレク・ジーターだった。

打率はアメリカン・リーグ第五位の三割一分六厘で、通算一二度めの三割を記録した。二一六安打はリーグ一位。三八歳の遊撃手が二〇〇安打以上打つのは史上初で、ホーナス・ワグナーも、カル・リプケン・ジュニアも、オマール・ビスケルもなし得なかったことだ。七四〇打席もリーグ一位だった。ジーターがこの部門で一位になるのは五度めのことだ。三八歳で打席数一位になるのも史上初で、ピート・ローズにもできなかった。聖書に出てくる長寿のメトセラにも、きっとできなかったにちがいない。

「DHなら別かもしれないが、三八歳で打席数一位なんて、そうそうできるもんじゃない」ジョー・ジラルディは、しみじみと語った。「怪我をおして、毎日ショートでのプレーをつづけたんだから、ほんとうにすごいことだ。あれこれ考えあわせると、わたしが目にしたなかでも最高のシーズンの一つだったと思う」

三八歳のジーターは、ヤンキースの一六二試合中一五八試合に先発出場し、そのうちの一三三試合が遊撃手としての出場、二五試合がDHとしての出場だった。しかもシーズンは、まだ終わっていなかった。

「あれだけ打席に立って、毎日守備にもつくというのは、期待以上だった」と、ジラルディはいう。「ジーターを休ませたいとわたしはたびたび口にしたし、たまにDHで使うようにもしたが、怪我人が多かったので、わたしの思惑よりひんぱんに守備についてもらうしかなかった」

このころデレク・ジーターは、ピート・ローズの名前を耳にしたり、自分の名前と並んでいるのを目にしたり、ピート・ローズが云々という質問に答えたりすることを、受けいれざるを得なくなっていた。現役生活がつづくあいだは、ローズと比較されながら、そのあとを追いかけるよう運命づけられていたのだ。

二〇一二年シーズンにジーターは、デイブ・ウィンフィールド、トニー・グウィン、ロビン・ヨーント、ポール・ウエイナー、ジョージ・ブレット、カル・リプケン・ジュニア、ナップ・ラジョイ、エディー・マレー、そしてウィリー・メイズを抜き去った。

この先にいるのは、エディ・コリンズ、ポール・モリター、カール・ヤストレムスキー、ホーナス・ワグナー、キャップ・アンソン（アンソンが最後のヒットを放ったのは、一一五年前だ）、トリス・スピーカー、スタン・ミュージアル、ヘンリー・アーロン、タイ・カッブ、そしてピート・ローズ。

まったく、すごいことだ！

ピート・ローズ▼3

ピート・ローズは、自己中心的というわけではない。もちろん自我はとても強いのだが。

ピート・ローズは、傲慢というわけでもない。もちろん、野球史における自分の地位をとても高く評価しているが。

ピート・ローズは、嫉妬しているわけではない。たしかに自分の安打記録、四二五六本のことになると、むきになるのだが。

おそらくピート・ローズは、野球に対してとても実際的で、記録に関してはとても現実的なのだろう。

ジャーナリストのジョー・ポズナンスキーによるインタビューで、デレク・ジーターが自分の安打記録に追いつき、追い越す可能性があるかと問われると、ローズはジーターを賞賛しながらも、理屈と数字にもとづいて、冷徹に分析した。

「ジーターは好きだ」と、ローズは声を大にしていった。「すばらしい選手だよ。気にくわないところが一つもない。球場にやってきて、毎日全力プレーする。ユニフォームは真っ黒だ。デレク・ジーターが、ゴロを打ったあと、たらたら走るところなんか、見たことあるかい？」

だが自分の記録を破るかどうかとなると、また別の問題だ。

「今、何安打だって？　三三〇三本か？」（実際は三三〇四本だった。このインタビューは二〇一

▼3　シンシナティ・レッズを中心に、メジャーリーグ生活24年で通算安打4256本という歴代1位の記録を誇る。ほかにも最優秀新人賞、MVP、オールスター出場17回など記録と名声をほしいままにしたが、レッズ監督時代の1989年に野球賭博に関わっていたことが発覚し、野球界を永久追放された。

二年の一〇月に行われたのだが、ローズは、ジーターがシーズン最終戦で打った一本を加算しわすれていた）

「あの記録を破るのは無理だと思うね。まず第一に、ジーターは、ヤンキースから出たいとは思わないだろう（ローズは、シンシナティ・レッズを出て、フィラデルフィア・フィリーズで五年間、モントリオール・エキスポズで一年間プレーしてから、最後にレッズに戻った）。ヤンキースは勝利優先のチームだ。ジーターは、今年はすばらしい成績を残したが、なんだ、三八歳か？　それで遊撃手だろう？　この世に四〇歳の遊撃手なんて、何人いると思う？　そうそういやしない。かといって、サードにはA・ロッドがいるから移せない。セカンドにはカノーがいる。レフトをやらせるわけにもいかない。ジーターは、チームの花形なんだから。わかるだろ？　じゃあどうする。一塁にでも置くか？」

元野球選手というよりは、保険の計理士か、アメリカ野球協会（SABR[4]）の会員のように、数字はローズの頭にきざみこまれていて、自由に出し入れできるらしい。ローズはつづけた。

「まだあと九五〇本（実際は九五二本）あるんだろ？　今年はすばらしい成績を残したが、それを再現できるかね。三九歳の遊撃手として？　それでも来年また二〇〇本打ったとしよう。そしてさらに翌年、無理だとは思うが、四〇歳で二〇〇本打ったとしよう。さて、四一歳で二〇〇本打てるかね。どう思う？　四一歳で二〇〇安打なんてとても無理だと思うが、仮にできたとしよう。つぎは四二歳だ。四二歳で二〇〇安打？　いいかい、おれは体験者だが、その歳になると身体がちがちになるんだ。ジーターはすばらしい打者だよ。けどおれと同じようなバッティングをしている。四二歳で二〇〇安打打つのは、とても無理だと思うね。しかもそれが全部できたとしても、まだあと一五〇本足りない。ジーターはおそらく、おれと同じくらいの打率で終えるだろう。だいたい同じくらいなんだ、おれと、デレクと、ハンク（・アーロン）と、ウィリー（・メイズ）は。みんな

▼4　野球を歴史、統計など多角的な観点から研究する団体。会員のビル・ジェームズが、野球を統計学的に分析する手法を開発して、セイバーメトリクス（sabermetrics）と名づけたことでも有名。

三〇代後半にさしかかったとき、通算で三割一分一厘、二厘、三厘ぐらいだった。ウィリーは少し低かったかもしれないが（三八歳までの通算で、ジーターは三割一分三厘、ローズが三割一分二厘、アーロンは三割一分一厘、メイズが三割七厘）。そして最終的にはみな三割三厘から五厘あたりに落ち着いた（生涯通算打率は、アーロンが三割五厘、ローズが三割三厘、メイズが三割二厘）。ジーターもおそらく、おれと同じくらいで終えるだろう▼5。で、打率が同じくらいってことは、おれと同じくらい打数を稼がなくちゃならないってことだ。おれは一万四〇五三打数あった。ジーターはどれくらいだ？　一万とか、一万一〇〇〇ってとこかな（二〇一二年シーズン終了時点で、ジーターは一万五五一打数）。すばらしい打者ではあるが、どうやってあと三五〇〇打数も稼ぐんだ？　時間切れになると思うね▼6」

ローズのコメントを伝えられると、ジーターは、いつものように論争の火種からは距離を置きつつも、おもしろがっているような、同時にとまどっているような顔をした。

「あと一〇〇〇本も先のことを気にしたりはしないよ。考えたこともない。今、そのことはぜんぜん頭にないというのが一番正確な表現かな。三〇〇〇本安打のことも考えなかった。勝つことしか頭にない。長くやっていればいいこともあるが、そのことを考えたりはしない。そもそも三〇〇〇本打つのだって大変だ。二〇〇本を一五年打たなきゃならないんだから。ずいぶんたくさんの安打だ。四〇〇〇本となれば二〇年だろ。なんでそんなことが話題になるのかもわからない。きょう追いつくとでもいうなら別だけど、そうでなければ話題にすらならないよ」

ジーターは、ひとつだけ気にしている記録があると告白した。ローズの記録ではない。

「追いつきたいと思ってるのは、ヨギの記録だけだね（ヨギ・ベラはワールドシリーズのチャンピオンリングを一〇個持っている）。いつもヨギにいうんだ。ほんとうは五つでしょ、ワールドシリーズしかない時代だったんだからって（ベラの時

▼5　ローズは45歳まで、アーロンとメイズは42歳まで現役を続けたが、ジーターは結局、40歳を迎えた2014年のシーズンを最後に引退した。生涯打率は.310。

▼6　ジーターの最終的な打数は1万2602。安打数は歴代6位の3465本。最終章も参照。

代には、地区シリーズも、リーグ優勝決定シリーズも、ワイルドカードもなく、八チームないしは一〇チームのアメリカン・リーグまたはナショナル・リーグで優勝すれば、ワールドシリーズに出場できた)。ぼくが一〇個を半分に値切ると、ヨギは、ただ笑ってるけどね」

第30章　リベラとペティットの引退

そしてこんどこそ本当に、ジーターは一人になってしまった。

ホルへ・ポサダは引退して二年になる。今や白髪まじりの、都会的であかぬけした中年紳士の風格を漂わせ、〈オールドタイマーズ・デイ〉▼1などの行事の際、ヤンキー・スタジアムに姿を現す。ピンストライプのユニフォームの代わりにまとうのは、入念に仕立てられたピンストライプのスーツだ。

もともと二〇一二年シーズン終了後に引退するつもりだったマリアノ・リベラは、前十字靭帯断裂と半月板損傷のせいで引退を一年のばし、メジャー一九年めになる二〇一三年シーズン終了後に引退することを発表した。そして全米各地でさよならツアーを展開した。

アンディ・ペティットは、二〇一三年シーズンの終盤に、もう無理だとさとった。四二歳になろうかという身体にむち打って、重圧と緊張と肉体的な苦痛に耐えながら来季にそなえることはできない。こうしてペティットも引退を発表した。こんどこそ本気だった。

古い仲間コア・フォーは、最後の時を迎えた。かつてのヤンキース監督で、現在はボルティモ

▼1　1947年以来行われているOB感謝イベント。存命の元選手だけでなく、監督、コーチ、チームスタッフ、亡くなったOBの家族なども招かれてファンに紹介される。3イニングほどのミニゲームも行われる。

ア・オリオールズの監督であるバック・ショウォルターは、「ニューヨーク・ポスト」紙のコラムニスト、ジョエル・シャーマンに、こんなすばらしい集団はもう出てこないだろうと語った。二〇一三年九月、コア・フォーの二人のメンバー、リベラとペティットが現役生活を終えようとしていたときのことだ。

ショウォルターは、一九九五年にマリアノ・リベラ、アンディ・ペティット、ホルヘ・ポサダ、デレク・ジーターがブロンクスにやってきて、ピンストライプに袖を通したときの監督だ。別れのときが近づいて、ショウォルターは当時を振り返った。

「こんなものは、もう二度と見られないだろうね」四人の選手が一つのチームで、これだけ長い期間ともに戦い、すばらしい戦績を残したことを指して、ショウォルターはいった。

「あまりにも不確定要素が多すぎて、ふたたび起こるとは思えない。ひとつ大切なのは、四人の心構えだ。四人はともに戦うことを何より大切にして、決して横道にそれなかった。互いに相手をがっかりさせたくない、チームメートを失望させたくないという思いを持ちつづけていた。ニューヨークでプレーしながら、あれだけ長い期間、グラウンドの内外でよい決断をつづけるのが、いかに大変なことだかわかるだろう？　四人ともニューヨークにいながら、若いうちにしっかりと現実を把握していた。こんな集団はもう現れないだろうね」

四人は登場して、腰を据え、プレーして、今ついに別れの時を迎えた。そしてデレク・ジーターだけがあとに残された。ジョンとジョージとリンゴと別れたポール・マッカートニーのように。『サインフェルド』[▼2]のジョージとエレインとクレーマーが去って、一人残されたジェリーのように。ラシュモア山にセオドア・ルーズベルトの彫像だけが、ぽつんと一つあるかのように。

▼2　1989～98年までアメリカのNBCで放送された大人気コメディドラマ。ニューヨークが舞台だったので、ヤンキースの選手もたびたびゲスト出演した。日本では『となりのサインフェルド』のタイトルでWOWOWで放送され、DVDも発売されている。

リベラに対しては、シーズンを通じて各地で別れのセレモニーと記念品の贈呈が行われたが、その皮切りが四月七日にデトロイトで行われた試合前のさよならセレモニーだった。タイガースは、マウンド上のリベラの写真を焼きつけた盾と、リベラがプレーしたタイガースの旧本拠地（タイガー・スタジアム）および新本拠地（コメリカ・パーク）両方のマウンドの土を瓶につめて贈呈した。

この一連のさよならツアーの元は、リベラ自身が企画したイベントだったのかもしれない。リベラは、対戦相手の球場で少人数のグループを招いて気楽な懇談会をしたい、それもチームや町のお偉方ではなく、ふつうの人たちや熱烈なファン、チームやスタジアムで長年働いてきた人たち、老人や子どもたち、障害を持つ人たちなどと話がしたいから、ぜひ機会を設けてほしいと、ヤンキースのフロントに頼んだ。こうしてリベラの主催でファンミーティングが開かれ、それに対する返礼として、ニューヨーク以外にも一六の都市でさよならセレモニーが行われたのだ。

〈ロックの殿堂〉があるクリーブランドでは、ヘビーメタル・グループ、メタリカの演奏する「エンター・サンドマン」のゴールド・ディスクが贈呈された。一九九九年以来、この曲はヤンキー・スタジアムでのリベラの登場曲として使われてきた（この曲が選ばれたのは、〝サンドマン〟というのが、魔法の砂をまいて子どもたちを眠らせる眠りの精で、リベラのカッターが相手打者を眠らせることに通じるからだとよくいわれるが、それは単なる偶然にすぎない。「エンター・サンドマン」が選ばれたのは、あくまでもそのリズムと、力強さのためだ）。

精巧なものから発想のユニークなものまで、数多くの記念品が各球場で贈呈された。ミネソタでは、折れたバットでできた揺り椅子が贈られた。バットを折るのはリベラの代名詞のようなもので、この贈り物はロン・ガーデンハイヤー監督の思いつきだという。ロサンジェルス・ドジャースは、リベラの父親がパナマの漁師だったことに鑑みて、特注の釣り竿を贈った。ボストン・レッドソックスは、ブルペンのピッチャーズ・プレートと、フェンウェイパークの旧スコアボードで使われていた、リベラの背番号42番のボードをプレゼントした。またほとんどの都市で、マリアノ・リベラ財団に対する多額の寄付金が、小切手の形で贈られた。

七月一三日、お隣ニューヨーク・メッツの本拠地シティ・フィールドで行われたオールスターゲームは、リベラのラストシーズンにおけるハイライトのひとつだった。リベラにとっては一三度めの、そして最後のオールスターゲームだ。試合前、アメリカン・リーグのベテラン数人がロッカールームで檄を飛ばし、リベラもスピーチをした。

「とにかく感謝しようという話だった。ここに参加できることは、とてもすごいことなんだと」テキサス・レンジャーズのクローザー、この日だけリベラとチームメートになったジョー・ネイサンが語る。「とても尊敬の念に満ちていて、立派なスピーチだった。もっともリベラがピーナッツバターとジャムのサンドウィッチについて話しても、みんな『ああ、それはすごい』と言ったかもしれないけど。とにかくよかったよ」

みんなリベラに、九回のマウンドに立ってアメリカン・リーグの勝ちを締めくくってほしいと（というより、そうなるものだと）思っていた。これまでリベラは、オールスターで四つのセーブを記録している。

「九回に『エンター・サンドマン』をききたいと思っていたよ」ジョー・ネイサンはいった。

だがアメリカン・リーグを指揮するデトロイト・タイガース監督ジム・リーランドには別の考

えがあった。危険を冒したくなかったのだ。ファンに最後の勇姿をしっかり見せられるよう、まちがいなく登板の機会を作りたかった。アメリカン・リーグは八回表に一点追加し、三対〇でリードしていた。しかし、もしもその裏ナショナル・リーグが四点入れて試合を逆転したら、九回表にア・リーグが少なくとも同点にしないかぎり、試合はそこで終わって九回裏にリベラが投げるチャンスがなくなってしまう。だから八回裏、ナショナル・リーグの攻撃がはじまる前、「エンター・サンドマン」の調べがスタジアム中に響きわたり、マリアノ・リベラはブルペンからかけ足でマウンドへ向かった。

　観客が総立ちになり、長く温かい拍手でリベラを迎える。リベラは帽子をぬいで声援に応えてから、はっと気がついた。アメリカン・リーグのチームメートがだれも守備位置についていないし、ナショナル・リーグの打者も打席に立っていない。両軍の選手たちはそれぞれベンチの最前列で、ファンと一緒になって拍手している。両方のブルペンからもすべての投手が出てきて、外野フェンスの前で拍手をはじめた。リベラはびっくりした。

「ぼくはただ、出ていって投げるつもりだった」とリベラはいう。「ところがマウンドに上がったら、どちらのチームもベンチで拍手してくれていた。驚いたよ。すごくへんな気持ちだった。グラウンドにいるのは、ぼくとキャッチャーだけ。どうすればいいかわからなくて、まごまごしてしまったけど、とにかくボールを投げるしかないと思った。とてもおかしな気分だったけど、ありがたかった」

　リベラは、八回裏のナ・リーグ打線を三者凡退に抑えた。ネイサンはいう。

「九回ならもっとよかったけど、とにかく投げてもらったし、特別なひとときも用意できた。彼も楽しんでいたね。じっくり味わって、あたりを見まわして――あれはとてもよかった」

アメリカン・リーグは三対〇とリードしたまま九回裏に入り、リーランド監督はジョー・ネイサンに試合の締めくくりを託した。

「あんなにドキドキしたのは初めてだよ」と、ネイサン。「九回に入ってから、いくぞっていわれたからね」

ネイサンはマット・カーペンターとアンドリュー・マカッチェンを三振に取り、ポール・ゴールドシュミットには二塁打を打たれたものの、ペドロ・アルバレスをセカンドフライにしとめて勝利をものにした。[▼3]

ネイサンはこのときまでメジャーで三四一セーブをあげており、すべてのウィニングボールを持っていた。オールスターではこれが初セーブ。このボールはいい記念品になっただろうが、もちろんもらうつもりはなかった。ネイサンは、ウィニングボールをリベラに渡した。

「当然だよ」ネイサンはいった。「ほしかったけど、それ以上にあげたい気持ちが強かった。すばらしいひとときだった。あのボールを渡せたのは、とてもうれしかったよ。みんな知っているように、ぼくは彼のことをとても尊敬している。だからあのときは感無量だった」

リベラにとっては、この試合全体が「すごかった。言葉にならないよ。すばらしい夜だった」。

マウンド上での技量とグラウンド外でのふるまいを通じて、敵味方を問わず誰からも尊敬され、賞賛され、愛されているリベラには、これからもまだすばらしい日々がたくさん訪れることだろう。

そして九月二二日日曜日に行われた〈マリアノ・リベラ・デー〉は、またとないほどすばらし

▼3　リベラがこの試合のMVPを受賞した。

い一日になった。四万九一九七人の大観衆が、不世出のクローザーを見送るためヤンキー・スタジアムに集まり、かつてのチームメートや、トレーナー、監督、GMらもかけつけた。

故ジャッキー・ロビンソンの妻レイチェル・ロビンソンと、娘のシャロンもいた。ふたりはリベラの背番号42番が、永久欠番になるのを見届けにきたのだ。一九九七年にメジャーリーグは、ロビンソンのつけていた背番号42を永久欠番にするよう、すべてのチームに通達したが、例外として、当時すでにこの番号をつけていた選手は、引退までつけていてかまわないことになった。そのなかで最後まで残ったのがリベラだった。

ヤンキースはリベラに、バットでできた揺り椅子と、背番号42のユニフォームのレプリカをおさめた額、リベラの二〇一三年版グラブをかたどったクリスタル製の置物、それにマリアノ・リベラ財団への寄付として、一〇万ドルの小切手を贈呈した。

五〇分間のセレモニーの締めくくりに、主役のリベラがマイクの前に立ってファンに語りかけた。「すばらしい現役生活でした。ファンのみなさんは最高です。いつもここにやってきて、ぼくとチームを応援してくれた。そのことは決して忘れません。ここニューヨークのみなさんのことは、いつまでもぼくの胸のなかに生きつづけるでしょう」

四日後、ヤンキースはホーム最終戦であるタンパベイ・レイズ戦に臨んでいた。それはまたマリアノ・リベラにとって、ヤンキー・スタジアムでの最後の一戦でもあった。八回表にレイズが二点を追加して四対〇とリードを広げ、なおも一アウトランナー一、二塁という局面を迎えると、ジョー・ジラルディ監督がブルペンに連絡し、マリアノ・リベラがヤンキー・スタジアムのブルペンから駆け足で登場した。この場面を見られるのもこれが最後だ。リベラは後続を打ち取って相手の攻撃を当たり前のように抑えると、九回もマウンドに戻ってきた。ヤンキー・スタジアムでの最後のイニングだ。

リベラは最初の二人の打者をしりぞけ、三人めと対戦しようとして、あっと驚いた。コア・フォーの僚友デレク・ジーターとアンディ・ペティットが、マウンドに向かってきたのだ。リベラにもう一度、超満員のヤンキー・スタジアムの拍手喝采を味わってほしいという、ジョー・ジラルディ監督が考え抜いた粋な計らいだった。

ジラルディは、このヤンキー・スタジアム最後の登板での途中交代が、歴史的な一場面になることは十分承知していただろう。だから自分で交代を告げにいくこともできたはずだ。代わりにジーターとペティットをいかせたのは、劇的効果をねらっただけでなく、無私な、すばらしい決断だった。リベラはペティットと固く抱き合い、二人の男の目から、また巨大なスタジアムでそれを見まもる何千、何万という人々の目から、とめどなく涙があふれた。

ヤンキースには、このあともまだヒューストンでの三連戦が残っていた。ジラルディは「投げるかどうかはモーにまかせる。好きなほうを選んでほしい」と、リベラにゆだねた。

リベラはじっくりと考え、生涯最後の一球はヒューストンではなく、やはりニューヨークのブロンクス、ヤンキー・スタジアムでの一球のままにしておこうと結論した。

「もういいです。十分やりきりました」とリベラはいった。

十分どころか、十二分にやりきった。

この最後のシーズン、四三歳のリベラは六勝二敗。五〇のセーブ機会で四四セーブをあげた。六四イニングで防御率は二・一一、四球九、奪三振五四。シーズンを通じて「なぜ引退するんだ?」と疑問を抱く人が跡を絶たなかったのも無理はない。

しかしリベラの決意は揺るがなかった。引退するのは、家族とより多くの時間をすごし、財団の運営に取り組むためだ。それに、一二八三回三分の二投球回で、八二勝（六〇敗）、六五二セーブ、防御率二・二一、四球二八六、奪三振一一七三という野球人生を、やりきったといわずしてなんといおう。

一方アンディ・ペティットは、二〇一三年シーズンが終わりに近づくにつくころ、板ばさみになっていた。春季トレーニングのころから、これが最後のシーズンになることはわかっていたが、正式に引退を発表するのはシーズンの終盤にしようと思っていた。ところがリベラの引退に耳目が集中するなかで自分が引退を発表したら、ことによると、リベラをたたえるムードに水を差すとか、リベラに相乗りしようとしているなどと思われるのではあるまいか。もちろんそんなつもりはさらさらないが、一番大切な人には、そのことをきちんと伝えておきたい。だから九月二二日に予定されていた〈マリアノ・リベラ・デー〉の四日前、遠征先のトロントで、ペティットはリベラをランチにさそった。

「モーは、だいぶ前からぼくが引退することを知っていたうちの一人だ」とペティットはいう。「そして前々から『発表したほうがいい。いわなきゃだめだ』といってくれていた。でもぼくは、シーズンの終盤に発表しようと思っていた」

ところがここへきてペティットは、リベラの功績をたたえるムードを邪魔してしまうのではないか、モーがスポットライトを浴びているのに出しゃばりではないかと気に病むようになった。そこでトロントでリベラをランチにさそって、思いの丈《たけ》を打ち明けたのだ。するとリベラは、いかにも彼らしくペティットの気持ちを楽にしてくれた。

「モーは、背中を押してくれた」と、ペティットは語る。「今、発表したほうがいい、そうすべきだと。〈マリアノ・リベラ・デー〉が、いっそうすばらしいものになるからといってくれた。そういってもらえて安心したし、モーとの絆を強く感じることができた」

ヤンキー・スタジアムで九月二二日に行われた〈マリアノ・リベラ・デー〉は、二人の引退を記念するものになったが、その実、主役はあくまでもマリアノで、ペティットの引退がからんでも、リベラから注目がそれることは少しもなかった。

ふしぎなめぐりあわせで、この日のサンフランシスコ・ジャイアンツ戦の先発はペティットだった。

「引退を発表して、ファンの前で投げたのはよかったと思うよ」リベラは鷹揚にいった。「それが正しいやり方だ」

ペティットはただ投げただけでなく、逃れようのない運命に敢然と立ちむかう働きを見せた。この年ヤンキースは、あまり経験のない深淵に沈みつつあり、アメリカン・リーグのワイルドカードとしてポストシーズンに進出できるラインからもこぼれ落ちる寸前だった。▼4 ペティットは、避けられぬ運命を少しでも先延ばしするべく懸命の投球をし、ジャイアンツ打線を五回一アウトまでノーヒットに、そして七回を完了するまで二安打に抑えた。「あの時点で、ぼくの年齢では身体が完投に耐えられそうになかった（四一歳で、ペティットは現役の先発投手のなかでは最年長だった）」ペティットは試合後にそう語った。結局、一対一同点の八回表、先頭のパブロ・サンドバルに二塁打を打たれたところで降板したが、後続が打たれてサンドバルが生還、チームはそのま

▼4　2013年は開幕からレッドソックスがほぼシーズンを通じて独走し、9月20日にはもう地区優勝を決めていた。セットアッパーの田澤純一、クローザーの上原浩治がシーズン中からポストシーズンにかけて活躍し、上原はリーグ優勝決定シリーズでMVPを獲得。チームは2007年以来のワールドシリーズ制覇を果たした。

ま一対二で敗れて、ペティットが負け投手になった。

負けはしたものの、ジョー・ジラルディ監督は、ベテラン投手に賛辞を送った。

「わたしの知っているなかでも、最も負けず嫌いな選手の一人だ。人間として可能なかぎり、極限まで自分の才能を生かしきったといえるね。これはアスリートに対する最大のほめ言葉だよ。しかも、チームの一員としてもすばらしい男だ」

その三日後、ヤンキースは数字の上でもポストシーズン進出の可能性がなくなり、正式に敗退が決まった（マリアノ・リベラの一九年間にわたる野球人生のなかで、ヤンキースがポストシーズンに進めなかったのは、これがわずか二度めだった）。しかしペティットにとっては、まだ終わりではなかった。シーズン最後のカードは、ヒューストンでの三連戦。ペティットは土曜日の夜、その二戦目に、故郷であるテキサス州ディアパークから三〇キロぐらいしか離れていないミニッツメイド・パークで先発したのだ。

ペティットは三回まですいすいと駆け抜けたが、四回にシングルヒット一本と内野ゴロ二つで一点を献上した。しかしヤンキースは六回表に二点をとって二対一と逆転。ペティットは六回、七回と相手を無安打に抑え、四球を一つ出しただけでリードを守った。

七回を投げ終えてペティットは、不慣れな領域に突入しようとしていた。完投は、アストロズ在籍中の二〇〇六年以来なく、ヤンキースでは一〇年間していない。だがこの日は、アドレナリンと、強い思いと、五〇人を超える友人や家族から送られるエネルギーに背中を押されていた。

両親も妻も四人の子どもたちも、応援にきていたのだ。

八回は、三振二つを含む三者凡退にアストロズを封じ込める。そして九回、最初の二人をライトフライに打ち取ったあとレフト前ヒットを許したが、この日の一一六球めでJ・D・マルティネスをサードゴロに打ち取った。三塁手のエドゥアルド・ヌネスが一塁手のライル・オーバーベイへ矢のような送球。試合終了。こうしてアンディ・ペティットの偉大な野球人生も、終わりを告げた。

この勝利でペティットの二〇一三年シーズンの成績は一一勝一一敗となり、彼は年間で一度も負け越すことなく、一八シーズンに及ぶメジャーリーグ人生を閉じた。通算二五六勝は歴代四二位、奪三振二四四八は歴代三八位だ。[5] ヤンキースの選手としての通算勝ち星は二一九で、殿堂入りしたホワイティ・フォード及びレッド・ラフィングについで第三位、同じく奪三振は二〇二〇で、これはヤンキースの投手としては歴代トップだ。

これでようやくアンディ・ペティットは、穏やかな気持ちで引退できる。

デレク・ジーターは、二〇一二年まで二〇年間にわたって夢のような人生を送ってきた。一九九二年にニューヨーク・ヤンキースのドラフト一巡めで指名され、一九九六年にはアメリカン・リーグの最優秀新人賞を獲得。オールスターに一三回選出され、[6] ワールドチャンピオンのリングを五つ手に入れた。野球殿堂入りの有資格者になれば、初年度に選出されることは確実だ。何百万という人々のあこがれの存在で、想像を絶するほどの大金持ち。世界でも指折りの美女たちとデートを重ね、有名で、有力で、権力があり、世の中の羨望を集める実力者たちと昵懇《じっこん》にしている。

そんなジーターに、試練の二〇一三年が訪れた。

デレク・ジーターは、メジャーに定着した一九九六年から二〇一二年までの一七年間、一シー

▼5　2015年シーズン終了時。
▼6　出場辞退した2011年を含む。

ズン平均一五一試合に出場してきたのに、二〇一三年は一七試合にとどまった。一七年間で三二九二本のヒットを積み重ねてきたのに、この年はわずか一二本。メジャー通算二五五本のホームランを打っていたのに、この年は一本。一シーズン平均で打点七三をたたき出してきたのに、この年は打点七。通算で一八六三の得点をあげてきたのに、この年は得点八。そして通算打率三割一分三厘を誇ってきたのに、この年は一割九分だった。

怪我していることを決して認めず、故障をかかえていてもたいしたことはないとつっぱねて、毎日出場することに誇りを抱いていたジーター、ベンチにすわって試合を見るのも、休んでチームに貢献できずにいるのも大嫌いなジーターにとって、このシーズンは「悪夢」だった。

九月一一日、ヤンキースはアメリカン・リーグ東地区で、首位のレッドソックスから一〇・五ゲーム差の三位。数字の上ではまだプレーオフ進出への道が完全に断たれたわけではなかったが、この段階でジーターはある決断に追いこまれた。この年四度めの故障者リスト入り。ジーターの二〇一三年シーズンは、終わりを告げた。ジーターが戦線離脱しているあいだ、ヤンキースはリード・ブリニャックからブレンダン・ライアンに至るまで、取っ替え引っ替え七人の遊撃手を使った。

「プレーできないのはとても残念だ」とジーターは語った。「この時期は特にそう感じる。一番野球をしたいのは、この時期なのに。でも今年はそういうわけにいかなかった。身体の面では、シーズンを通して悪夢の一年だったから、こういう終わり方がふさわしいのかもしれない」

悪夢がはじまったのは、前シーズン、二〇一二年の一〇月一三日、ヤンキー・スタジアムでのことだった。デトロイト・タイガースとのリーグ優勝決定シリーズ初戦、延長一二回にゴロをさばこうとしたとき左の足首を骨折し、二塁ベース付近に倒れたまま痛みで起きあがれなくなったのだ。[▼7]一週間後、ジーターは足首の手術を受け、翌年の開幕には間に合わせると誓った。そして約束を果たすべく、懸命にリハビリを行った。

ところが二〇一三年シーズンの開幕二週間前、フロリダ州クリアウォーターでのオープン戦で、ジーターは左の足首に張りを感じ、先発メンバーからはずれた。そして四月一八日、手術した左足首に、以前はなかった小さな亀裂骨折が見つかって、故障者リストに入った。結局、ジーターのシーズン初戦は、七月一一日、チームの九二試合目であるヤンキー・スタジアムでのカンザスシティ・ロイヤルズ戦までずれこんだ。

二番DHで先発したジーターは、最初の打席でサードへのぼてぼての内野安打を放つ。つづく打席では、セカンド、ショート、サードへの弱い内野ゴロでアウトになるが、その走塁中にこんどは右脚の太ももをいためてしまい、二度めの故障者リストに入った。

つぎに復帰した七月二八日、ジーターはいかにもジーターらしく、華々しい活躍を見せた。初回に一アウトランナーなしで打席に立ったジーターは、タンパベイ・レイズの若手左腕マット・ムーアからいきなりホームランを放ったのだ。

「そのまま映画になるね」と、ジョー・ジラルディはいった。

結局この日ジーターは、ホームラン以外にも内野安打一本と四球一つ、そして内野ゴロ二つを記録した。ヤンキースは九回裏、アルフォンソ・ソリアーノのタイムリーヒットで六対五とサヨナラ勝ちした。[▼8]

復帰後、ジーターはこの試合を含めて四試合に出場するが、こんどは右のふくらはぎをいため

▼7　ジーターの負傷交代は、延長12回、4対4の同点から四球とツーベースで1点勝ち越されたあとのことだった。そのあとさらにタイムリーで1点追加され、ヤンキースは6対4で敗戦。そのまま4連敗で敗退した。

て、三たび故障者リスト入りしてしまう。

こんどは回復までにひと月近くかかり、八月二六日のトロント・ブルージェイズ戦でようやく戦列に戻った。九月七日レッドソックス戦の六回裏、ジーターは通算三三一六本めのヒットを放ち、エディ・コリンズを抜いて、安打数歴代一〇位に上がった（九位のポール・モリターまではあとわずかに三本、八位のカール・ヤストレムスキーまでは一〇三本、七位のホーナス・ワグナーまでは一〇四本だ）。▼9 しかしジョー・ジラルディは、ジーターが一塁に走る様子を見て異変に気づき、代走を出した。

「つらいと思う」と、アンディ・ペティットは仲間を思いやった。「あいつがどれだけ試合に出たいと思っているか知っているだけに。怪我をしているのだから、途中交代は驚くことではないが、くやしい。あいつの気持ちを思うと、とてもくやしい」

四日後、ジーターは四度めの故障者リスト入りをし、地元メディアとの会見で、今季はもうプレーしないことを認めた。

今後はどうするのか？

「ポンポンでも振って、みんなを応援するさ」ジーターはいった。「今シーズンは、ほとんどポンポン係なんだけどね。どんな形であれ、できるだけ力になりたい。だからチームメートを応援するよ。これまでさんざん応援してもらってきたんだから、こんどはぼくの番だ」

ジーターの輝かしい現役生活は、これで終わりを告げてしまうのだろうか？

「このごろ終わりの話ばかりだな」ジーターは、ねちねちと質問をつづける記者団に、少しむっとした顔を見せた。「みんな、これで終わりにしてほしいのかい？　人の顔を見ればそんなこと

▼8　この日の試合前には、2012年暮れに引退を発表した松井秀喜の引退セレモニーが行われた（コラム参照）。なおこの試合では、6番ライトで先発出場したイチローも、4打数4安打1打点の活躍を見せた。

ばかりきいてくるけど。ぼく自身、終わることを考えたか？　とんでもない。ちらりとも考えていないよ。今季は怪我をするたびに、少しでも早く復帰しようとしてきた。振り返ってみると、急いだのがよくなかったのかもしれない。でもぼくの今の仕事は、来シーズンの準備をすることだし、それはきっちりやり遂げるつもりだ」

ジーターに応援団長という不慣れな役割を託したまま、ヤンキースの二〇一三年シーズンはすぎていったが、一番大きな問題は来季がどうなるかということだった。契約上、ジーターの側に九五〇万ドルの選択権があるので、彼は二〇一四年もおそらくヤンキースの選手でいることになるだろう。だがその役割は？

ジーターは、不確かな未来に直面していた。復帰するのか？　体調を最高の状態にまで戻せるのか？　まだ遊撃手としてプレーできる？　それとも大きなプライドをぐっと抑えて後進に遊撃手をゆずり、自分は別のポジションに移るのか？

春季トレーニングの開始までの約半年をリハビリに費やし、トレーニングがはじまってからは、じっくりと技術を研ぎすませばいい……ジーターは来季について楽観的な見通しを立てていた。

「元の状態に戻れるということにかけては、自信がある。また怪我をするとは思っていない。今年は何度も何度も怪我をしたから、今こんなことをいってもあてにならないかもしれないが、オフシーズンすべてを使ってトレーニングをし、筋力を取り戻せば、これまでずっとしてきたことをまたできるようになると思う」

これを受けて、ジョー・ジラルディはつぎのように語った。

「保証はないが、デレクという選手のいうことだから、心配していない。彼が復帰できると信じ

▼9　ホーナス・ワグナーら、19世紀末から20世紀初頭に活躍した選手については、集計方法によって安打数にばらつきがある。著者は、米国で最も広く利用されているデータベースの1つBaseball Reference.comを典拠にしている。

ているなら、わたしも信じる。それが一番大切なことだ」

ブライアン・キャッシュマンGMもいう。

「わたしは、まだデレク・ジーターの現役最終戦を目にしていない。誰も見ていないはずだ」

それでも、否定しようのない厳然たる事実が残る。ジーターが、二〇一四年シーズンの前半で四〇歳になるということだ。四〇歳以上のメジャーリーガーで、遊撃手として一〇〇試合以上出場した選手は、これまでに三人しかいない。▼10 しかも以前に比べると、みな成績を落としている。だが、そのうちの誰一人として、デレク・サンダーソン・ジーターという名前ではない。

column

松井秀喜

もう少し早くメジャーにきていれば、松井秀喜は、ベーブ・ルースやデレク・ジーター、ミッキー・マントル、マリアノ・リベラといった名選手とともに、ヤンキー・スタジアムのモニュメントパークに記念碑の建つ選手になっていたかもしれない。チームに対して多大な、そして著しい貢献をしたのは確かだが、残念ながらメジャー入りが数年遅かったため、ポール・オニールやティノ・マルティネスら、最近になってモニュメントパークの神聖なる土地の分け前にあずかった選手たちと肩を並べるところまではいかなかった。

松井は二〇〇三年にヤンキースにやってきた。七年早くきていれば、まちがいなくニューヨーク・ヤンキースの黄金時代をがっちり支える屋台骨の一つとして、五年で四度のワールドシリーズ制覇に大きく貢献し、ひょっとすると〝コア・フ

▼10　ホーナス・ワグナー、ルーク・アプリング（1930～40年代にかけてシカゴ・ホワイトソックスで活躍。通算打率.310）、オマール・ビスケル（1989～2012年までインディアンズ、マリナーズなど6球団で活躍。45歳まで現役をつづけた。ゴールドグラブ賞11回受賞）。

アイブ〟の一員となって、モニュメントパークに記念碑が建っていたかもしれない。

だが七年早く渡米していたら、松井は日本球界を代表する恐るべき大砲〝ゴジラ〟として名声と栄光を手に入れ、ヤンキースから何百万ドルもの契約金を勝ち取ることはできなかっただろう。

一人の若者にとって、心地よい祖国を飛び出すことも、自分の成長と開花をうながしたなじみ深い仕事場をあとにすることも、さらには地球の反対側へと旅して、見知らぬ土地で一挙手一投足を容赦なく報じられることも、容易ではなかったはずだ。松井の肩には、ずっしりとプレッシャーがのしかかっていたにちがいない。メジャーリーグで成功しなければ。アルバート・プホルス、ミゲル・カブレラ、デレク・ジーター、ジョー・マウワーといった選手たちと肩を並べる存在だと示さなければ。そして日本球界での輝かしい経歴――セントラル・リーグMVP三回受賞、日本シリーズに四回進出して三回制覇、通算打率三割四厘、一三九〇安打、打点八八九、ホームラン三三二本、そう何よりもこのホームラン記録――に恥じない成績を残さなければというプレッシャーが。

だが松井秀喜は、つねに自分の能力を信じていた。

少年時代、松井は右打者だったが、兄やその友人たちと野球をするときあまりにも打球を飛ばすので、ばつの悪くなった兄から、左で打たなければ仲間に入れてやらないといわれた。まもなく松井は、左でも同じくらいよく打てるようになった。

高校生になると、松井は強打の球児として日本全国にその名をとどろかせるようになる。相手チームに恐れられるあまり、甲子園で行われた全国高校野球選手権大会で、一試合に五度敬遠されたことすらある。セントラル・リーグの名門読売ジャイアンツにドラフト一位指名された松井は、背番号55をもらった。伝説的名選手である王貞治が一九六四年に樹立した、日本の一シーズン最多本塁打記録を表す数字だ。[11] それを背負うことで松井は、王に対する敬意を表すとともに、その記録を破るような選手になるという決意も示したのだっ

▼11　2013年に東京ヤクルトスワローズのウラディミール・バレンティンが60本塁打を放って、王の記録を更新した。

た。目標にせまったこともある。一九九八年に三四本だったシーズン本塁打数が、四年後の二〇〇二年には五〇本にまで増えた。シーズン後、松井はその長打力をたずさえて、ニューヨークへと渡った。

アメリカ野球最大の舞台に臨んでも、松井の様子からは緊張や気おくれはうかがえなかった。松井は、プロ生活一〇年を誇るひとかどの選手で、二八歳の成熟した人間だ。見知らぬ国でもたちまちファンの心をつかんだ。メジャーリーグでの最初の試合は、二〇〇三年三月三一日、トロントでの対ブルージェイズ戦。バーニー・ウィリアムズに続く五番レフトで先発した松井は、一回表、二アウト一、三塁で打席に立ち、ロイ・ハラデーからレフト前タイムリーを放って、先制のランナー、デレク・ジーターを迎え入れた。ヤンキースは八対四で勝利をおさめた。

その八日後、ホーム開幕戦であるヤンキースタジアムでのミネソタ・ツインズ戦で、松井は、ヤンキース史上誰一人、ベーブ・ルースもルー・ゲーリッグもジョー・ディマジオもミッキー・マントルもレジー・ジャクソンもデレク・ジーターも、誰もなし得なかったことをやってのけた。ヤンキー・スタジアムでの最初の試合で、満塁ホームランを打ったのだ。

このみごとな一撃で松井はスタンディングオベーションを受け、新たなファンから長きにわたって愛されることになった。松井の人気は、ピンストライプのユニフォームをまとっていた七年のあいだ、いささかも衰えることがなかった。

その七年間に松井は、通算打率二割九分二厘、ホームラン一四〇本、打点五九七という成績を残し、二〇〇九年のワールドシリーズではMVPを受賞する。これが松井にとって、ヤンキースでの最後のシーズンを締めくくるクライマックスになった。このあと松井はもう三年、ロサンジェルス・エンジェルス、オークランド・アスレチックス、タンパベイ・レイズでそれぞれプレーするが、二〇一二年のシーズン途中にレイズから戦力外となり、この年の一二月に引退を表明した。

　しかし松井には、まだするべきことが残っていた。ヤンキースと一日かぎりのマイナー契約を結び、ヤンキースの選手として正式に引退するのだ。二〇一三年七月二八日、タンパベイ・レイズ戦の前に松井の引退セレモニーが行われた。たくさんの松井ファンが、最後にもう一度〝ゴジラ〟にスタンディングオベーションを送り、デレク・ジーターは、つぎのようなコメントを松井に贈った。

「ぼくは長年のあいだ、数多くのチームメートと一緒にやってきたが、ヒデキはいつでもぼくのお気に入りだ。彼が日々野球に取り組む姿勢は、ほんとうにすばらしかった。多くの報道陣に追いかけられ、ニューヨークと日本、両方のファンのために活躍しなくてはというプレッシャーを背負い、ニューヨークという華やかな土地になじみながらも、ヒデキはいつも集中していたし、自分の仕事に対しても、クラブハウスの仲間たちに対しても誠実に向き合っていた。ぼくはヒデキのことをとても尊敬しているよ」

最終章　デレク・ジーター、引退

野球は、スナップ写真のように鮮やかな一場面として、記憶にとどめられることがある。ベーブ・ルースが一九三二年のワールドシリーズでスタンドを指さし、つぎの球をあそこへ打ちこむと予告した場面。ジョー・ディマジオが五六試合連続安打を達成して、走りだす場面。ミッキー・マントルが、いつものように特大弾を放ち、その、あわやヤンキー・スタジアムの場外へ飛び出そうかという弾道を目で追う場面……。

しかし日々の野球は、息づき、変化しつづける生き物で、あるときは喜びの糧になり、あるときは悲しみの種になる。

ヤンキースのコア・フォーは、最初にホルヘ・ポサダ、つぎにマリアノ・リベラとアンディ・ペティット、そしてついにデレク・ジーターも引退して、過去という名のスナップ写真におさまることになった。そして終わりなきパレードは、ブレット・ガードナーやマーク・テシェイラに、また新たに加入したジャコビー・エルズベリーや、ブライアン・マッキャン、カルロス・ベルトラン、田中将大らに引き継がれた。

二〇一四年のニューヨーク・ヤンキースは八四勝七八敗という平凡な成績で、ポストシーズンは部外者として見物するしかなかった。その前の一八年間で一七回ポストシーズンに進出したあと、二年連続の敗退だ。この二〇一四年シーズンは期待が先立っていただけに失望も大きく、大スターの引退発表で世間を沸かせ、各地をめぐる終わりなき引退ツアーでファンをつなぎとめるのがせいぜいだった。

デレク・ジーターはまたたく間に、細身で足の長い二〇歳の新人遊撃手から四〇歳の大ベテランへと、「球界の顔」へと、そして敵味方を問わず万人に愛される選手へと変貌をとげた。二〇一四年二月一二日、エイブラハム・リンカーンの誕生日に、ジーターはフェイスブックでみずからの解放宣言を発表した。メジャー二〇年めにあたる二〇一四年シーズンを現役最後の一年にする、というものだ。開幕前に発表するのは、「余計な騒ぎが起きないようにするためだ」とジーターは説明した。

ところがこの発表で、ジーターの身辺は、かえって騒がしくなった。

デレク・ジーター引退へのカウントダウンは、四月一日、ヒューストンでの開幕戦で始まり、ヒーローの姿をひと目拝もうと四万二一一七人の観衆が集まった。ところが第一打席で、不心得者のスコット・フェルドマンから死球を受けてしまう。さらに悪いことに、つづく二打席は凡退だ。それでもヤンキースが六対二でリードされた八回に、ジーターがチャド・クォルズからライト前ヒットを放つと、大みそかのタイムズスクエアかと見まがうほどの無数のフラッシュが、スタジアム中でまたたいた。

ジーターの引退ツアーが特段の盛りあがりを見せたのは、七月一六日にミネソタで行われたオールスターゲームでのことだった。この年ジーターは、一四度めのオールスター選出を果たした。ファン投票で選ばれ、アメリカン・リーグの遊撃手として先発出場するのは九度めのことだ。一回裏、ジーターはア・リーグの先頭打者として打席に立った。対する先発投手は、セントルイス・カージナルスのアダム・ウェインライトだ。

しかしジーターが打席に入ると、ウェインライトはグラブをピッチャーズ・プレートの上に置き、自分はマウンドの後方に下がって、ナショナル・リーグの選手たちや四万二〇四八人の観客たちと一緒に拍手をはじめた。ジーターはウェインライトに向かって「早いところはじめよう」という仕草をして見せたが、ウェインライトは動こうとせず、拍手がつづくにまかせた。

「あれくらいするのが当然でしょう」と、のちにウェインライトは語った。

「忘れないよ」ジーターも語った。「あそこまでしてくれるとは、ありがたい。すばらしい人だね」

相手選手がジーターを尊敬するのは、単にジーターが選手としてすごいからというだけではない。相手選手たちとのやりとりも、尊敬される理由の一つだ。打席に入るとき相手捕手にバットで軽く触れてあいさつしたり、大スターとも昇格したてのルーキーともわけへだてなく言葉を交わしたり、二塁に到達した選手にちょっとした励ましの言葉をかけたり、あるいは顔を見てうなずいたり。そういう振る舞いは、相手も気づくし、心にも残るものだ。

このオールスターゲームの初回、ジーターは、ウェインライトに対して、得意の「インサイド・アウト」のスイングを繰り出し、ライト線に二塁打を放った▼1。

また三回には、シンシナティ・レッズのアルフレッド・サイモンからライト前ヒットを打ったも

▼1　登板後のインタビューでウェインライトは「こういう場だからと思って打ちやすい球を投げたけど、まさか二塁打にされるとは思わなかった。もう少しきびしい球を投げたほうがよかったかな」と語って物議をかもし、あとから懸命に否定した。

のの二塁残塁に終わり、これでジーターのオールスターゲームは終了となった。アメリカン・リーグの監督であるボストン・レッドソックスのジョン・ファレルは、ジーターの現役時代の大半で監督をつとめたジョー・トーリにあらかじめ相談し、予定どおり二打席めが終わったあと、ジーターを一旦ショートの守備につかせてから交代を発表した。ジーターが駆け足でベンチに向かうと、球場のスピーカーからフランク・シナトラの「ニューヨーク・ニューヨーク」が流れ出した。観客は総立ちになり、両チームの選手たちもそれに加わって、三分間拍手喝采をつづけた。ベンチに戻ったジーターは、アメリカン・リーグの監督、コーチ、選手全員と抱き合い、最後にもう一度ベンチを飛びだして観客の声に応えると、あとはいつものジーターらしく、ベンチの最前列から残りの試合を見つめた。

ヤンキースとジーターのゆく先々に大観衆が押し寄せ、子や孫のため、あるいは自分のアルバムのために一世一代のスナップショットを撮ろうと、携帯電話のカメラを構えた。クリーブランド、カンザスシティ、デトロイトでの最後の試合、オークランド、ボルティモア、そしてボストンでの最後の打席。人々は、ジーターの一打席一打席に拍手を送り、どんな内野安打にも大歓声をあげた。そしてどの遠征先でも最後の試合の日には、相手チームから「与えるより受けるほうが幸いであろう」[2]とばかりに、数え切れないほどの記念品が贈呈された。ロサンジェルス・エンジェルスからは特注のピンストライプのカヌーが、ヒューストン・アストロズからはサイズを合わせたカウボーイブーツが、セントルイス・カージナルスからはスタン・ミュージアル[3]の肖像が刻印された金のカフスボタンが贈られた。ボルティモア・オリオールズからは桶に山盛りになった特産のカニが、インディアンズのホームで、〈ロックの殿堂〉の地元でもあるクリーブランド

▼2　新訳聖書、使徒行伝20-35「受けるより与えるほうが幸いである」のもじり。
▼3　1940～60年代序盤にかけてセントルイス・カージナルスで活躍した名選手。メジャー22年間、通算3630安打（歴代4位）、打率.331、ホームラン475本。MVP3回、オールスター出場24回。

では、レス・ポールモデルのピンストライプのギターが、タンパベイ・レイズからはカヤックが贈呈された。さらにジーターの〈ターン・トゥー財団〉への寄付として何千ドルもの小切手が贈られたほか、各地の球場から試合で使ったベースや、スコアボードのレプリカ――ほとんどはジーターの背番号「2」のプレート――など、ありとあらゆる記念品が贈られた。

すべてを持つ男はいっそう物持ちになったが、どれもジーターにとって必要な物ではないから、いずれは手放してしまうだろう。だがなかには、ジーターのことを貪欲でちゃちで薄汚い金もうけに名前を貸しているといって批判する者たちもいた。ジーターが手を触れたものは、なんでも金もうけの種になっていると。

ファンは、デレク・ジーターのサイン入りバットを「たったの」一九九九ドル九九セントで我が物にできるし、〈デレク・ジーター・デー〉のサイン入り試合使用球は、五〇〇〇ドルで手に入る。サイン入りのベースは（一塁、二塁、三塁がお好みのまま。使用イニングも一回から九回までお選びいただけます）わずか一万ドル。ヤンキー・スタジアムのショート周辺の土を入れたガラスのケースもある。お値段はとってもお得な五九ドル九九セント。それともジーターが試合で身につけた靴下はいかが？　これがたったの四〇九ドル九九セント。両足セットなら、さらにお得な八一六ドル九八セント……。

しかしほとんどのファンは、ジーターをけなすためではなくたたえるためにやってきて、ジーターのプレーを満喫し、球場でそれを目撃できたことを喜んだ。四月六日トロントで、ジーターはポール・モリター（三三一九本）を抜いて歴代安打数九位に順位を上げた。七月二八日にはテキサスでカール・ヤストレムスキー（三四一九本）を抜いて八位になるとともに、ホーナス・ワグナー（三四二〇本）と肩を並べ、翌日にはワグナーを抜いて単独七位に上がった。そして八月二〇日、タンパベイでキャップ・アンソン（三四三五本）を抜き、六位にまで順位を押し上げた。上にいるのはピート・ローズ（四二五六本）と、タイ・カッブ（四一八九本）、ハンク・アーロン（三七七一本）、スタン・ミュージアル（三六三〇本）、トリス・スピーカー（三五一四本）の五人だけだ。

ジーターの最後のシーズンが終わりに近づき、試合数が残り少なくなるにつれて、ヤンキースがキャプテンにハッピーエンドを用意できないことが明らかになってきた。▼4 残された楽しみは、九月七日日曜日の〈デレク・ジーター・デー〉と、その一八日後に行われるジーターのヤンキー・スタジアム最終戦ぐらいのものだ。

〈デレク・ジーター・デー〉の当日、ヤンキー・スタジアムには、キャプテンをねぎらおうと、スターが集結した。かつてのチームメートでコア・フォーの仲間であるマリアノ・リベラとホルへ・ポサダ（アンディ・ペティットは、前々から予定されていた家族の用事のため出席できなかった）、それにティノ・マルティネス、松井秀喜、ポール・オニール、ティム・レインズ、デイビッド・コーン、バーニー・ウィリアムズ。殿堂入り選手のレジー・ジャクソンと、ジーターが子どものころ大ファンだったデイブ・ウィンフィールドも出席した。さらには前の世代の最も偉大な遊撃手だったカル・リプケン・ジュニアも、現世代の最も偉大な遊撃手に敬意を表して駆けつけた。最大のサプライズゲストは、ジーターの親友であるマイケル・ジョーダンだった。

熱いまなざしで自分を見つめる満員の観客に向かって、ジーターは、いつものように原稿なしで、心のこもった、謙虚で感謝に満ちた言葉を述べた。

▼4　九月二日の時点で、首位のボルティモア・オリオールズから九・五ゲーム差の二位。このあとシーズン終了までこれ以上ゲーム差が縮まることはなかった。

「みなさん、二〇年のあいだ、ぼくが子どものような気持ちでプレーできるよう、応援してくださってありがとうございました。ぼくは世界一すばらしい仕事をつづけてこられたと思っています。世界に一人しかいない、ヤンキースの遊撃手をつとめることができたのですから」

記憶に残る、すばらしい一日だったが、これで終わりというわけではなかった。ほんとうの楽しみは、まだその先にあった。デレク・ジーターにとって一番大切なのは試合であり、シーズン終盤とはいえ、まだまだ試合は残っていた。なかでも特筆すべきは、九月二五日木曜日の夜に行われた、ジーターのヤンキー・スタジアム最終戦となるボルティモア・オリオールズ戦だ。この前日にヤンキースは、プレーオフ進出の可能性を完全に断たれていた。ジーターにとって、プレーオフを逃してからホームのピンストライプのユニフォームで試合をするのは、二〇年間のヤンキース生活でこれが初めてだ。▼5 それでも試合をする以上は、スタンドのファンのためにも勝たねばならない。野球のため、ファンのため、全力を尽くすのみだ。

ジーターは試合開始の四時間近く前に球場に到着した。どのような夜になるかと問われると、今からそれを考えたくはないと答えた。

「試合前に感傷にひたって悲しくなるとつらいからね」とジーターは、集まった報道陣に語った。「まずは試合をさせてくれよ。終わってからどんな気持ちだったか話すから」

四万八六一三人の大観衆は、キャプテンの姿をひと目見るや大歓声をあげ、一晩中とぎれることなく声援を送りつづけた。

試合前には、ベンチから選手たちが見まもるなか、大きなスコアボードにジーターのハイライトビデオが映し出された。やがてジーターがチームメートを率いてグラウンドに飛び出すと、地

▼5　ジーターがヤンキースにいたあいだ、ポストシーズン進出を逃したのは、2014年以外では2008年と2013年だけだが、2013年はジーターが故障で9月初めにシーズンを終えている。2008年は9月23日にプレーオフ進出がなくなったが、その後の5試合はすべてビジターゲームだったのでピンストライプは着ていない。

鳴りのような大歓声がとどろいた。いよいよ試合開始だ。

その直後、オリオールズがヤンキース先発の黒田博樹に連続ホームランを浴びせ、二対〇と先制した。しかし一回裏、ヤンキースもすぐさま反撃する。先頭のブレット・ガードナーがライト前ヒットで出塁すると、二番ジーターがヤンキー・スタジアム最後の試合の最初の打席に立った。ジーターは、三ボール一ストライクから、オリオールズ先発ケビン・ゴーズマンの五球め、一五三キロの直球をたたく。打球は左中間に飛び、わずかにホームランを逃したものの、ビジター側ブルペンのフェンスを直撃するタイムリーになった。ジーターはゆうゆうと二塁に到達した。

これだけでも観客には十分満足だったはずだ。ヤンキースでのみごとな野球人生の幕引きにふさわしい一場面。おそらくジョー・ジラルディ監督の頭のなかに、これでジーターを交代させようかという考えが駆けめぐったことだろう。しかしジラルディはその誘惑をしりぞけた。

ジーターは、ブライアン・マッキャンのタイムリーで同点のホームを踏む。このあと試合は、二対二同点のまま七回裏を迎え、ヤンキースが一挙三点を入れた。しかもそのうち最初の二点は、ジーターのショートゴロをオリオールズの遊撃手JJ・ハーディーが送球エラーしたものだ。どうやら奇跡でも起こらないかぎり、これがヤンキー・スタジアムにおけるジーターの最後の打席になりそうだった。だがジーターという野球選手は、まさに奇跡そのものだ。

最終回、勝ち試合を締めくくるためジラルディは、黒田に代えてクローザーのデイビッド・ロバートソンを投入した。シーズンを通じて安定した投球をしていたロバートソンは、先頭のニック・マーケイキスを歩かせたものの、つぎのアレハンドロ・デアザを三振に取る。しかし三番アダム・ジョーンズが、レフトスタンドに二ランホームラン。オリオールズが五対四と追いあげる。

ここで、アメリカン・リーグのホームラン数トップを走る四番ネルソン・クルーズが三振し、二アウト。あと一アウトでヤンキースの勝利だ。ところがつぎの五番スティーブ・ピアスが、レフトスタンド上段にホームランをたたきこんだ。五対五。試合は振り出しに戻った。

九回裏ヤンキースの攻撃、この回先頭のルーキー、ホセ・ピレラがシングルヒットで出塁し、すぐさま代走のアントーン・リチャードソンと交代する。リチャードソンは、ブレッド・ガードナーの送りバントで二塁へ進んだ。

これで打順は時の人、デレク・ジーターにまわった。そしてジーターは、彼にしかできないことをやってのけた。ライト前にサヨナラタイムリーを放ち、巨大なスタジアムを興奮のるつぼに陥れたのだ。

いったいどうやったら、こんなことが起こるのか？

四二度のセーブ機会で三度しか失敗していない投手、ひと月以上ホームランを許しておらず、シーズン全体でも五本しか打たれていない、しかも一試合二本は一度も打たれていない投手が、どうして一イニング二本もホームランを打たれて、三点のリードをふいにしてしまったのか。

そしてなぜ九回表の三人めに、打順がデレク・ジーターにめぐってきたのか。

オリオールズのバック・ショウォルター監督は、一塁が空いていたのになぜジーターを歩かせなかったのか？

答えはない。魔法。神秘。そして奇跡。

デレク・ジーターは最後の最後まで、強い星に導かれた野球人生を生ききったのだ。まさにそれを体現する試合ではないか？

このあとヤンキースには、ボストンでのレッドソックス戦が三試合残されていた。ジーターは、休もうと思えば休めたが、何百、あるいは何千というファン――ヤンキースファンもレッドソックスファンも含めて――が、この週末のチケットを買っていることを知っていた。がっかりさせるわけにはいかない。

ジーターは、ボストンでの三連戦のうち二試合に指名打者として出場した。九月二七日土曜日は三振一、安打一の二打席で代打を送られた。そして日曜日のチーム最終戦では、第一打席がショートライナー。第二打席ではサードに内野安打を放って通算安打数を三四六五本とし、代走と交代した。

ジーターの通算安打数はメジャー歴代六位、打数が七位、得点が一〇位、塁打数が二一位、そして出場試合数は二六位だった。

ジーターはMVPも首位打者も取ったことがなければ、二塁打、三塁打、ホームラン、四球、盗塁でメジャー一位に輝いたこともない。▼6

しかしジーターは、ニューヨーク・ヤンキース以外のチームには一度も在籍したことがないし、遊撃手以外のポジションでは、アウト一つたりとも取ったことがない。また退場を命ぜられたことも一度もなかった。

しかるべき時がくれば、最初の投票で野球殿堂入りが決まるだろう。

▼6　ただし、ポストシーズンの158試合、734打席、200安打、二塁打32本、三塁打5本、塁打数302、111得点、そして135三振は、すべてメジャー最高記録である。

訳者あとがき

「コア・フォー」――なんてシンプルでわかりやすく、魅力的な呼称だろう。

この言葉には、ふだんあまり「生え抜き」ということにこだわらないアメリカ人が、スターとして花開くまでじっくりと見まもってきた選手たちに寄せる、特別な思いと愛情が込められている。

著者のフィル・ペペも述べているように、コア・フォーは、すばらしいスカウティングと、まれに見る慧眼、そして少なからぬ幸運のおかげで形成された集団だ。

マリアノ・リベラは、一九九〇年に、誰にも注目されないドラフト外契約でひっそりと入団した。しばらくのあいだは球団内でも、将来チームをになうような有望株だとはみなされていなかった。おまけに右ひじの靭帯をいためる怪我を負ったり、エクスパンション・ドラフトで他球団から引き抜かれる危険にさらされたりもしたが、それらすべてを切り抜けて、ヤンキースのなかで頭角を現していった。

アンディ・ペティットは、一九九〇年のドラフト二二巡め（全体五九四番め）で指名された選手だ。こういう遅い指名巡の選手は、メジャーに昇格すること自体がなかなかむずかしい。そしてホルヘ・ポサダは同じ年のドラフトの、さらに遅い二四巡め（全体六四六番め）の指名だ。

メジャーリーグは歴史が長く規模も大きいので、下位指名で大物になった選手というのもそれなりにいる。最も有名なのが、一九八八年のドラフト六二巡め（全体一三九〇番め）でドジャースに指名された捕手マイク・ピアザだろう。日本人にとっては野茂の女房役という印象が強いが、通算安打二一二七本、本塁打四二七本、打率三割八厘という大打者だ。また近年では、一九九八年のドラフト三八巡めで指名されてすでに二〇〇勝以上をあげ、完全試合も達成したことのある左腕投手マーク・バーリーがいる（二〇一五年も現役で、トロント・ブルージェイズに所属していた）。

しかし一つのチームの同じ年のドラフト下位指名から、二人のオールスター級選手が出現するなどという確率は、かぎりなく小さいのではないだろうか。しかもポサダは、マイナーリーグ時代に選手生命をおびやかされかねない足首の大けがを負っているし、ペティットはメジャーに上がりたてのころ、ヤンキースのオーナーであるスタインブレナーから「闘志が感じられない」と評されてトレードされそうになっている。みな、さまざまな障害を乗り越えてヤンキースの中心選手になっていったのだ。

そして、デレク・ジーター。彼は、一九九二年のドラフト一巡め（全体六位）指名だ。ほかの三人とちがって入団時からのエリートだが、それだけにヤンキースより上位の指名権を持つチームが獲得する可能性も大いにあった。もっとも、ヤンキースが六位の指名権を持っていたことにも驚かされるのだが。この前年、九一年のヤンキースは七一勝九一敗で、当時は七チームだったアメリカン・リーグ東地区の五位。まさに低迷期のど真ん中にあった。ドラフト前後のいきさつは第4章「カラマズーの少年」にくわしいが、スカウトたちの喜びとくやしさ、当日の緊張感などが手にとるように伝わってきて、今読んでも興奮する。

こうして集まった生え抜きの四選手が、やがてチームの核となり、「コア・フォー」と呼ばれるようになる。彼らの入団時には暗黒時代まっただ中だったチームが、コア・フォーの出現とともにふたたび輝きをとりもどし、黄金時代を築きあげていく。もちろんその陰にはオーナーのスタインブレナーやジョー・トーリ監督の力もあったが、あまり目立たないながら、「コア・フォーの生みの親」と呼ばれることもあるジーン・マイケルGMや、コア・フォーのメジャー昇格時の監督で、再建の基礎を築いたバック・ショウォルターの功績も忘れてはいけない。著者はそのあたりにもちゃんと触れているので、コア・フォーの歴史をたどりながら、ヤンキースの球団史もある程度深く知ることができる。

そうして迎える本書前半の山場が、一九九六年、ジーターたちがメジャー昇格してから初のワールドシリーズ制覇と、二〇〇一年に四連覇を逃したときの、ダイヤモンドバックスとのワールドシリーズだ。どちらも手に汗にぎるすさまじい戦いで、文字で読むだけでもどきどきする。ただし、一九九六年のワールドシリーズの相手だったブレーブスのファンにきくと、「今思い出しても傷口に塩をもみ込まれるようにつらい」というので、トラウマをかかえている方は、読み飛ばしてください。

だが、本書はけっしてヤンキースファンのためだけの本ではない。著者は、リベラが史上最高のリリーフ投手か否かという論争を通じて、リリーフ投手というものに対する考え方や起用法の変遷をたどっているし、アンディ・ペティットとロジャー・クレメンスの絆と亀裂を通じて、いまだ根絶しきれない薬物使用のことにも触れている。A・ロッドとジーターの確執にも一章をさいている。「心温まる関係でもなければ、氷のように冷え切っているわけでもなく、そのあいだのどこか」というフレーズには、チームスポーツ（そしてありとあらゆる組織）のかかえる人間関係の難しさと、それでもどうにかこうにかやっていくすべが、そこはかとなくにじんでいる。

そして本書すべてを通じて静かに描かれているのが、じつは、始まりとともにある終わりの姿だ。「すべてのいいことには、終わりがある」というのは、第12章「うそだといってよ、モー」の書き出しだが、それはヤンキースの長い歴史を彩ってきたすべての選手たちに当てはまることだろう。

終わりが、悲劇として訪れたこともあった。

筋萎縮性側索硬化症（ＡＬＳ）のため三五歳で現役引退を余儀なくされ、三七歳の若さで亡くなったルー・ゲーリッグ。本書にもあるとおり「今、わたしは、自分が世界じゅうで一番幸せな男だと思っています」という、引退セレモニーでのスピーチが有名だが、その境地にいたるまでにいったいどれだけの悲嘆があったことだろう。そしてシーズン中にみずからの操縦する小型機で事故を起こし、三二歳で亡くなってしまった、キャプテンで正捕手のサーマン・マンソン。本書には淡々と記されているだけだが、当時このニュースがどれだけの驚きと悲しみをもって受けとめられたかを想像すると、胸が痛くなる。映画『フィールド・オブ・ドリームス』の原作『シューレス・ジョー』で知られるＷ・Ｐ・キンセラも、マンソンの死にまつわる短編を書いているほどだ。（「マニー・モタがタイ記録を立てた夜」、『野球引込線』永井淳訳、文藝春秋、所収）

そして静かにユニフォームを脱ぐ選手たち――。

新たな契約を得られず、不本意ながら引退したホルヘ・ポサダ。一度引退してから現役復帰を果たし、二度目の引退がマリアノ・リベラのそれと重なってしまったため、発表するかどうか悩んだというアンディ・ペティット。リベラのヤンキー・スタジアム最後のマウンドで、交代を告げにいったペティットとリベラが固く抱き合うシーンには胸が熱くなる。

また本書には、二〇一四年に出版された原書にはない、松井秀喜の引退にまつわるコラムと、デレク・ジーターの引退を描く最終章が、この日本語版のために新たに書きおろされている。いまだ記憶に新しいこれらのできごとも、まとめて読むとまた新たな感慨がこみあげてくるだろう。

こうしてコア・フォーは全員現役を引退したが、ヤンキースは二〇一五年開幕前の大方の予想をくつがえして、好調な戦いぶりを見せ、八月中旬までは地区首位を堅持していた。終盤の失速がたたってブルージェイズに抜かれ二位に終わったが、ワイルドカードで三年ぶりにポストシーズンに進出。ワンデープレーオフでヒューストン・アストロズに敗れて敗退したものの、次代を担う若手が頭角を現しはじめた一年でもあった。こうしてまた新たな選手たちに役割が引き継がれ、著者のいうとおり「終わりなきパレード」が続いていくのだろう。本書を読みとおすと、ヤンキースが、さまざまな悲劇やスーパースターの引退などを乗り越えてバトンを引き継ぎつづけてきた、百戦錬磨のチームであることがよくわかる。本書のなかでバック・ショウォルターも述べているように、コア・フォーのような生え抜きのすぐれた選手たちの集団はもう見られないかもしれないが、ベテランであれ、FAで入団した選手であれ、そのときどきで役割をになう者たちがパレードを続けていくのが、ヤンキースというチームなのだ。

なお本書には、日本のファンのために少し多めに訳注をつけた。選手たちの略歴もあれば、ルーキーリーグやショートシーズン1Aといったアメリカ野球独特のシステムの説明、さらには豆知識的なものもある。スペースの都合上、当該ページの前後に移したものもあるが、目についたものを楽しみ、必要のないものは読み飛ばしていただければさいわいだ。

二〇一五年一〇月

ないとうふみこ

【著者・訳者略歴】

フィル・ペペ (Phil Pepe)

1935年3月21日ニューヨーク、ブルックリンに生まれる。「ニューヨーク・ワールドテレグラム＆サン」紙の記者として、26歳のころヤンキース担当になり、ロジャー・マリスによるベーブ・ルースのシーズン最多本塁打記録への挑戦をつぶさに追った。その後「ニューヨーク・デイリーニューズ」紙へと移籍して81年までヤンキースの番記者をつとめる。84年にフリーになったあとも精力的に取材をつづけ、ヨギ・ベラの伝記など、主にヤンキースを題材として50冊以上の著書を出版している。邦訳は本書が初めて。

ないとうふみこ

上智大学英語学科卒業。主に児童文学の翻訳にたずさわり、訳書に『思い出のマーニー』（共訳、角川書店）、『完訳 オズのオズマ姫』ほか「オズの魔法使い」シリーズ（復刊ドットコム）、『愛されるエルサ女王』ほか「アナと雪の女王」シリーズ（角川つばさ文庫）などがある。子どものころからの野球ファンでもあり、2009年、上原浩治のメジャー移籍とともに本格的にメジャーリーグを見るようになった。スポーツナビ＋で、ブログKoji's Classroomを続けている。http://www.plus-blog.sportsnavi.com/mukuchan19/

【カヴァー写真】
撮影：New York Daily News Archive/New York Daily News/Getty Images

コア・フォー
ニューヨーク・ヤンキース黄金時代、伝説の四人

2015年12月20日初版第1刷印刷
2015年12月30日初版第1刷発行

著　者　フィル・ぺぺ
訳　者　ないとうふみこ
発行者　和田肇
発行所　株式会社作品社
〒102-0072 東京都千代田区飯田橋2-7-4
TEL.03-3262-9753　FAX.03-3262-9757
http://www.sakuhinsha.com
振替口座00160-3-27183

装　幀　小川惟久
本文組版　前田奈々
編集担当　青木誠也
印刷・製本　中央精版印刷株式会社

ISBN978-4-86182-564-4 C0075

【作品社の本】

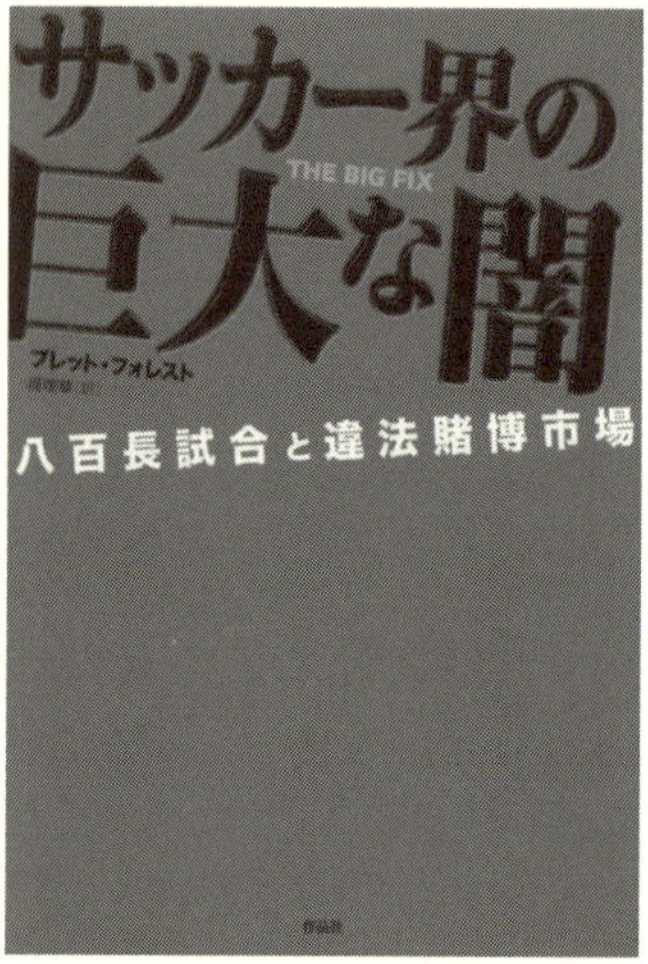

サッカー界の巨大な闇

八百長試合と違法賭博市場

ブレット・フォレスト、堤理華訳

巨大に成長した賭博市場と、その金に群がる犯罪組織の暗躍。
全貌解明に挑んだ元FIFA保安部長と、実際に無数の八百長試合を演出した
“仕掛け人（フィクサー）”への綿密な取材をもとに、
FIFAがひた隠すサッカー界の暗部に迫る。
世界のサッカーは、すべて不正にまみれている！

ISBN978-4-86182-508-8

【作品社の本】

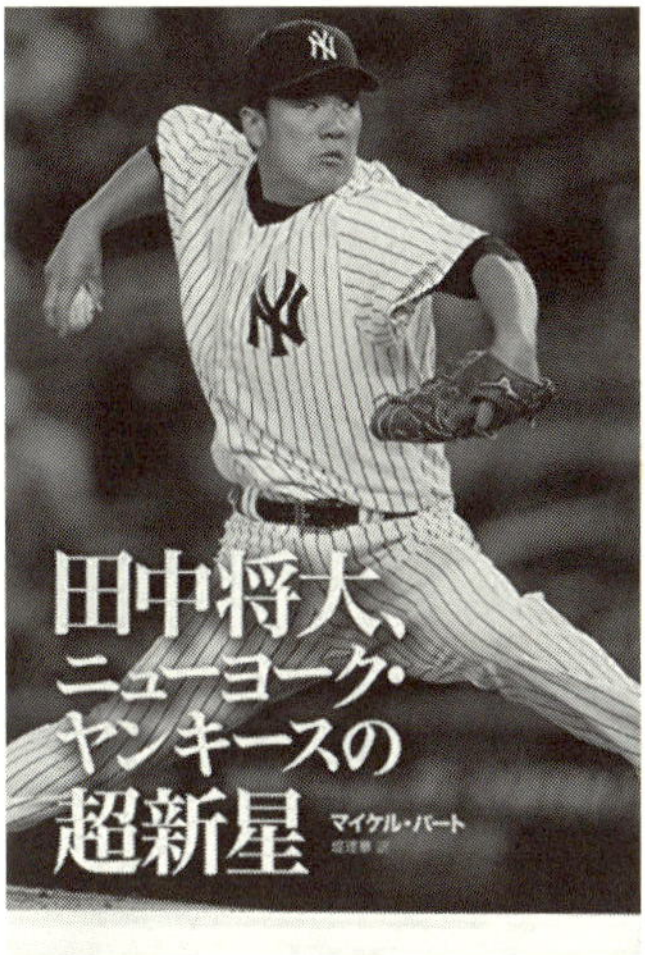

田中将大、
ニューヨーク・ヤンキースの超新星

マイケル・パート、堤理華訳

24勝無敗の圧倒的な投球で楽天イーグルスを日本一に導き、
7年総額1億5500万ドルの破格契約を結んでニューヨーク・ヤンキースに入団。
メジャーリーグでのルーキーイヤーは開幕6連勝、
MLB記録に並ぶデビューからの16試合連続クオリティースタートを達成。
ひじの故障による2か月半の離脱も、13勝5敗、防御率2.77の好成績。
名門チームの超大型新人・田中将大の活躍を、アメリカはどう見ていたのか。
激動の一年間のドラマ！

ISBN978-4-86182-508-8

【作品社の本】

クローザー　マリアノ・リベラ自伝

金原瑞人・樋渡正人訳

MLB記録の652セーブをあげた史上最高のクローザーが、
母国パナマで父の船に乗っていた漁師時代、
ドラフト外でのヤンキース入団、
5度のワールドシリーズ制覇をはじめとする栄光の数々、
そして2013年の引退まで、自らのすべてを語り尽くす！

ISBN978-4-86182-558-3